JN099999

刊行にあたって

　拙書「リース会計実務の手引き」は第2版を上梓し、リースの実務を法務・会計・税務を統合した実務に役立つ解説書として、おかげさまで読者の皆様の好評を頂いてきた。

　この数年、日本のリース会計基準について、企業会計基準委員会（ASBJ）を中心に国際会計基準（IFRS）との整合を図るべく議論や検討を進めてきたが、今般、2023年5月ASBJから、リース会計基準の改正に向けた公開草案が公表された。

　これを受けて、改正リース会計基準（公開草案）の内容を解説した本として、新たに本書を刊行するはこびとなった。本書は、公開草案の内容や実務ポイント等を解説しているが、第2部として、拙書「改正リース会計の手引き（第2版）」の「第2部会計編」を原文のまま転載しているので、読者の参考に資することを期待している。

　国際会計基準と整合を図った今回の改正基準（公開草案）では、原則としてすべてのリース取引について、借手に資産と負債を計上することを求めている。そのため、多くの店舗をリースで賃借するケースや、不動産関連賃貸借なども含め従来オンバランスしてこなかった取引等にも大きな影響を及ぼすことになる。

　基準改正は、各種財務指標や経営指標にも影響があり、企業評価や経営戦略にも波及するため、企業等は今後一層資産効率や投資効率を強く意識した経営やオペレーションが求められる。

　企業等は、リース取引の全体像を一元的に把握し管理する必要があるほか、リース契約のための情報収集プロセスやオペレーション管理のための体制構築、それらに係るシステム整備など、多面的な対応を検討する必要がある。

　基準適用は2026年度が想定されているが、改正基準のこうした実務上のインパクトを勘案すれば、公開草案公表の段階で、本書を上梓することに意味が

あるものと考えている。

　本書の記述のうち意見にわたる箇所はすべて個人の意見であり、筆者が所属する法人の見解とは全く関係ないことを申し添える。

　国際的な基準と整合的で透明性が高い改正基準（公開草案）を正しく理解した上で、その効果や影響を理解いただくことで、本書が少しでも読者の皆様のお役に立てれば幸甚である。

2023 年（令和 5 年）6 月

公認会計士　井上雅彦

目　　次

1

第2部　リース会計の実務

第 1 部

改正リース会計基準の公開草案

1
改正リース会計基準〜公開草案の概要

　2023 年 5 月に企業会計基準委員会（ASBJ）から、企業会計基準公開草案第 73 号「リースに関する会計基準（案）」（以下「公開草案会計基準」）、及び企業会計基準適用指針公開草案第 73 号「リースに関する会計基準の適用指針（案）」（以下「公開草案適用指針」、公開草案会計基準と公開草案適用指針を合わせて「公開草案」）が公表された。

　ASBJ は、国際的に整合性のあるものにする取組みの一環として、すべてのリースについて資産及び負債を認識するリースに関する会計基準の開発に向けて、IFRS16 を中心とした国際的な会計基準を踏まえた検討を行い、公開草案を公表した。

　IFRS16 では、借手の会計処理についてファイナンス・リース取引とオペレーティング・リース取引の分類区分をなくし、解約不能のリース取引等を使用権資産として計上することを求めており、本公開草案でも原則としてすべてのリース取引（従来のオペレーティング・リース取引も含め）につき借手は資産及び負債に計上することとしている。

　本章では、まず、2 で公開草案の策定方針についてふれた後、公開草案の概要を説明する。具体的には、3 以降で、公開草案により従来のリース会計基準から改訂または追加／変更された項目や論点を中心に実務上の対応を含めて解説する。

　また、従来のリース会計基準や実務対応における重要論点については、公開草案で特に変更や追加がなく従来の取扱いが踏襲される等の場合でも、当該主旨とその背景や根拠について説明を加えることとする。

　なお、この第 1 部では、平成 20 年 4 月 1 日開始（連結）事業年度から適用されてきた企業会計基準第 13 号「リース取引に関する会計基準」及び企業会計基準適用指針第 16 号「リース取引に関する会計基準の適用指針」等の定

めを、以後「従来の基準（会計基準）」とする。また、IFRS 第 16 号「リース」
は「IFRS16」と略記し、企業会計基準第 29 号「収益認識に関する会計基準」
は「収益認識会計基準」と，企業会計基準適用指針第 30 号「収益認識に関す
る会計基準の適用指針」は「収益認識適用指針」と略記する。

2
公開草案の策定方針

　リースが広範に利用されていることを考慮し、簡素で利便性が高い基準を目指して公開草案を策定した。一方、IFRS 任意適用企業からは、IFRS16 の定めを個別財務諸表に用いても、基本的に修正が不要となる基準開発の要請があることも踏まえ、IFRS16 のすべての定めを採り入れるのではなく、主要な定めのみを採り入れることとした。これにより、簡素で利便性が高く、かつ、IFRS16 の定めを個別財務諸表に用いても、基本的に修正が不要となることを想定している。

　基準開発の方法としては、借手のための新しい基準を開発するのではなく、従来の基準を改正することとした。

　なお、開発の過程において従来の基準を改正する形で文案を検討していたが、削除する項番号や枝番となる項番号が多くなるため、利便性の観点から項番号を振り直し、新たな会計基準として開発することに変更した。

3
リースの識別

I　リースの定義との関係

　IFRS16 では、リースを「特定された資産の使用を支配する権利を一定期間にわたり対価と交換に移転する契約またはその一部」と定義している。リースの識別に関する定めは、リースの定義に関する定めと合わせて、借手が貸借対照表に計上する資産及び負債の範囲を決定するため、リースの識別に関する定めについて、日本の基準も IFRS16 との整合性を確保する必要がある。

　このため、公開草案会計基準では、IFRS16 におけるリースの定義を、IFRS16 の主要な定めとして公開草案に取り入れた。具体的には、リースについて、「原資産を使用する権利を一定期間にわたり対価と交換に移転する契約又は契約の一部分」と定義することとした（公開草案会計基準第 5 項）。

　日本の従来の基準では、リース部分の取引がオペレーティング・リースに分類される限り、リース取引により獲得した権利が資産として認識されることはなく、資産を使用して提供されるサービスの会計処理が問題になることは少なかった。

　一方、公開草案では、借手においてファイナンス・リース取引及びオペレーティング・リース取引の分類区分がなくなることにより、リースか否かの判断はオンバランスすべき会計処理に直結することになるため、リースの定義及びこれに該当するか否かの判断が重要になる。従来の実務と比べ、契約の締結時において、契約がリースを含むか否かの判断を徹底することがポイントなり、この点が明確になった。また、これに伴い、リースとサービスの区分も実務上重要な論点となってくる。

　なお、「契約」とは法的な強制力のある権利及び義務を生じさせる複数の当

事者における取決めをいう。契約には、書面、口頭、取引慣行等が含まれる（公開草案会計基準第 4 項）。

　したがって、契約は必ずしも書面でのやりとりがなくとも成立する場合がある。

Ⅱ　リースの識別の判断

　リースの定義に従い、契約の当事者は、契約の締結時において当該契約がリースを含むか否かを判断する（公開草案会計基準第 23 項）。これは公開草案にて新たに設定された定めであり、従来の基準において必ずしも明確に定められておらず、今後実務上の対応が必要になる。

　リースの識別に関する定めは、リースの定義に関する定めと合わせて、借手が貸借対照表に計上する資産及び負債の範囲を決定するものであることから、国際的な会計基準との整合性を確保するためには、リースの識別に関する定めについて、IFRS16 との整合性を確保する必要がある。

　一般的に言えば、顧客が特定された資産の使用を一定期間にわたり支配する場合、契約はリースを含んでいる。一方、サービスの提供に使用される資産の使用をサプライヤーが支配するのがサービス契約である。

　契約がリースを含むか否かの判断にあたり、「契約が特定された資産の使用を支配する権利を一定期間にわたり対価と交換に移転する場合、当該契約はリースを含む」（公開草案会計基準第 24 項）ことから、「特定された資産」と「資産の使用を支配する権利」の 2 点が判断のポイントとなる。以下、この 2 点につき具体的に検討する。

　なお、契約期間中は、契約条件が変更されない限り、契約がリースを含むか否かの判断を見直す必要はない（公開草案会計基準第 25 項）。

（1）特定された資産

　資産は、通常は契約に明記されることにより特定される。顧客が使用するこ

とができる資産が物理的に別個のものではなく、資産の稼働能力の一部分である場合には、当該資産の稼働能力部分は特定された資産に該当しない。ただし、顧客が当該資産の使用による経済的利益のほとんどすべてを享受する権利を有する場合、当該資産の稼働能力部分は特定された資産に該当する（公開草案適用指針第７項）。

　また、資産が契約に明記されている場合でも、サプライヤーが使用期間全体を通じて当該資産を他の資産に代替する実質的な能力を有しており、かつ、サプライヤーが当該資産を代替する権利の行使により経済的利益を享受するときには、顧客は特定された資産の使用を支配する権利を有していない（公開草案適用指針第６項）。

　ここで、「サプライヤーが使用期間全体を通じて当該資産を他の資産に代替する実質上の能力を有している」場合としては、例えば、顧客はサプライヤーが資産を入れ替えることを妨げることができず、かつ、サプライヤーが代替資産を容易に利用可能であるか又は合理的な期間内に調達できる場合等がある。

（2）資産の使用を支配する権利

　顧客（借手）が資産の使用を支配する権利を有する場合とは、一般的には、サプライヤー（貸手）から顧客（借手）に当該権利が移転した場合と考えられる。

　ここで、「資産の使用を支配する権利が移転する場合」とは、顧客が、特定された資産の使用期間全体を通じて、Ａ：顧客が特定された資産の使用から生じる経済的利益のほとんどすべてを享受する権利を有し（公開草案適用指針第５項（1））、かつ、Ｂ：顧客が特定された資産の使用を指図する権利を有する場合（同項（2））をいう。

　「顧客が資産の使用期間全体を通じて特定された資産の使用を指図する権利を有している場合（Ｂの場合）」で、「顧客が特定された資産の使用から生じる経済的利益のほとんどすべてを享受する権利を有する場合（Ａの場合）」ならば、顧客が当該資産の使用を支配する権利を有するため、契約はリースを含む

こととなる。これに対して、サプライヤーが資産の使用を指図する権利を有している場合、契約はリースを含まない。

Aについて、「顧客が特定された資産の使用から生じる経済的利益のほとんどすべてを享受する権利を有する場合」とは、資産使用に伴う経済的利益の大宗を顧客が独占することを意味する。ここで経済的利益には、借手が直接使用することから得られる利益はもちろんのこと、当該資産を使用して得られるアウトプット（成果物）やその売却、処分によって得られるキャッシュフロー等も含まれる。

Bについて、「顧客が特定された資産の使用を指図する権利を有する場合」とは、まず、顧客が使用期間全体を通じて使用から得られる経済的利益に影響を与える資産の使用方法を指図する権利を有している場合（公開草案適用指針第8項（1））である。

もう一つのケースは、使用から得られる経済的利益に影響を与える資産の使用方法に係る決定が事前になされており、（ⅰ）使用期間全体を通じて顧客のみが資産を稼働する権利を有している又は第三者に指図することにより資産を稼働させる権利を有しているか、又は、（ⅱ）顧客が使用期間全体を通じた資産の使用方法を事前に決定するように資産を設計している場合（公開草案適用指針第8項（2））である。

（ⅱ）の「使用方法を事前に決定する」とは、例えば、アウトプットの種類、アウトプットを生み出す時期、場所、量なども決定することが考えられる。

顧客が使用期間全体を通じて特定された資産の使用を指図する権利を有しているか否かの判断を行うにあたっては、使用期間全体を通じて使用から得られる経済的利益に影響を与える資産の使用方法に係る意思決定を考慮する。当該意思決定は、資産の性質及び契約の条件に応じて、契約によって異なると考えられる。

なお、自動車のリース、我が国における事務所等の不動産賃貸借契約、賃貸用住宅事業のためのサブリース契約、及び定期傭船契約について、サービス性が強いためにリースとして取り扱うことを懸念する考えもある。これらの契約

は、サービス提供の要素が含まれると考えられるし、また、我が国の事務所等の不動産賃貸借契約は、借手が無条件の支払義務を負わないこともありえるためである。

　しかし、いずれの契約でもリースの定義を満たす部分が含まれる場合がある。つまり、サービスの要素を区分した後に、賃借人が特定の資産の使用から生じる経済的利益のほとんどすべてを享受する権利を有し、かつ、当該資産の使用方法を指図する権利を有している部分が含まれる場合がある。契約にリースの定義を満たす部分が含まれる場合に、当該部分につきリースの会計処理を行わないことは国際的な会計基準における取扱いと乖離する。このため、これらの契約について、国際的な会計基準における取扱いと乖離させないため、公開草案では、IFRS16と異なる取扱いとはしていない。

　以上、リースの識別の判断のフローをまとめると、以下のようになる。

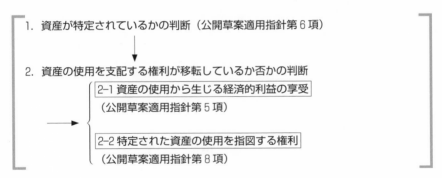

　このフローをまとめたフローチャートが図表3-1である。

Ⅲ　リースを構成する部分とリースを構成しない部分の区分

（1）区分の必要性と区分に関する会計処理の考え方

　リース契約には、リース以外のサービス等を含む場合がある。このため、

図表 3-1　リースの識別に関するフローチャート

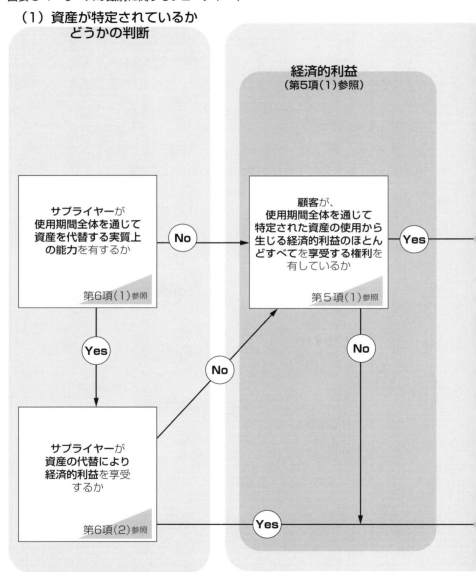

（1）資産が特定されているか
**　　　どうかの判断**

経済的利益
（第5項（1）参照）

サプライヤーが
使用期間全体を通じて
資産を代替する実質上
の能力を有するか

第6項（1）参照

No

顧客が、
使用期間全体を通じて
特定された資産の使用から
生じる経済的利益のほとん
どすべてを享受する権利を
有しているか

第5項（1）参照

Yes

Yes

No

No

サプライヤーが
資産の代替により
経済的利益を享受
するか

第6項（2）参照

Yes

（企業会計基準公開草案第 73 号「リースに関する適用指針（案）」の設例　設例 1 をもとに

（2）資産の使用を支配する権利が 移転しているかどうかの判断

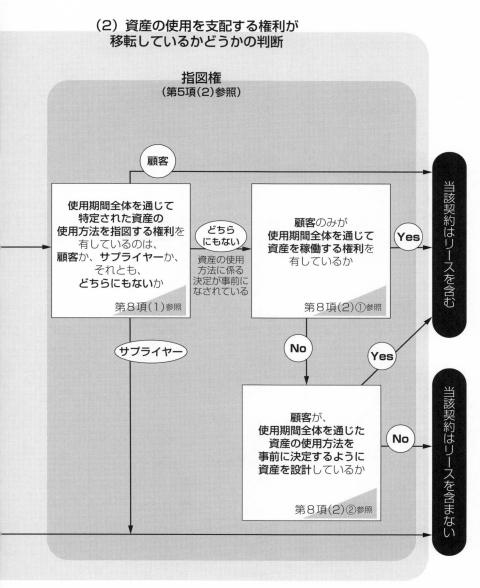

指図権
（第5項（2）参照）

顧客

使用期間全体を通じて
特定された資産の
使用方法を指図する権利を
有しているのは、
顧客か、サプライヤーか、
それとも、
どちらにもないか

第8項（1）参照

どちら
にもない
資産の使用
方法に係る
決定が事前に
なされている

顧客のみが
使用期間全体を通じて
資産を稼働する権利を
有しているか

第8項（2）①参照

Yes

No

Yes

顧客が、
使用期間全体を通じた
資産の使用方法を
事前に決定するように
資産を設計しているか

第8項（2）②参照

No

サプライヤー

当該契約はリースを含む

当該契約はリースを含まない

著者作成）

リース契約には、リースを構成する部分とリースを構成しない部分（サービス等）を区分すべきか否かが問題となる。

　自動車のリースにおいてメンテナンス・サービスが含まれる場合などのように、契約の中には、リースを構成する部分とリースを構成しない部分の両方を含むものがある。

　特定された資産の使用を支配する権利を有する主体でいえば、使用する資産が特定されており、顧客が資産の使用を支配している契約はリースであり、サプライヤーが資産の使用を支配している契約はサービスである。リースを構成する部分は資産・負債を貸借対照表に計上する一方、サービス等リースを構成しない部分は資産・負債をオンバランスしないため、リースを構成する部分とサービス等リースを構成しない部分の区分は重要になる。

　従来の基準下では、典型的なリース、すなわち役務提供相当額のリース料に占める割合が低いものを対象としており、役務提供相当額は重要性が乏しいことを想定し、維持管理費用相当額に準じて会計処理を行ってきた。サービス等の役務提供相当額は、原則としてリース料総額から控除するが、当該金額がリース料に占める割合に重要性が乏しい場合は、これをリース料総額から控除しないことができる、とされてきた。この点、公開草案では、これまで役務提供相当額として取り扱ってきた金額は、リースを構成しない部分に含まれると考えられる。ここで、IFRS16では、「維持管理費用相当額」に類似するものとして「借手に財又はサービスを移転しない活動及びコスト」に言及している。当該コストには、固定資産税及び保険料のほか、例えば、契約締結のために貸手に生じる事務コストの借手への請求等、借手に財又はサービスを移転しない活動に係る借手への請求が含まれるが、「維持管理費用相当額」と「借手に財又はサービスを移転しない活動及びコスト」の範囲は概ね一致することが比較的多いと考えられる。

　公開草案会計基準では、リースを構成する部分のみに同基準を適用するために、また、IFRS16における定めと整合的になるように、借手及び貸手は、

リースを含む契約について、原則として、リースを構成する部分とリースを構成しない部分とに分けて会計処理を行う（公開草案会計基準第 26 項）こととしている。

　一方、このように区分して会計処理することが原則だが、対応する原資産を自ら所有していたと仮定した場合、貸借対照表上において表示するであろう科目ごとに、リースを構成する部分とリースを構成しない部分とを分けずに、リースを構成する部分と関連するリースを構成しない部分とを合わせて、リースを構成する部分として会計処理することを選択できる（公開草案会計基準第 27 項）し、また、この個別財務諸表上の選択を連結財務諸表上も見直さないことができる（公開草案会計基準第 28 項）。

　しかし、リースを構成する部分と当該リースに関連するリースを構成しない部分とを合わせてリースを構成しない部分として会計処理することは、IFRS16 も認めていない。借手のすべてのリースについて資産及び負債を計上する会計基準の開発方針を踏まえて、公開草案でもこれを認めていない。

　リースを構成する部分とリースを構成しない部分を区分する会計処理のイメージが図表 3-2 である。

図表 3-2　リースを構成する部分とリースを構成しない部分の会計処理イメージ

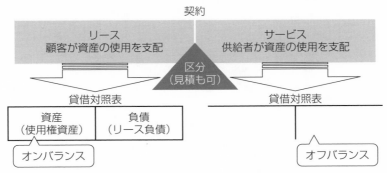

（2）区分の方法

１ 借手の取扱い

　借手は、契約におけるリースを構成する部分については、公開草案に定める方法に準拠して会計処理を行い、契約におけるリースを構成しない部分については、該当する他の会計基準等に従って会計処理を行う（公開草案適用指針第10項）。

公開草案適用指針　第11項

　借手は、契約における対価の金額について、リースを構成する部分とリースを構成しない部分とに配分するにあたって、それぞれの部分の独立価格の比率に基づいて配分する。また、借手は、契約における対価の中に、借手に財又はサービスを移転しない活動及びコストについて借手が支払う金額が含まれる場合、当該金額を契約における対価の一部としてリースを構成する部分とリースを構成しない部分とに配分する。

　具体的には、借手は、独立価格の比率について、貸手又は類似のサプライヤーが当該構成部分又は類似の構成部分につき企業に個々に請求する予定価格に基づき算定する。リースを構成する部分とリースを構成しない部分の独立価格が借手にとって明らかでない場合は、観察可能な情報を最大限に利用して、独立価格を合理的な方法で見積る。

　なお、借手が負担するリース料の中に含まれる固定資産税、保険料等の維持管理費用相当額は、従来、リース料総額から控除することとしていた。これは、ファイナンス・リース取引（及びオペレーティング・リース取引）の判定、すなわちリースの分類に、当該維持管理費用相当額が影響を及ぼす可能性（特にカーリース等）があったからである。

　しかし、公開草案では、ファイナンス・リース取引及びオペレーティング・リース取引の区分を廃止したため、リースを分類する観点から維持管理費用相当額の取扱いを定める必要はなくなった。このため、維持管理費用相当額に関する従来の「リース料総額から控除する」とする定めは引き継がず、契約における対価の中に、借手に財又はサービスを移転しない活動及びコストについて借手が支払う金額が含まれる場合は、当該金額を契約における対価から控除せ

ず、独立価格の比率に基づき、リースを構成する部分とリースを構成しない部分とに配分する（公開草案適用指針第 11 項）こととした。

2　貸手の取扱い

　借手と相違し、貸手はファイナンス・リース取引およびオペレーティング・リース取引の区分が残る。貸手は、契約におけるリースを構成する部分について、公開草案に定める方法によりファイナンス・リース又はオペレーティング・リースの会計処理を行い、契約におけるリースを構成しない部分について、該当する他の会計基準等に従って会計処理を行う（公開草案適用指針第 12 項）こととした。

　公開草案では、サービス等の役務提供相当額がリース料総額に占める割合の多寡にかかわらず、リースを含む契約であるか否かの判定をしたうえで、リースと認定されれば、公開草案を適用してリースとしての会計処理を行うとしている。したがって、リース料総額にサービス等役務提供相当額の占める割合が低い取引、すなわち「典型的なリース取引」を対象としていた従来の基準とは異なり、契約に役務提供等が含まれ公開草案の適用対象となるケースが想定される。このため、IFRS 16 との整合も考慮し、貸手もリースを構成する部分とリースを構成しない部分とに分けて会計処理を行うこととした。

　貸手は、契約における対価の金額について、リースを構成する部分とリースを構成しない部分とに配分するにあたり、それぞれの部分の独立販売価格の比率に基づいて配分する（公開草案適用指針第 13 項）。貸手における対価の配分は、収益認識会計基準との整合性を図っており、「独立販売価格」は、収益認識会計基準第 9 項における定義（「財又はサービスを独立して企業が顧客に販売する場合の価格をいう。」）を参照する。

契約における対価の中に、借手に財又はサービスを移転しない活動及びコストについて借手が支払う金額や維持管理費用相当額が含まれる場合の配分方法について、公開草案では次の定めを置いている。

公開草案適用指針　第13項

　貸手は、契約における対価の中に、借手に財又はサービスを移転しない活動及びコストについて借手が支払う金額や維持管理費用相当額が含まれる場合、当該配分にあたり、次の（ⅰ）又は（ⅱ）のいずれかの方法を選択できる。
（ⅰ）契約における対価の中に、借手に財又はサービスを移転しない活動及びコストについて借手が支払う金額が含まれる場合に、当該金額を契約における対価の一部としてリースを構成する部分とリースを構成しない部分とに配分する方法
（ⅱ）契約における対価の中に、維持管理費用相当額が含まれる場合、当該維持管理費用相当額を契約における対価から控除し、収益に計上する、又は、貸手の固定資産税、保険料等の費用の控除額として処理する方法

　（ⅱ）を採る場合、維持管理費用相当額がリースを構成する部分の金額に対する割合に重要性が乏しいときは、当該維持管理費用相当額についてリースを構成する部分の金額に含めることができる。
　（ⅱ）について、貸手は借手と異なり、リースの分類（ファイナンス・リースかオペレーティング・リースの分類）を継続しており、また、固定資産税や保険料等の金額を把握している。このため、貸手では、従来の基準（企業会計基準適用指針第16号）における「維持管理費用相当額」に関する定めを公開草案においても選択できることとした。

　貸手が機器とソフトウェアのリースを同時に行うケースなど契約には複数のリースを構成する部分が含まれる場合がある。この場合、独立したリースを構成する部分をどのように判定するか、という問題がある。これにつき公開草案では、当該原資産の使用から単独で（または、当該原資産と借手が容易に利用できる他の資源を組み合わせて）借手が経済的利益を得ることができ、かつ、当該原資産の契約の中の他の原資産への依存性又は相互関連性が高い場合には、独立したリースを構成する部分である（公開草案適用指針第14項）、と

している。なお、この独立したリースの構成部分の定めは、収益認識会計基準
第 34 項における定めと整合的なものである。

　なお、ハードウェアとソフトウェアとが相互に関連している「一体契約」
は、公開草案の適用対象となる。

【実務上の留意事項】
　リースの識別について、実務上留意すべき点は以下のとおりである。
- 　資産が特定されており、その使用を支配する権利が借手に移転していれば、契約の名称等とは関係なくリースと判断され、公開草案の適用対象となる。公開草案は、原則すべてのリースにオンバランスを要請しているため、影響は大きい。公開草案設例に示されている「鉄道車両」「小売区画」「ガス貯蔵タンク」「ネットワークサービス」「電力供給」に限らず、「アウトソーシング」「コピーサービス」などリースか否かの検討を要する取引があると思われる。従来の基準下ではこうした検討はしてこなかったことが多いと思われるため、新たな対応として留意を要する。
- 　リースとサービスの区分について、従来の基準下で、ファイナンス・リースかオペレーティング・リースかの区分が会計処理や業務に大きな影響を及ぼしてきたが、公開草案では、リースかサービス（リース以外）かが重要な問題となる。リースであれば原則資産及び負債を計上するからである。
　従来の基準では、典型的なリース、すなわちサービス＝役務提供相当部分の金額のリース料に占める割合が低いものを対象としており、サービス部分については基準の適用対象外としてきた。公開草案では、リース部分とサービス部分を分けることが原則になっており、区分の方法を含め実務対応を要する。例えば、システム関連業務に係る労務提供など通常の保守等以外の役務提供が組み込まれたリースなどに留意を要する。

4
リース期間

I 借手のリース期間の決定方法

　借手のリース期間の決定は、借手が貸借対照表に計上する資産及び負債の金額に直接影響を及ぼす。従来の解約不能期間に限定せず、オプションの対象期間をリース期間に反映する取扱いを公開草案は求めている。

　具体的には、公開草案では、借手のリース期間につき、従来の基準による「解約不能期間（通常はリース契約期間）に再リースを行う意思が明らかな場合の再リース期間を加えた期間」から、以下の定めのように変えている。

公開草案会計基準　第29項

　借手は、借手のリース期間について、借手が原資産を使用する権利を有する解約不能期間に、（ⅰ）借手が行使することが合理的に確実であるリースの延長オプションの対象期間、及び（ⅱ）借手が行使しないことが合理的に確実であるリースの解約オプションの対象期間の両方の期間を加えて決定する。

　借手のみがリースを解約する権利を有している場合、当該権利は借手が利用可能なオプションとして、借手は借手のリース期間を決定するにあたりこれを考慮する。

　貸手のみがリースを解約する権利を有している場合、当該期間は、借手の解約不能期間に含まれる。

　次に、リース期間について以下を定めている。

> **公開草案適用指針　第15項**
>
> 　借手は、借手が延長オプションを行使すること又は解約オプションを行使しないことが合理的に確実であるかどうかを判定するにあたって、経済的インセンティブを生じさせる要因を考慮する。これには、例えば、次の要因が含まれる。
> （ⅰ）延長又は解約オプションの対象期間に係る契約条件（リース料、違約金、残価保証、購入オプションなど）
> （ⅱ）大幅な賃借設備の改良の有無
> （ⅲ）リースの解約に関連して生じるコスト
> （ⅳ）企業の事業内容に照らした原資産の重要性
> （ⅴ）延長又は解約オプションの行使条件

　（ⅱ）について、賃借設備の改良が借手のリース期間の判断に影響を与える「大幅な賃借設備の改良に該当するか否か」は、例えば、賃借設備の改良の金額、移設の可否、資産を除去するための金額等の事実及び状況に基づく総合的な判断が必要になる。また、賃借設備の改良は、延長オプション等が行使可能になるタイミングまでに実施する予定のものも含まれると考えられる。

　（ⅲ）について、解約に関連して生じるコストとして、原資産の撤去コスト、解約違約金、代替資産を獲得するためのコスト等が考えられるが、当該コストが大きくなれば、借手には継続するインセンティブがはたらくと考えられる。

　（ⅴ）について、借手にとってオプションの行使条件が有利である場合には、経済的インセンティブが生じ得ると考えられる。

　我が国では、不動産の賃貸借契約における解約予告期間等の取扱いについて、検討を要すると考えられる。

　当該決定方法はIFRS16と整合する取扱いであるものの、実務上、(a)「合理的に確実」の判断にバラつきが生じる懸念、(b) 過去実績に偏る懸念、(c) 不動産リースの借地借家契約についてリース期間を見積もることの困難性に係る懸念等がある。これらの点に関してはⅢに後述する。

　しかし、存在するオプションの対象期間について、企業の合理的な判断に基づき資産及び負債を計上することが、財務諸表利用者にとって有用な情報をもたらすものと考えられることや、IFRS 16と整合させないと国際的な比較可能性が大きく損なわれる懸念があることなどから、借手のリース期間は上記の

ように決定することとした。

Ⅱ　延長オプション及び解約オプション

　リース期間を決めるにあたり、延長オプション及び解約オプションについて、以下を考慮する必要がある。

①　借手のリース期間は、経営者の意図や見込みのみに基づく年数ではなく、借手のリース期間には、借手が行使する経済的インセンティブを有するオプションのみを反映させる。借手のリース期間は、借手が延長オプションを行使する経済的インセンティブを有し、当該延長オプションを行使することが合理的に確実か否かの判断の結果によることになる。

②　Ⅰの「公開草案適用指針第15項」(ⅴ)「延長又は解約オプションの行使条件」について例えば、オプションの行使条件が借手にとって有利である場合には、経済的インセンティブが生じ得ると考えられる。

③　借手のリース期間終了後の代替資産の調達に要するコストを考慮すると、リースの解約不能期間が短いほど、借手が延長オプションを行使する可能性又は解約オプションを行使しない可能性が高くなる場合がある。

Ⅲ　決定方法に係る実務上の懸念への対応

(1)「合理的に確実」の判断にバラつきが生じる懸念及び過去実績に偏る懸念

　決定方法に係る実務上の懸念(a)「合理的に確実」の判断にバラつきが生じる懸念、(b)過去実績に偏る懸念への対応として、借手が延長オプションを行使する可能性又は解約オプションを行使しない可能性が「合理的に確実」であるか否かの判断は、借手が行使する経済的インセンティブを有しているオプション期間を借手のリース期間に含めることを踏まえ、当該判断の際に考慮

する経済的インセンティブの例を公開草案適用指針第 15 項に示している。また、借手が特定の種類の資産を通常使用してきた過去の慣行及び経済的理由が、借手のオプションの行使可能性を評価する上で有用な情報を提供する可能性があるものの、一概に過去の慣行に重きを置いてオプションの行使可能性を判断することを求めるものではなく、将来の見積りに焦点を当てる必要がある。合理的に確実か否かの判断は、諸要因を総合的に勘案して行う。

(2) 不動産リースに関する具体的な懸念

リース物件における附属設備の耐用年数や、資産計上された資産除去債務に対応する除去費用の償却期間と、借手のリース期間との整合性を考慮する場合、実務上の負荷が生じるとの懸念がある。これにつき、「合理的に確実」かの判定をする際、Ⅰの「公開草案適用指針第 15 項」（ⅱ）「大幅な賃借設備の改良の有無」を考慮する。賃借設備の改良が借手のリース期間の判断に影響を与える「大幅な賃借設備の改良」に該当するか否かは、例えば、賃借設備の改良の金額、移設の可否、資産を除去するための金額等の事実及び状況に基づく総合的な判断が必要になる。また、借手のリース期間とリース物件における附属設備の耐用年数は、相互に影響を及ぼす可能性があるが、それぞれの決定における判断及びその閾値は異なるため、借手のリース期間とリース物件における附属設備の耐用年数は、必ずしも整合しない場合がある。

なお、不動産リースに関する懸念として、その他、普通借地契約及び普通借家契約につき、借手のリース期間を判断することに困難が伴う、との指摘もあったが、当該論点については、公開草案において実務上の判断に資する設例が示されている。

日本の従来の基準及び IFRS16 におけるリース期間の考え方のイメージを図表 4-1 に再掲したが、公開草案で示されたリース期間の考え方は、概ね同表の IFRS16 のイメージに近くなる。

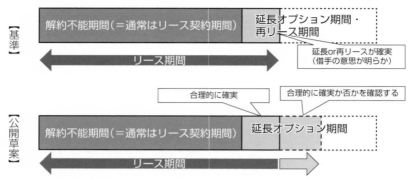

図表 4-1　公開草案と日本の従来の基準におけるリース期間の考え方

Ⅳ　貸手のリース期間

　貸手は、貸手のリース期間について、借手が原資産を使用する権利を有する解約不能期間に、リースが置かれている状況からみて借手が再リースする意思が明らかな場合の再リース期間を加えて決定する（公開草案会計基準第30項）。

　この取扱いは、国際的な会計基準との整合性を図らずに、従来の基準の定めを踏襲するものである。貸手は、借手による延長又は解約オプションの行使可能性が合理的に確実か否かを評価することが難しいことに加え、公開草案は、主として借手の会計処理に係る改正を行う目的であることが、従来の基準の取扱いを踏襲した理由である。

【実務上の留意事項】
　リース期間（不動産リース含む）に関しての実務上の留意点は以下のとおりである。
● 　リース期間は契約期間ではなく、オプション行使（又は行使しないこと）が「合理的に確実」かを見積った上で、当該リース期間に基づき資産負債を計上する。このため、店舗及びオフィス、借上社宅を含む不動産賃貸借に係る取引のボリュームが大きい場合、その他賃貸借取引を多額に行っている場合など、金額が膨らむ場合もあり、留意を要する。

● 　借手のリース期間について、借手が原資産を使用する権利を有する解約不能
期間に、借手が行使することが合理的に確実であるリースの延長オプションの
対象期間及び借手が行使しないことが合理的に確実であるリースの解約オプ
ションの対象期間の両方の期間を加えて決定することとなったため、当該判断
に困難を伴う場合が生じる可能性がある。特に合理的に確実の判断にバラつき
が生じる懸念や過去実績に偏る懸念がある。このため公開草案設例等を参考に
実務対応を図る必要がある。

● 　リース期間について、オプションの対象期間をリース期間に反映するなどの
必要があるため、リース開始時からリース期間を継続的に把握する必要がある。
リース期間は、リース契約管理やリース業務管理上重要なだけでなく、使用権
資産やリース負債の額など重要な会計数値に影響を及ぼすため、システムの機
能強化を含め体制構築やオペレーション対応が必要になる。

● 　リース物件における附属設備の耐用年数や、資産計上された資産除去債務に
対応する除去費用の償却期間と借手のリース期間との整合性を考慮する場合、
実務上の負荷が生じるとの懸念がある。

● 　不動産賃貸借契約は金額規模が膨らむことがあり、店舗を賃借する小売業等
や、借上社宅などの対象不動産を多く有する企業等への影響が大きい。こうし
た案件についてのリース契約管理やリース業務管理を徹底すること、また、従
来、不動産管理部門や総務部門が主管していた当該契約につき、経理財務部門
でも管理や会計処理を行う必要が生じるため、業務フロー変更などの検討を要
する場合がある。

● 　建設協力金等の差入保証金、及び借地権に係る権利金等（5 の Ⅷ 参照）の定め
が新たに加わり、リース期間や使用権資産及びリース負債の計上額等を判断、
算定する際に新たに検討を要する項目が加わる。特に、普通借地契約及び普通
借家契約につき、借手のリース期間を判断することに困難が伴うとの懸念があ
る。このため、公開草案設例等を参考に実務対応を図る必要がある。

5
借手のリース

I　借手の会計処理の全体イメージ

　借手のリースの費用配分の方法として、IFRS16 では、全てのリースを借手に対する金融の提供と捉え使用権資産に係る減価償却費及びリース負債に係る金利費用を別個に認識する単一の会計処理モデル（以下「単一の会計処理モデル」という）を採っている。公開草案でも、借手のリースの費用配分の方法につき、IFRS 16 と同様、リースがファイナンス・リースであるかオペレーティング・リースであるかに関わらず、その区分を廃止し、全てのリースを金融の提供と捉え使用権資産に係る減価償却費及びリース負債に係る利息相当額を計上する「単一の会計処理モデル」によることとした。

図表 5-1　使用権資産計上のイメージ

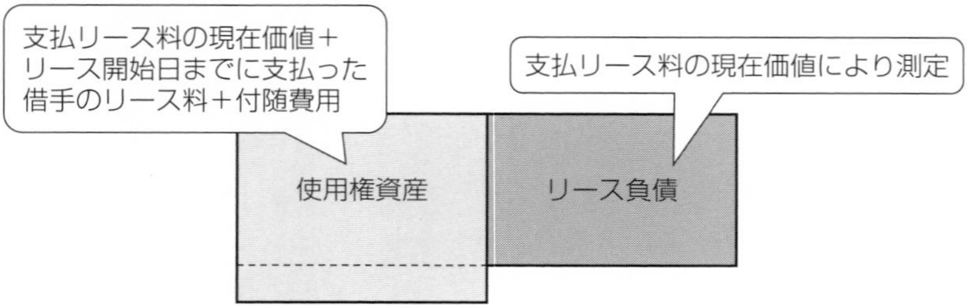

支払リース料の現在価値＋リース開始日までに支払った借手のリース料＋付随費用

支払リース料の現在価値により測定

使用権資産　　　リース負債

　これは、リース対象となる資産そのものではなく、リース対象期間における「使用権」につき、その支配が借手に移転することに着目し、リース対象資産ではなく「使用権という権利」をオンバランスする考え方である。

公開草案会計基準　第31項

借手は、リース開始日にリース負債を計上する。また、当該リース負債にリース開始日までに支払った借手のリース料及び付随費用を加算した額により使用権資産を計上する。

公開草案会計基準　第32項

借手は、リース負債の計上額を算定するにあたって、原則として、リース開始日において未払いである借手のリース料からこれに含まれている利息相当額の合理的な見積額を控除し、現在価値により算定する。

図表 5-1 に使用権資産計上のイメージを示した。

その後、使用権資産をリース期間にわたり定額法により減価償却を通じて費用化し、リース負債残高に応じた利息費用を計上する。利息相当額、借手のリース期間にわたり、原則実効金利法（利息法）に基づき各期に費用配分する（公開草案会計基準第34項）ことから、リース負債残高の大きいリース期間前半により多くの費用が配分されるトップヘビーな「逓減型」の費用配分となる。

現状オペレーティング・リースに分類されている取引について、会計処理上は例えば以下の影響が生じる可能性がある。

・現行では貸借対照表上に計上されていない「使用権資産」「リース負債」が貸借対照表に計上される。「使用権資産」は減価償却により費用配分を行い、利息相当額については、利息法により配分する。

・従来の基準では費用は定額計上されているが、リース負債は利息法（実効金利法）に基づき各期に期間配分することから、費用が前倒し計上される。

・オペレーティング・リースに当該処理を適用すると、リース料やリース期間によっては、貸借対照表に大きな違いが生じる可能性がある。

【実務上の留意事項】
　このように、原則としてすべてのリースをオンバランスすることで想定される経営指標等への主な影響な影響は以下のとおりである。
- 従来賃借料等を営業費用で計上してきたが、公開草案では、減価償却費（営業費用）と利息費用相当分の支払利息（営業外費用）とに分けて計上するため、営業利益や EBITDA が改善する可能性がある。一方、インタレスト・カバレッジ・レシオは、支払利息の増加に伴い、悪化する可能性がある。
- ROA（利益/総資産）、総資本回転率（売上高/総資本）、自己資本比率（資本/総負債＋資本）、負債比率（負債/資本）等の財務指標比率が悪化する可能性がある。ROA や総資本回転率の悪化は資産効率や投資効率の判断に、また、負債比率の悪化は、格付けや財務制限条項等に影響する可能性がある。
- 総資産、営業利益や純利益にも影響を及ぼす可能性もあるため、KPI の見直しや予算策定方法の変更、あるいは中期経営計画の再検討などが必要になる可能性がある。あわせて、IR 等におけるステークホルダーへ業績説明の方法に検討を要する可能性がある。
- 従来、リース料の支払いは、営業活動によるキャッシュ・フローに含められていた。公開草案では、リース負債の返済及び支払利息の計上として財務活動によるキャッシュ・フローとして分類されることで営業キャッシュフローが増加する可能性がある。また、従来オフバランスで新たに計上した使用権資産の減価償却費は、営業活動によるキャッシュ・フローの増加になる。

　IFRS16 と現行の日本基準、及び日本の公開草案における貸借対照表及び損益計算書のイメージをそれぞれ**図表 5-2**、**図表 5-3** に示した。

図表 5-2　従来の基準と、IFRS16 及び公開草案の比較（貸借対照表）

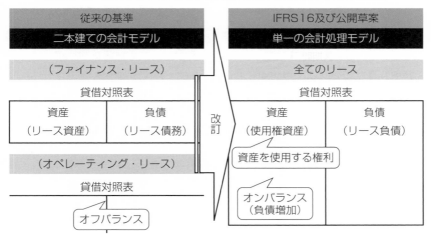

図表 5-3　従来の基準と、IFRS16 及び公開草案の比較（損益計算書）

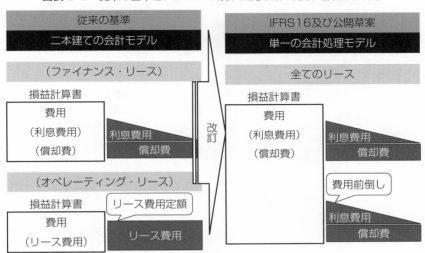

以上、借手の貸借対照表に係る会計処理のステップを示したのが**図表 5-4**である。

図表 5-4　借手の貸借対照表に係る会計処理のステップ

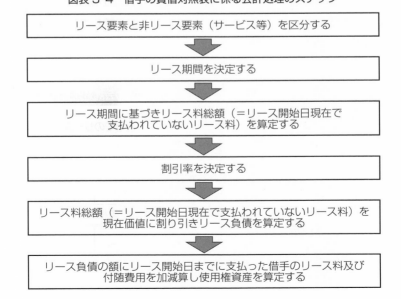

また、借手の逓減型の費用配分のイメージを示したのが**図表 5-5** である。

図表 5-5　公開草案におけるトップヘビーな費用配分

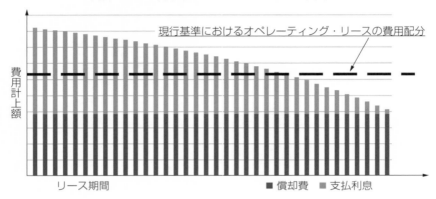

II　使用権資産とリース負債の計上

(1) 公開草案の定め

　公開草案では、5 の I で示したように、使用権資産とリース負債の計上につき以下の定めを置いている。

公開草案会計基準　第 31 項・第 32 項
借手は、リース開始日に、原則として、同日において未払である借手のリース料からこれに含まれている利息相当額の合理的な見積額を控除し、現在価値により算定する方法によりリース負債を計上する。また、当該リース負債にリース開始日までに支払った借手のリース料及び付随費用を加算した額により使用権資産を計上する。

　公開草案の採った単一の会計処理モデルによる会計処理の主なポイントは次のとおりである。

> ■すべてのリースにつき、貸借対照表の借方に「使用権資産」を計上し、その相手勘定として貸方に「リース負債」を計上する。リース負債は金融負債として扱う。
> ■借手のリース料の支払いは元本返済と利息の支払いとして会計処理し、支払利息は原則として利息法（実効金利法）に基づき各期に期間配分する。
> ■利息法による期間配分によれば、リース料の支払いが進むにつれ負債元本残高は減少し、支払利息は逓減する（負債元本返済額は逓増する）。
> ■支払利息は逓減するため、当初は利息費用が大きく費用が前倒し計上される。

（2）従来の基準のファイナンス・リースの取扱いとの異同

1　資産負債の計上額の算定方法

　従来は、ファイナンス・リースのリース資産及びリース債務の計上額について、リース債務の評価の側面だけでなくリース資産の評価の側面もあわせて考慮し、「リース料総額の割引現在価値」と「貸手の購入価額等又は借手の見積現金購入価額」のいずれか低い額によるとしていた（第2部の6図表6-1参照）。

　一方、公開草案では、ファイナンス・リースに限らず、借手の、原則全てのリースにつき資産及び負債を計上することを求めているため、従来の基準のように、貸手の購入価額又は借手の見積現金購入価額と比較を行う方法を踏襲せず、借手のリース料の現在価値を基礎として、使用権資産の計上額を算定するIFRS 16と整合的な定めとした。

2　資産負債の計上額とリース料総額との関係

　公開草案会計基準第31項、第32項では、借手は、リース開始日に、借手のリース料から利息相当額の合理的な見積額を控除し現在価値によりリース負債を算定する、また、同額をもとに使用権資産を計上する、としている。

　従来の基準でも、リース料総額から利息相当額を控除した額がリース資産及びリース負債の計上額としており、またリース債務（及びリース資産）はリース料総額の現在価値を基礎として算定してきたため、「リース料総額」が「借手のリース料（リース開始日現在で支払われていないリース料)」として定義されたことによる影響を除き、使用権資産及びリース負債の計上額とリース料総額との関係、利息相当額との関係は、公開草案においても実質的に変わりは

29

ないといえる。

③ 現在価値算定に用いる割引率

公開草案適用指針　第34項
借手がリース負債の現在価値の算定に用いる割引率は、貸手の計算利子率を借手が知り得るときにはこれによるが、知り得ないときには借手が割引率を見積ることになり、借手の追加借入に適用されると合理的に見積られる利率による。

　公開草案における割引率の考え方自体は従来の基準と比べ大きな違いはない。実務上は、貸手が適用する内部利益率である「貸手の計算利子率」を借手が知り得ることはまれなため、借手の追加借入に適用されると合理的に見積られる利率（追加借入利子率）によることになる。この利率には例えば、次のような利率を含む。

（ⅰ）借手のリース期間と同一の期間におけるスワップレートに借手の信用スプレッドを加味した利率

（ⅱ）新規長期借入金等の利率

　①　契約時点の利率

　②　契約が行われた月の月初又は月末の利率

　③　契約が行われた月の平均利率

　②　契約が行われた半期の平均利率

　　なお、（ⅱ）の場合には、借手のリース期間と同一の期間の借入れを行う場合に適用される利率を用いる。

④ 利息相当額の各期への配分

公開草案適用指針　第35項・第36項
借手のリース料は、原則として、利息相当額部分とリース負債の元本返済額部分とに区分計算し、前者は支払利息として会計処理を行い、後者はリース負債の元本返済として会計処理を行う。借手のリース期間にわたる利息相当額の総額は、リース開始日における借手のリース料とリース負債の計上額との差額になる。利息相当額の総額を借手のリース期間中の各期に配分する方法は、原則として、利息法による。利息法においては、各期の利息相当額をリース負債の未返済元本残高に一定の利率を乗じて算定する。

　ここで、利息法とは、各期の支払利息について、リース負債の未返済残高に一定の利率を乗じて算定する方法だが、この「一定の利率」とは次の算式で計算される。

$$I = p_0 + \frac{p_1}{(1+r)} + \frac{p_2}{(1+r)^2} + \frac{p_3}{(1+r)^3} + \cdots + \frac{p_{n-1}}{(1+r)^{n-1}} + \frac{p_n}{(1+r)^n}$$

I：リース資産計上価額　$p_0 \sim p_n$：リース料総額の毎期（月）の支払額（割安購入選択権の行使価額や残価保証額も含む）で前払リース料がある場合を前提とする。

　利息法を適用すると、リース期間の前半に支払利息が多額に計上される一方、後半に計上される支払利息は小さくなる。この取扱いは従来の基準と変わらない。

　リース開始日における借手のリース料とリース負債の計上額との差額は、利息相当額として取り扱い、リース期間にわたり各期に配分する。当該利息相当額の各期への配分は利息法（実効金利法）による。この配分の考え方は従来の基準のファイナンス・リースの取扱いと同様だが、公開草案では、借手が簡便的な取扱いを選択する場合を除き、すべてのリース（従来はファイナンス・リース取引のみが対象）について当該会計処理を行う点が相違する。これは、借手については、すべてのリースを金融の提供と捉える単一の会計処理モデルを採用しているためである。

5　借手のリース料

> **公開草案会計基準　第17項・第33項**
>
> 　借手のリース料は、借手が借手のリース期間中に原資産を使用する権利に関して行う貸手に対する支払であり、次の（ⅰ）から（ⅴ）の支払で構成される。
> （ⅰ）借手の固定リース料
> （ⅱ）指数又はレートに応じて決まる借手の変動リース料
> （ⅲ）残価保証に係る借手による支払見込額
> （ⅳ）借手が行使することが合理的に確実である購入オプションの行使価額
> （ⅴ）リースの解約に対する違約金の借手による支払額（借手のリース期間に借手による解約オプションの行使を反映している場合）

　公開草案では、従来の基準では明示されていなかった借手のリース料につ

き、IFRS16 と同様に、借手が借手のリース期間中に原資産を使用する権利に関して貸手に対して行う支払として上記（ⅰ）～（ⅴ）を定めた。

① 指数又はレートに応じて決まる借手の変動リース料

> **公開草案適用指針　第 21 項・第 22 項・第 23 項**
>
> （ⅱ）の「指数又はレートに応じて決まる借手の変動リース料」について、
> ・市場における賃貸料の変動を反映するよう当事者間の協議により見直されることが契約条件で定められているリース料が含まれる。
> ・リース開始日には、借手のリース期間にわたりリース開始日現在の指数又はレートに基づきリース料を算定する。
> ・ただし、借手は、指数又はレートに応じて決まる借手の変動リース料につき、合理的な根拠により当該指数又はレートの将来の変動を見積れる場合、リース料が参照する当該指数又はレートの将来の変動を見積り、当該見積られた指数又はレートに基づきリース料及びリース負債を算定することを、リースごとにリース開始日に選択することができる。

　公開草案では、IFRS16 と同様、参照する指数又はレートがリース開始日以降にリース期間にわたり変動しないとみなしてリース負債を測定する定めを置いている。

　一方、将来の変動を見積るとする上記公開草案適用指針第 23 項の「例外的な取扱い」を採る場合、決算日ごとに参照する指数又はレートの将来の変動を見積り、当該見積られた指数又はレートに基づきリース料及びリース負債を見直す必要がある。さらに、当該取扱いを選択した旨及びその内容を「会計方針に関する情報」として注記し、当該選択をしたリースに係るリース負債が含まれる科目及び金額の開示を要する（公開草案適用指針第 95 項）。

　IFRS16 では、リース負債計上にあたり、指数又はレートに応じて決まる借手の変動リース料につき参照する指数又はレートの将来の変動を見積るべきとしている。一方、参照する指数又はレートがリース開始日以降にリース期間にわたり変動しないとみなしてリース負債を測定する IFRS16 の定めは、公開草案も同じである。公開草案では、見積りに必要な情報を入手するためのコストがかさみ実務対応が困難な可能性があるため、参照する指数又はレートがリース開始日以降にリース期間にわたり変動しないとみなしてリース負債を測定す

る定めを置いている。本取扱いも IFRS16 と同じである。

　次に、借手の変動リース料のうち、将来の一定の指標に連動して支払額が変動するものの具体例として以下のものが考えられる。

（ⅰ）指数又はレートに応じて決まる借手の変動リース料（例えば、消費者物価指数の変動に連動するリース料）

（ⅱ）原資産から得られる借手の業績に連動して支払額が変動するリース料（例えば、テナント等の原資産を利用することで得られた売上高の所定の割合を基礎とすると定めているようなリース料）

（ⅲ）原資産の使用に連動して支払額が変動するリース料（例えば、原資産の使用量が所定の値を超えた場合に、追加のリース料が生じるようなリース料）

　（ⅰ）について、当該リース料は借手の将来の活動に左右されず、将来のリース料の金額に不確実性があるものの、借手はリース料を支払う義務を回避できない。これは、IFRS16 においては、負債の定義を満たす。公開草案でも IFRS16 との整合も踏まえて当該変動リース料をリース負債の計上額に含める。

　（ⅱ）及び（ⅲ）のリース料は、借手の将来の活動を通じリース料の支払義務を回避できる。このため、リース料の支払が要求される将来事象が生じるまでは IFRS16 においても負債の定義を満たさないとも考えられる。この点、国際的なコンセンサスも得られておらず、IFRS16 との整合も考慮して、公開草案では当該リース料はリース負債の計上額に含めない。

　なお、借手の変動リース料には、形式上は一定の指標に連動して変動する可能性があるが実質上は支払が不可避である、又は、変動可能性が解消され支払額が固定化されるものがある。当該リース料の経済実態は借手の固定リース料に近いので、借手の固定リース料と同様にリース負債の計上額に含める。当該リース料として、例えば、リース開始日では原資産の使用に連動するが、リース開始日後のある時点で変動可能性が解消され、残リース期間で支払が固定化されるリース料等が該当する。

　また、借手は、リース負債の計上額に含めなかった借手の変動リース料について、当該変動リース料の発生時に損益に計上する。

② 残価保証に係る借手による支払見込額

保証に係る借手による支払見込額について、従来の基準では、所有権移転外ファイナンス・リース取引のリース料において残価保証額を含めていた。公開草案では、ファイナンス・リース及びオペレーティング・リースの区分を廃し、IFRS16 と同様、借手のリース料の定義を「借手が借手のリース期間中に原資産を使用する権利に関して行う貸手に対する支払」として、借手が支払うと見込む金額を借手のリース料に含めている。このため、負債の金額が変わる可能性がある。

残価保証支払見込額が変動したら、借手のリース料の変更としてリース負債の見直しを行う（公開草案会計基準第 38 項 (2)、公開草案適用指針第 44 項 (2)）。

残価保証を含むリースでは、借手は、リース開始日以降リース期間にわたり残価保証に係る借手の支払見込額を見積る必要がある。

なお、借手が支払見込額を見積ることが困難な場合に、残価保証額で代替する等の簡便的な取扱いは認めていない。

③ 借手が行使することが合理的に確実である購入オプションの行使価額

本価額は、従来の基準では、所有権移転ファイナンス・リース取引のリース料において、リース契約上、リース期間終了後又はリース期間の中途で、名目的価額又はその行使時点の原資産の価額に比して著しく有利な価額で借手が買い取る権利（割安購入選択権）が与えられている場合の行使価額を含めていた。

公開草案では、購入オプションは実質的にリース期間を延長する最終的なオプションと考えるため、借手のリース期間を延長するオプションと同じ方法でリース負債に含める。つまり、借手のリース期間の判断と整合的に、借手が行使することが合理的に確実である購入オプションの行使価額をリース負債に含める。これも IFRS16 と整合する取扱いである。

使用権資産及びリース負債の計上に係るイメージ図が**図表 5-6** である。

図表 5-6　使用権資産及びリース負債の計上に係るイメージ図

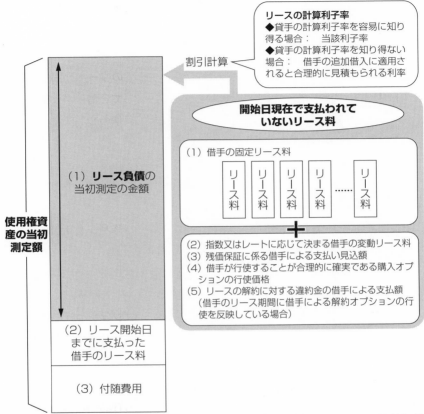

（企業会計基準公開草案第73号「リースに関する会計基準（案）」をもとに筆者作成）

【実務上の留意事項】
　使用権資産とリース負債の計上に関連して実務上留意する事項は次のとおりである。
● 　従来の基準では、契約した固定のリース料を前提に「リース料総額」としていたが、公開草案では、変動リース料やオプション部分まで含めた「借手のリース料」と定義している。この借手のリース料をもとにリース負債の当初測定額や使用権資産の当初測定額を算定するため、基準の適切な理解とタイムリーな情報収集を要する。

- 使用権資産及びリース負債の計上に必要な情報が従来に比して多岐にわたるため、実務上、タイムリーで適正な情報収集と、正確な現在価値計算が必要になる。
- リースの識別を経て使用権資産とリース負債の当初測定が求められるため、リース契約プロセスでの経理部門の関与や部門間の情報の共有など、オペレーションの見直しの検討を要する場合がある。
- 使用権資産及びリース負債は当初測定の後もリース期間中に事後的な条件変更等（5のⅤ、Ⅵ参照）もあり、継続的な帳簿管理が必要になる。使用権資産は減損への対応も加わる。これらの対応に当たり、帳簿管理に資する固定資産台帳のような機能を果たすことができる仕組みを構築する必要がある。そのためにシステム対応を含めた検討を要する可能性がある。

Ⅲ　使用権資産の償却

（1）従来の基準の定めと公開草案の基本的な考え方

　従来の基準では、ファイナンス・リース取引及びオペレーティング・リース取引の区分があり、ファイナンス・リース取引における所有権移転ファイナンス・リース取引及び所有権移転外ファイナンス・リース取引の区分も存在した。その前提でリース資産の減価償却に係る取扱いをまとめたのが**図表5-7**である。

図表5-7　従来のリース会計基準における取扱い

所有権移転ファイナンス・リース取引	所有権移転外ファイナンス・リース取引
【減価償却の方法】 自己所有の同種の固定資産と同じ方法	【減価償却の方法】 実態に応じて定額法、級数法、生産高比例法等の中から選択
【耐用年数】 経済的使用可能予測期間	【耐用年数】 リース期間（再リース期間を判定に含めた場合は再リース期間を耐用年数に加算）
【残存価額】 合理的な見積額	【残存価額】 原則としてゼロ （残価保証があれば残存価額とする）

　公開草案では、ファイナンス・リース取引及びオペレーティング・リース取引の区分や、所有権移転ファイナンス・リース取引及び所有権移転外ファイナンス・リース取引の区分を撤廃したが、使用権資産償却の考え方や方法については、基本的には従来の取扱いを踏襲しており実務対応上の大きな変更点はない。契約上の諸条件に照らし原資産の所有権が借手に移転するか否かの判断をしたうえで償却方法や耐用年数等を決める。したがって、**図表 5-7** の取扱いが公開草案でも踏襲されているが、多少の変更点があり、それらにつき **(2)** でふれている。契約上の諸条件に照らし、原資産の所有権が借手に移転するか否かの判断を行ったうえで償却方法や耐用年数等を決めることがポイントとなる。

　公開草案では、使用権資産の償却につき、次のように定めている。

公開草案会計基準　第 35 項

　契約上の諸条件に照らして原資産の所有権が借手に移転すると認められるリースに係る使用権資産の減価償却費は、原資産を自ら所有していたと仮定した場合に適用する減価償却方法と同一の方法により算定する。この場合の耐用年数は、経済的使用可能予測期間とし、残存価額は合理的な見積額とする。

公開草案会計基準　第 36 項

　契約上の諸条件に照らして原資産の所有権が借手に移転すると認められるリース以外のリースに係る使用権資産の減価償却費は、定額法等の減価償却方法の中から企業の実態に応じたものを選択適用した方法により算定し、原資産を自ら所有していたと仮定した場合に適用する減価償却方法と同一の方法により減価償却費を算定する必要はない。この場合、原則として、借手のリース期間を耐用年数とし、残存価額をゼロとする。

　ここで、原資産の所有権が借手に移転すると認められるリースとは、次の（ⅰ）から（ⅲ）のいずれかに該当するもの（公開草案適用指針第 40 項）だが、これも従来の基準における所有権移転の判断と基本的には変わらない。

　なお、（ⅲ）「特別仕様物件」については IFRS16 では特に定めがないが、原資産が特別仕様で使用可能期間を通じ借手にのみ使用されることが明らかなリースは、原資産を自ら所有する場合と同様の期間にわたり使用されるため、

原資産を自ら所有する場合に適用する減価償却方法と同一の方法による。これも従来の基準の定めと変わらない。

（ⅰ）契約上、契約に定められた期間（以下「契約期間」という）終了後又は契約期間の中途で、原資産の所有権が借手に移転することとされているリース

（ⅱ）契約期間終了後又は契約期間の中途で、借手による購入オプションの行使が合理的に確実であるリース

（ⅲ）原資産が、借手の用途等に合わせて特別の仕様により製作又は建設されたものであって、当該原資産の返還後、貸手が第三者に再びリース又は売却することが困難であるため、その使用可能期間を通じて借手によってのみ使用されることが明らかなリース

　また、原資産の所有権が借手に移転するリース以外のリース取引では、リース期間を耐用年数とするが、実態に応じ借手のリース期間より短い使用権資産の耐用年数により減価償却費を算定することもできる。償却方法についても、原資産の取得とは異なる性質を有するため、企業の実態に応じ、原資産を自ら所有していたとしたら適用する減価償却方法と異なる償却方法を選択できる等、従来の基準の定めを踏襲している。

　なお、公開草案でも、使用権資産総額に重要性が乏しい場合の簡便的な取扱いが定められており、基本的には従来の実務を踏襲している。この点はⅣで説明する。

（2）公開草案における変更点等

■1 残存価額と残価保証額

　従来の基準では、所有権移転外ファイナンス・リース取引について契約上に残価保証の取決めがある場合、原則として、当該残価保証額を残存価額としていた。

　一方、公開草案では、残価保証額を残存価額とするのではなく、残価保証に係る借手による支払見込額が借手のリース料を構成するとされている。

　残価保証の取決めがある場合でも、使用権資産について、残存価額はゼロと

して減価償却を行う（公開草案会計基準第 36 項）。

2 購入オプション

　従来の基準では、購入オプションにつき、リース契約上、借手に対し割安購入選択権が与えられ、その行使が確実に予想される場合としていた。一方、公開草案では、購入オプションの行使が合理的に確実である場合に変更している（公開草案適用指針第 40 項）。これは、割安かどうかだけでなく他の要因も考慮して購入オプションの行使が合理的に確実な場合とする方が、借手への所有権移転の可能性を反映して減価償却費を算定することができるからである。

> **【実務上の留意事項】**
> 　以上、使用権資産の償却を解説してきたが、使用権資産の減損対応の観点から以下について留意を要する。
> ● 　使用権資産としてオンバランス化したリースの減損兆候判定等の関連業務が発生する。そこで、開示に必要な広範な情報収集と、使用権資産の減損をシミュレーションできる仕組みの構築が必要になる。
> ● 　使用権資産の帳簿価額が増加する前提で、減損損失が生じる可能性について、例えば次のケースが想定される。
> 　・回収可能価額がマイナスの資金生成単位に使用権資産が計上されるケース
> 　・回収可能価額の算定に用いる割引率と、使用権資産計上に適用する割引率との間の相違から損失が生じるケース

Ⅳ　簡便的な売買処理と例外的な賃貸借処理の容認

　従来の基準では、ファイナンス・リース取引に係る売買処理（リース資産及びリース債務の計上と、利息法に基づく費用配分など）につき、次の 2 つの簡便処理、例外処理を認めてきた。

（1）リース資産総額に重要性が乏しい場合の簡便的な取扱い

　リース取引残高（未経過リース料期末残高）の、当該残高及び固定資産残高に対する比率（リース比率）が 10 ％未満であること（リース資産総額に重要性が乏しいこと）を条件に、「簡便な売買処理」を行うことを認めてきた。

（2）個々のリース資産に重要性が乏しい場合の例外的な賃貸借処理の容認

　「個々のリース資産に重要性が乏しい場合」や「金融商品取引法の適用を受ける連結子会社等に該当しない中小会社」は、売買処理でなく、オペレーティング・リース取引に準じて例外的な会計処理となる賃貸借処理を認めてきた。

　従来の基準における借手の（1）（2）の簡便的な取扱いをまとめたのが図表5-8である。

図表5-8　従来の基準における借手の簡便的な取扱い

【原則的な取扱い】	リース料総額から利息相当額の合理的な見積額を控除し、利息法により処理する
【簡便な売買処理】 リース資産総額に重要性が乏しい場合の取扱い（a） 所有権移転外ファイナンス・リースのみ	以下のいずれかを適用できる ⅰ　リース料総額から利息相当額の合理的な見積額を控除しない方法 ⅱ　利息相当額を利息法ではなく定額法で費用配分する方法
【例外的な賃貸借処理】 個々のリース資産に重要性が乏しい場合の取扱い（b）	オペレーティング・リース取引に準じ、通常の賃貸借取引に係る方法に準じて会計処理を行うことができる

　図表中（a）の「リース資産総額に重要性が乏しい場合」とは、以下の算式で算定されるリース比率が10％未満になる場合をいう。

$$\frac{\text{リース}}{\text{比　率}} = \frac{\text{未経過リース料期末残高}}{\text{未経過リース料期末残高＋有形固定資産期末残高＋無形固定資産期末残高}}$$

　図表中（b）の「個々のリース資産に重要性が乏しい場合」とは、次の（ⅰ）～（ⅲ）のいずれかに該当する場合である。

所有権移転ファイナンス・リース取引	所有権移転外ファイナンス・リース取引
（ⅰ）購入時に費用処理する方法を採用しリース料総額が当該基準額に満たない取引 （ⅱ）リース期間が1年以内の取引	（ⅰ）購入時に費用処理する方法を採用しリース料総額が当該基準額に満たない取引 （ⅱ）リース期間が1年以内の取引 （ⅲ）事業内容に照らし重要性が乏しく契約1件当たりのリース料総額が300万円以下の取引

　公開草案では、ファイナンス・リース取引及びオペレーティング・リース取引の区分は撤廃したが、原則として、**(1)** リース資産総額に重要性が乏しい場合の簡便的な取扱い、及び **(2)** 個々のリース資産に重要性が乏しい場合の例外的な賃貸借処理の容認、の考え方は、実務に浸透していることも考慮し、これを踏襲し、これまでの実務を継続することが可能となっている。

　このように、公開草案では、大枠の定めは変わらないものの、追加や変更点も一部あるため、以下で説明する。

１ 　使用権資産総額に重要性が乏しい場合の簡便的な取扱い

　公開草案の定めは次のとおりである。従来の基準における「リース料総額」は公開草案では、「借手のリース料」に置き換えられている。

　使用権資産総額に重要性が乏しいと認められる場合は、次のいずれかの方法を適用することができる（公開草案適用指針第37項）。

（ⅰ）　公開草案適用指針第35項の定め（利息相当額の各期への配分）によらず、借手のリース料から利息相当額の合理的な見積額を控除しない方法。この場合、使用権資産及びリース負債は、借手のリース料をもって計上し、支払利息は計上せず減価償却費のみ計上する。

（ⅱ）　公開草案適用指針第36項の定め（利息相当額の各期への配分）によらず、利息相当額の総額を借手のリース期間中の各期に定額法により配分する方法。

　使用権資産総額に重要性が乏しいと認められる場合とは、未経過の借手のリース料の期末残高が当該期末残高、有形固定資産及び無形固定資産の期末残高の合計額に占める割合が 10% 未満である場合とする（公開草案適用指針第38項）。

　連結財務諸表においては、前項の判定を、連結財務諸表の数値を基礎として見直すことができる。見直した結果、個別財務諸表の結果の修正を行う場合、連結修正仕訳で修正を行う（公開草案適用指針第39項）。

① 　**重要性の判断（リース比率）**

　重要性の判断に係るリース比率算出にあたり、未経過の借手のリース料を使

用するのは、割引計算により使用権資産を求める煩雑さを避けるためである。無形固定資産を判断基準に加えているのは、無形固定資産のリースへの会計基準の適用は任意としているものの、無形固定資産のリースを会計基準の範囲に含めているためである。

なお、未経過のリース料の期末残高からは、リース開始日に使用権資産及びリース負債を計上せず、借手のリース料を借手のリース期間にわたって原則として定額法により費用として計上することとしたものや、利息相当額を利息法により各期に配分している使用権資産に係るものを除く（公開草案適用指針第38項）。

② リースの種類ごとの重要性判断

不動産に係るリースとその他のリースを分けて重要性の判断を行うなど、リースの種類によって重要性の判断基準を分けることはできない。

③ 対象範囲の拡大

従来の基準では、この簡便的な取扱いは所有権移転外ファイナンス・リース取引のみについて認めていたが、公開草案では、これらの対象範囲は、これまでオペレーティング・リース取引に分類されていたリース及びこれまで所有権移転ファイナンス・リース取引に分類されていたリースにまで拡大する。

2 個々のリース資産に重要性が乏しい場合の例外的な賃貸借処理の容認

従来の基準における「個々のリース資産に重要性が乏しい場合」（図表5-8(b)の（ⅰ）～（ⅲ））に、原則的な売買処理（リース資産及びリース負債のオンバランス）をせず、賃貸借処理を例外的に認める取扱いを、公開草案でも踏襲する。

ただし、公開草案では、ファイナンス・リース取引及びオペレーティング・リース取引の区分や、所有権移転取引及び所有権移転外取引の区分を撤廃したため、リース取引全般について、当該取扱いを適用する。

①　短期リースに関する簡便的な取扱い

> **公開草案適用指針　第 18 項**
>
> 　借手は、短期リース（リース開始日に借手のリース期間が 12 か月以内のリース）について、リース開始日に使用権資産及びリース負債を計上せず、借手のリース料を借手のリース期間にわたり原則として定額法により費用として計上することができる。借手は、この取扱いについて、対応する原資産を自ら所有していたと仮定した場合に貸借対照表上で表示する科目ごとに適用の可否を選択できる。

　これは、短期リースは重要性が乏しい場合が多いためであり、**図表 5-8**（b）の（ⅱ）の取扱いを踏襲したものである。IFRS16 でも短期リースの簡便的な取扱いが認められている。

　なお、連結財務諸表では、個別財務諸表で個別貸借対照表に表示する科目ごとに行った当該選択を見直さないことができる（公開草案適用指針第 19 項）。

②　少額リースに関する簡便的な取扱い（公開草案適用指針第 20 項）

　以下の（ⅰ）又は（ⅱ）の少額リースについて、借手はリース開始日に使用権資産及びリース負債を計上せず、借手のリース料を借手のリース期間にわたり原則として定額法により費用として計上できる。（ⅱ）は、（a）又は（b）のいずれかを選択でき、選択した方法は首尾一貫して適用する（公開草案適用指針第 20 項）。

　なお、（ⅰ）は**図表 5-8**（b）の（ⅰ）の取扱いを、（ⅱ）は**図表 5-8**（b）の（ⅲ）の取扱いをそれぞれ踏襲したものである。

（ⅰ）　重要性が乏しい減価償却資産について、購入時に費用処理する方法が採用されている場合で、借手のリース料が当該基準額以下のリース。ただし、その基準額は当該企業が減価償却資産の処理について採用している基準額より利息相当額だけ高めに設定することができる。また、この基準額は、通常取引される単位ごとに適用し、リース契約に複数の単位の原資産が含まれる場合、当該契約に含まれる原資産の単位ごとに適用することができる。

（ⅱ）　次の（a）又は（b）を満たすリース

（a）　企業の事業内容に照らして重要性の乏しいリースで、リース契約 1

件当たりの借手のリース料が 300 万円以下のリース

　この場合、１つのリース契約に科目の異なる有形固定資産又は無形固定資産が含まれている場合、異なる科目ごとに、その合計金額により判定することができるものとする。

（b）　原資産の価値が新品時におよそ５千米ドル以下のリース

　この場合、リース１件ごとにこの方法を適用するか否かを選択できるものとする。

（ⅰ）について、通常の固定資産の取得でも購入時に費用処理される少額なものは、重要性が乏しい場合が多いため、当該取扱いを踏襲した。このときの基準額を企業が減価償却資産の処理につき採用している基準額より利息相当額だけ高めに設定できるのは、借手のリース料には原資産の取得価額の他に利息相当額が含まれているためである。

（ⅱ）について、事務機器等の比較的少額な資産がリースの対象となる場合があることを踏まえ、一定の金額以下のリースについても当該取扱いを踏襲した。従来の基準では、リース「契約１件当たり」のリース料総額が 300 万円以下のリースにつき、簡便的な取扱いを認めてきたが、IFRS16 では基準開発時点の 2015 年に新品時に５千米ドル以下という規模の価値の原資産を念頭に置き、「リース１件ごとに」簡便的な取扱いを選択適用できるとの考え方が示されていた。

　日本基準の「300 万円以下のリースに関する簡便的な取扱い」と、IFRS16の「少額リースの簡便的な取扱い」を比較した場合、適用単位の定め方、数値、条件が異なるため、どちらの取扱いが広範であるかは一概にはいえない。日本基準における判定の単位は「契約１件当たりの借手のリース料」であり、IFRS16 は「リース１件当たりの原資産の価値」であることの違いもどちらの取扱いがより広範であるかの判断に影響する。

　日本基準の「300 万円以下のリースに関する簡便的な取扱い」を適用している企業では、これを継続することを認めることで、追加的な負担を減らせる。一方、IFRS 任意適用企業でも、IFRS 16 における簡便的な取扱いを認め

ることで、「IFRS 16 の定めを個別財務諸表に用いても、基本的に修正が不要となることを目指す」方針と整合する。企業はその状況に応じて（ⅱ）の（a）（b）のいずれかを方針を選択できるが、選択した方法は首尾一貫して適用する必要がある。

　以上、簡便的な取扱いを含めたリースの会計処理フローを示したのが**図表5-9**である。

図表 5-9　簡便的な取扱いを含めたリースの会計処理フロー

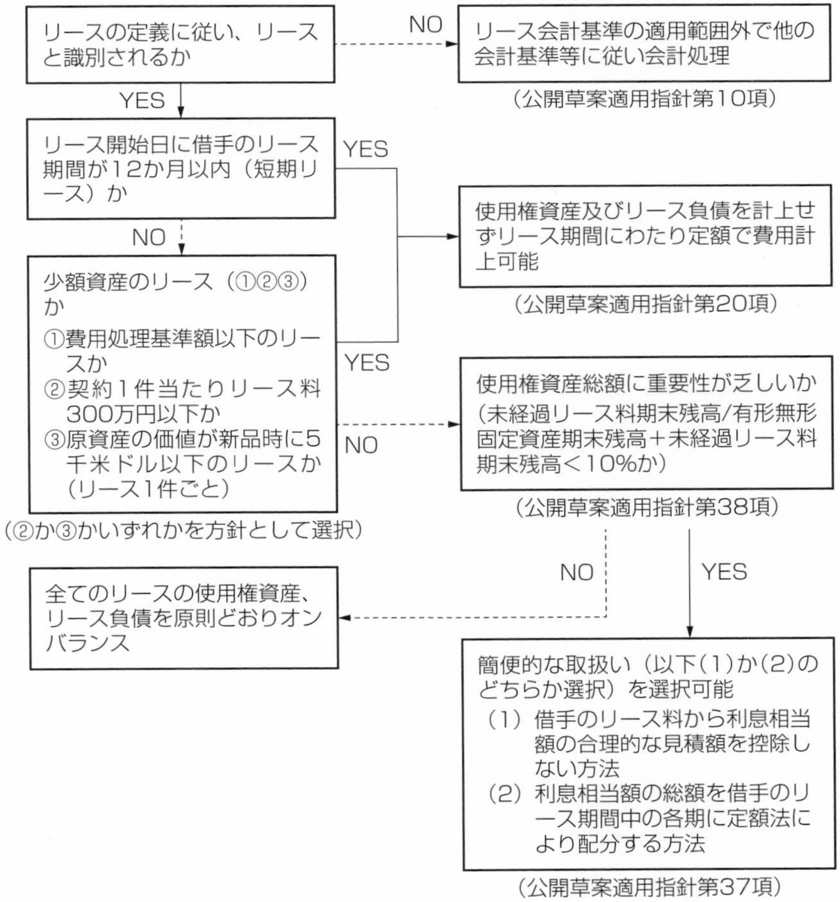

　簡便的な取扱いについて、実務上の留意すべき点は以下のとおりである。
- 　従来の基準で認められてきた「リース資産総額に重要性が乏しい場合に簡便的な売買処理を認める取扱い」と「個々のリース資産に重要性が乏しい場合に例外的な賃貸借処理を認める取扱い」は、公開草案でも共に許容され、判断基準も概ね従来の考え方が踏襲されている。実務上、簡便的な取扱いを活用するケースは多いと想定され、引き続き税務の取扱いとの関係も踏まえた対応を要する。
- 　少額資産のリースに係る簡便的な取扱いの要件について、「(a) リース契約1件当たりの借手のリース料が 300 万円以下のリース」に加え、「(b) 原資産の価値が新品時におよそ 5 千米ドル以下のリース」が加わった。(b) は IFRS の定めを踏まえたもので「リース1件当たりの原資産の価値としての判断」だが、(a) は「リース契約1件当たりの借手のリース料としての判断」となる。(a)(b) のどちらの取扱いがより広範であるかは一概に言えないが、このいずれかを方針として選択して、当該選択した方法を首尾一貫して適用する必要がある。

V　リースの契約条件の変更

　リースの契約条件の変更とは、「リースの当初の契約条件の一部ではなかったリースの範囲又はリースの対価の変更（例えば、1つ以上の原資産を追加若しくは解約することによる原資産を使用する権利の追加若しくは解約、又は、契約期間の延長若しくは短縮）をいう」（公開草案会計基準第 22 項）とされている。

　つまり、リースの当初の契約条件の一部ではないリースの範囲（契約上のリース期間の増減や物件の物量の増減等）や、リースの対価の変更をいう。

　従来の基準では、リースの契約条件の変更に関する取扱いを定めてなかったが、公開草案では、当該取扱いを明確にするために、IFRS 16 におけるリースの契約条件の変更に関する取扱いを「IFRS16 における主要な定め」として取り入れている。

公開草案会計基準　第 37 項
借手は、リースの契約条件の変更が生じた場合、変更前のリースとは独立したリースとして会計処理を行う又はリース負債の計上額の見直しを行う。ただし、リースの契約条件の変更に複数の要素がある場合、これらの両方を行うことがある。

　なお、これらの両方を行う例としては、不動産の賃貸借契約で、独立価格であるリース料によりリースの対象となる面積を追加すると同時に、既存のリースの対象となる面積について契約期間を短縮する場合がある。この場合、前者について独立したリースとして会計処理を行い、後者についてリース負債の計上額の見直しを行う。

　公開草案ではリース契約条件の変更について、**(1)** 実質的に変更前のリースとは独立したリースが生じるケース、**(2)** 独立したリースとして会計処理されないリース契約条件の変更のうちリースの範囲が縮小されるケース、**(3)** 独立したリースとして会計処理されないリース契約条件の変更のうちリースの範囲が縮小されるもの以外のケースに、分けて会計処理を示している。

(1) 実質的に変更前のリースとは独立したリースが生じるケース

公開草案適用指針　第41項
リースの契約条件の変更が、以下の（ⅰ）及び（ⅱ）の要件をいずれも満たす場合、実質的に変更前のリースとは独立したリースが生じる。この場合、変更前のリース開始日の会計処理と同様に、借手は、当該リースの契約条件の変更を独立したリースとして取り扱い、当該独立したリースのリース開始日に、リースの契約条件の変更の内容に基づくリース負債を計上し、当該リース負債にリース開始日までに支払った借手のリース料及び付随費用を加算した額で使用権資産を計上する。 （ⅰ）1つ以上の原資産を追加することにより、原資産を使用する権利が追加され、リースの範囲が拡大されること （ⅱ）借手のリース料が、範囲が拡大した部分に対する独立価格に特定の契約の状況に基づく適切な調整を加えた金額分だけ増額されること

　（ⅱ）の「特定の契約の状況に基づく適切な調整」は、例えば、類似の資産を顧客にリースする際に生じる販売費を貸手が負担する必要がない場合に借手に値引きを行う際、独立価格を値引額につき調整することが考えられる。ここで、契約期間のみが延長されるリースの契約条件の変更は、原資産の追加に該当しないため、（ⅰ）の要件を満たさない。

　なお、仕訳のイメージは以下のとおりである。

（借方）　使 用 権 資 産　×××　　　（貸方）　リ ー ス 負 債　×××
現金預金(付随費用)　×××

（2）独立したリースとして会計処理されないリース契約条件の変更の うちリースの範囲が縮小されるケース

　このケースには、例えば、リースの対象となる面積が縮小される場合や契約期間が短縮される場合等が含まれる。このケースは、契約条件変更前のリースの一部又は全部を解約するものと考えられる。このため、リースの契約条件の変更の発効日に次の会計処理を行う（公開草案適用指針第 42 項）。

（ⅰ）リース負債について、変更後の条件を反映した借手のリース期間を決定し、変更後の条件を反映した借手のリース料の現在価値まで修正する。

（ⅱ）使用権資産について、リースの一部又は全部の解約を反映するように使用権資産の帳簿価額を減額する。このとき、使用権資産の減少額とリース負債の修正額とに差額が生じた場合は、当該差額を損益に計上する。これにより（ⅰ）のリース負債の見直しに対応する会計処理を行う。

　なお、仕訳のイメージは以下のとおりである。

（借方）　リ ー ス 負 債　×××　　　（貸方）　使 用 権 資 産　×××
損　　　　　　益　×××

（3）独立したリースとして会計処理されないリース契約条件の変更の うちリースの範囲が縮小されるもの以外のケース

　このケースには、例えば、リース料の単価のみが変更される場合や契約期間が延長される場合等が含まれる。このケースは、変更前のリースは解約されておらず、借手は引き続き、リースの契約条件の変更前のリースにおいて特定されていた原資産を使用する権利を有するものと考えられる。したがって、変更前のリースを修正する会計処理を行う。

　具体的には、リースの契約条件の変更の発効日に次の会計処理を行う（公開草案適用指針第 42 項）。

（ i ）リース負債について、変更後の条件を反映した借手のリース期間を決定し、変更後の条件を反映した借手のリース料の現在価値まで修正する。

（ ii ）使用権資産について、リース負債の修正額に相当する金額を使用権資産に加減する。

　なお、仕訳のイメージは以下のとおりである。

（借方）使 用 権 資 産　×××　　　（貸方）リ ー ス 負 債　×××

　以上、リースの契約条件の変更（借手）について、**(1)** から **(3)** の考え方のフロー図を**図表 5-10** に示した。

図表 5-10　リースの契約条件の変更（借手）のフロー図

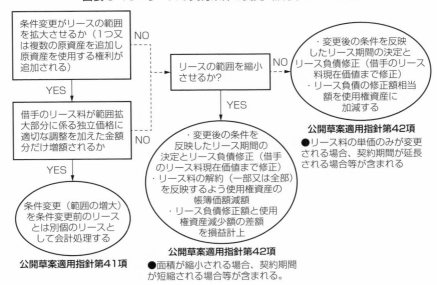

Ⅵ　リースの契約条件の変更を伴わないリース負債の見直し

　従来の基準では、リースの契約条件の変更を伴わないリース負債の見直しに係る取扱いを定めてなかった。公開草案では、当該取扱いを明確にするためIFRS 16におけるリース負債の見直しに係る取扱いを「IFRS16における主要な定め」として取り入れている。

公開草案会計基準　第38項　及び　同適用指針　第43項

　借手は、リースの契約条件の変更が生じていない場合で、次のいずれかに該当するときには、該当する事象が生じた日にリース負債について当該事象の内容を反映した借手のリース料の現在価値まで修正し、当該リース負債の修正額に相当する金額を使用権資産に加減する。
(1) 借手のリース期間に変更がある場合
(2) 借手のリース期間に変更がなく借手のリース料に変更がある場合

　仕訳のイメージは以下のとおりである。

（借方）使 用 権 資 産　×××　　　（貸方）リ ー ス 負 債　×××

　又は、

（借方）リ ー ス 負 債　×××　　　（貸方）使 用 権 資 産　×××

　使用権資産の帳簿価額をゼロまで減額してもなお、リース負債の測定の減額がある場合には、残額を損益に計上する。仕訳のイメージは以下のとおりである。

（借方）リ ー ス 負 債　×××　　　（貸方）使 用 権 資 産　×××
　　　　　　　　　　　　　　　　　　　　　損　　　益　×××

（1）借手のリース期間に変更がある場合

> **公開草案会計基準　第 39 項**
>
> 　借手は、リースの契約条件の変更が生じていない場合で、次の（ⅰ）及び（ⅱ）の
> いずれも満たす重要な事象又は重要な状況が生じたときに、公開草案会計基準第 29
> 項の延長オプションを行使すること又は解約オプションを行使しないことが合理的に
> 確実であるかどうかについて見直し、借手のリース期間を変更し、リース負債の計上
> 額の見直しを行う。
> （ⅰ）借手の統制下にあること
> （ⅱ）延長オプションを行使すること又は解約オプションを行使しないことが合理的
> 　　に確実であるかどうかの借手の決定に影響を与えること

　公開草案会計基準第 39 項に定める見直しは、現在の経済状況を反映して有
用な情報を提供するために行うものだが、以下の点にも留意を要する。

- 「重要な事象又は重要な状況」とは、借手の統制下にあり、かつ、延長オ
  プションを行使すること又は解約オプションを行使しないことが合理的に
  確実であるか否かの借手の決定に影響を与えるものである。
- 「借手の統制下にあること」との要件を設けたのは、借手が市場動向によ
  る事象又は状況の変化に対応して、延長オプションを行使すること又は解
  約オプションを行使しないことが合理的に確実であるか否かにつき見直す
  ことを要しないためである。
- 「重要な事象又は重要な状況」として、例えば、以下が考えられる。
  - （a）リース開始日に予想されていなかった大幅な賃借設備の改良で、延
    長オプション、解約オプション又は購入オプションが行使可能となる時
    点で借手が重大な経済的利益を有すると見込まれるもの
  - （b）リース開始日に予想されていなかった原資産の大幅な改変
  - （c）過去に決定した借手のリース期間の終了後の期間に係る原資産のサブ
    リースの契約締結
  - （d）延長オプションを行使すること又は解約オプションを行使しないこ
    とに直接的に関連する借手の事業上の決定（例えば、原資産と組み合わ
    せて使用する資産のリースの延長の決定、原資産の代替となる資産の処

分の決定、使用権資産を利用している事業単位の処分の決定)

次に、解約不能期間の変更に関して以下の定めをおいた。

公開草案会計基準　第40項

　借手は、リースの契約条件の変更が生じていない場合で、延長オプションの行使等により借手の解約不能期間に変更が生じた際、借手のリース期間を変更し、リース負債の計上額の見直しを行う。

借手の解約不能期間は、例えば、過去に借手のリース期間の決定に含めていなかった延長オプションを借手が行使する場合等に変更が生じる。

(2) 借手のリース期間に変更がなく借手のリース料に変更がある場合

公開草案適用指針　第44項

　リースの契約条件や借手のリース期間に変更がなく借手のリース料に変更がある状況として、例えば、次のようなものが考えられる。
（ⅰ）原資産を購入するオプションの行使についての判定に変更がある場合
（ⅱ）残価保証に基づいて支払われると見込まれる金額に変動がある場合
（ⅲ）指数又はレートに応じて決まる借手の変動リース料に変動がある場合

（ⅲ）の変動リース料については、以下の点に留意を要する。

・借手は、指数又はレートに応じて決まる借手の変動リース料につき、当該指数又はレートが変動し、それにより、今後支払うリース料に変動が生じたときにのみ、借手の残存リース期間にわたり、変動後の指数又はレートに基づきリース料及びリース負債を修正し、リース負債の修正額に相当する金額を使用権資産に加減する（公開草案適用指針第45項）。

・借手は、リース料が参照する指数又はレートの将来の変動を見積り、当該見積られた指数又はレートに基づきリース料及びリース負債を算定している場合、上記の第45項の定めにかかわらず、決算日ごとに参照する指数又はレートの将来の変動を見積り、当該見積られた指数又はレートに基づきリース料及びリース負債を修正し、リース負債の修正額に相当する金額を使用権資産に加減する（公開草案適用指針第46項）。

・借手は、リース負債の計上額に含めなかった借手の変動リース料について、当該変動リース料の発生時に損益に計上する（公開草案適用指針第 48 項）。

（3）短期リースに係る借手のリース期間の変更

公開草案適用指針　第 47 項
短期リースに関する簡便的な取扱いを適用していたリースについて、借手のリース期間に変更がある場合で、変更前の借手のリース期間の終了時点から変更後の借手のリース期間の終了時点までが 12 か月以内の場合、次のいずれかの方法を選択することができる。 （ i ）変更後のリースについて短期リースとして取り扱う方法 （ ii ）変更後のリースのうち、借手のリース期間の変更時点から変更後の借手のリース期間の終了時点までが 12 か月以内である場合のみ、短期リースとして取り扱う方法 　　借手は、当該取扱いにつき、対応する原資産を自ら所有していた場合に貸借対照表において表示するであろう科目ごとに適用することができる。

　このケースには、例えば、当初の契約条件に含まれている延長オプションの対象期間を借手のリース期間に含めないことを決定していた場合に、当該延長オプションを行使したとき等が含まれる。

　なお、公開草案では、リース負債の見直し時に用いる割引率について定めていない。IFRS16 の取扱いと同じにすることも考えられるが、借手は状況に応じて適切な割引率を用いることになる。

> **【実務上の留意事項】**
> 　条件変更等による使用権資産及びリース負債の再測定を扱った 5 の V 及び VI に関して、実務上の留意事項は以下のとおりである。
> ● 　従来の基準ではファイナンス・リースに分類されているリース契約も含め、条件変更等による使用権資産及びリース負債の再測定を可能にする仕組みやプロセスの整備を要する。
> ● 　使用権資産及びリース負債計上の前提となる条件や数値が変わり計上額の見直しを要する場合がある、また、リース期間も契約書とは異なる期間に事後的に変更する場合もある。このため、一度計上した使用権資産及びリース負債について数値の見直しが必要になる場合がある。したがって、従来にも増して適切な業務判断や数値管理が重要になり、使用権資産及びリース負債に係る継続的で適切な管理が必要になる。

Ⅶ 再リースの取扱い

日本の再リース期間は 1 年以内とするのが通常であり、再リース料も少額であるのが一般的である。このため、従来の基準では、再リース期間を耐用年数に含めない場合の再リースは、原則として発生時の費用として処理する、と定められている。

再リースについて、公開草案では、「借手は、リース開始日及び直近のリースの契約条件の変更の発効日において再リース期間を借手のリース期間に含めないことを決定した場合、再リースを当初のリースとは独立したリースとして会計処理を行うことができる」（公開草案適用指針第 49 項）こととした。

この結果、再リース料を発生時の費用として処理するとする従来の会計処理を継続することができる。この結論に至った考え方は次のとおりである。

(1) IFRS16 における原則的な考え方

公開草案で示された考え方は、IFRS16 では設けられていない取扱いである。

IFRS16 を適用する場合は、借手のリース期間に変更がある場合に沿った会計処理を行うことになる。

(2) 公開草案における考え方の根拠

再リースは我が国固有の商慣習であり、従来の取扱い（原則として発生時の費用として処理）を継続することで、国際的な比較可能性を大きく損なわずに、作成者の追加的な負担を減らすことができる。このため、借手は、リース開始日及び直近のリースの契約条件の変更の発効日において再リース期間を借手のリース期間に含めないことを決めた場合、公開草案会計基準第 39 項、第 40 項で定めた「借手のリース期間に変更がある場合」の取扱いにかかわらず、再リースを当初のリースとは別の独立したリースとして会計処理できることとした。

日本の再リースの一般的な特徴は、再リースに関する条項が当初の契約で明示されており、経済的耐用年数を考慮した解約不能期間経過後に、当初の月額

リース料程度の年間リース料により行われる１年間のリースであることが挙げられる。このため、再リースに該当するか否かは、通常は明確であるが、判断を要する場合もあると考えられる。当該再リースの特徴は貸手の再リースにおいても同様である。

【実務上の留意事項】
　再リースに関して、実務上の留意事項は以下のとおりである。
● 　再リースは日本固有の商習慣で、従来の取扱い（発生時の費用処理）を継続して認められ、再リースを当初のリースとは独立したリースとして扱い、短期リースの規定を適用できる。ただし、リース開始日（及び直近のリースの契約条件の変更の発効日）において、再リース期間を借手のリース期間に含めないことを決定することが条件となっており、実態を踏まえた経営判断や契約の在り方がポイントになる。

Ⅷ　建設協力金等の差入預託保証金、及び借地権に係る権利金等

（1）建設協力金等の差入預託保証金

　建設協力金等や敷金は金融商品に該当するため、これらに関連する定めは金融商品実務指針等で取り扱ってきた。一方、これらの項目は、主にリースの締結により生じる項目であるため、これらの具体的な会計処理の定めについて、金融商品実務指針等から削除し、公開草案適用指針等において定めている。

■１　建設協力金等

　建設協力金は、建物建設時に消費寄託する建物等の賃貸に係る預託保証金である。契約に定めた期日に預り企業である貸手が現金を返還し、差入企業である借手がこれを受け取る契約であり、金融商品に該当する。

　建設協力金は当初無利息で、一定期間（10年等）経過後低利の金利が付利され、その後一定期間にわたり現金で返済されるもの等がある。

①　金融商品実務指針等の取扱い

（ⅰ）差入預託保証金の支払額と当初認識時の時価との差額を、長期前払家賃

として計上し、契約期間にわたり各期の純損益に合理的に配分する。

（ⅱ）当初認識時の時価と返済金額との差額につき、契約期間にわたり配分し受取利息として計上する。また、差入預託保証金のうち将来返還されない額は、賃借予定期間にわたり定額法により償却する。

なお、当初認識時の時価について、返済期日までのキャッシュ・フローを割り引いた現在価値が建設協力金等の時価である。

② 公開草案の取扱い（敷金以外の建設協力金等の差入預託保証金）

建設協力金等の差入預託保証金は、貸手（預り企業）から借手（差入企業）に将来返還される。金融商品実務指針等で長期前払家賃として取り扱ってきた部分は、利息の受取を定額とすることによる賃料の支払としての性質を有する。このため、当該部分はリース料として使用権資産の取得価額に含めることが合理的である。

具体的には、建設協力金等の差入預託保証金に係る当初認識時の時価は、返済期日までのキャッシュ・フローを割り引いた現在価値になる。借手（差入企業）は、当該差入預託保証金の支払額と当該時価との差額を使用権資産の取得価額に含める。当初時価と返済額との差額は、弁済期又は償還期に至るまで毎期一定の方法で受取利息として計上する（公開草案適用指針第26項）。

なお、実務上、以下の点に留意を要する。

（ⅰ）抵当権設定の場合の割引率

建設協力金につき、借手（差入企業）が対象となる土地建物に抵当権を設定している場合、現在価値に割り引く際の利子率は、原則としてリスク・フリーの利子率を使用する（公開草案適用指針第27項）。当該利子率として、例えば、契約期間と同一の期間の国債の利回りが考えられる。

（ⅱ）影響額に重要性のない差入預託保証金

借手（差入企業）は、その影響額に重要性がない差入預託保証金（返済期日までの期間が短いもの等）につき、上記の公開草案適用指針第26項の会計処理を行わないことができる。この場合、債権に準じて会計処理を行う（公開草案適用指針第28項）。

（iii）貸手から借手に将来返還されないことが契約上定められている金額の取扱い

　借手は、差入預託保証金のうち、差入預託保証金の預り企業（貸手）から差入企業（借手）に将来返還されないことが契約上定められている金額について、使用権資産の取得価額に含める（公開草案適用指針第 29 項）。

　なお、当該金額を使用権資産の取得価額に含めるのは、リースの借手が賃貸借契約に基づき原資産を使用する権利に関する支払である点で、毎月支払われるリース料と相違がないからである。

（iv）貸倒引当金

　建設協力金等の差入預託保証金について、差入預託保証金の預り企業である貸手の支払能力から回収不能と見込まれる金額がある場合、金融商品会計基準に従って貸倒引当金を設定する（公開草案適用指針第 33 項）。

2 敷金

　敷金は、賃料及び修繕の担保的性格を有し償還期限は貸借契約満了時である。法的には契約期間満了時に返還請求権が発生し、通常無金利である。

　このため、差入敷金については、建設協力金と異なり取得原価で計上する、とする金融商品実務指針の取扱いを踏襲している。具体的には、借手は、差入敷金のうち、差入敷金の預り企業（貸手）から差入企業（借手）に将来返還される差入敷金につき、取得原価で計上する。ただし、敷金以外の建設協力金等の差入預託保証金の取扱い（公開草案適用指針第 26 項及び第 27 項）に準じて会計処理を行うことができる（公開草案適用指針第 30 項）。

　ただし書きについては、IFRS 任意適用企業が IFRS16 の定めを個別財務諸表に用いても、基本的に修正が不要になる基準開発の方針に従い、差入敷金についても建設協力金と同様の会計処理を認めたものである。

　なお、実務上、以下の点に留意を要する。

（i）貸手から借手に将来返還されないことが契約上定められている金額の取扱い

　借手は、差入敷金のうち、預り企業（貸手）から差入企業（借手）に将来

返還されないことが契約上定められている金額を使用権資産の取得価額に含める（公開草案適用指針第31項）。

当該金額を使用権資産の取得価額に含めるのは、リースの借手が賃貸借契約に基づき原資産を使用する権利に関する支払である点で、毎月支払われるリース料と相違がないからである。

（ⅱ）資産除去債務の会計処理との関係

企業会計基準適用指針第21号「資産除去債務に関する会計基準の適用指針」第9項に従い、敷金の回収が最終的に見込めないと認められる金額を合理的に見積り、そのうち当期の負担に属する金額を費用に計上する方法を選択する場合、同項に従って差入敷金の会計処理を行う（公開草案適用指針第32項）。

（ⅲ）貸倒引当金

貸手の支払能力から回収不能と見込まれる金額がある場合、金融商品会計基準に従って貸倒引当金を設定することは、「敷金以外の建設協力金等の差入預託保証金」と同様である（公開草案適用指針第33項）。

（2）借地権の設定に係る権利金等

1 借地権と権利金等の取扱い

① 借地権の設定に係る権利金とは

借地権設定に係る権利金等の授受は、例えば以下のケースで行われ、これらの借地権を除く底地に対して毎月支払う賃料が設定され、当該賃料と借地権の価格には、通常、一定の相関関係がある。

- 土地賃貸借契約締結時に借地権の設定対価として権利金の授受が行われるケース
- 借手が貸手と借地契約を締結するにあたり当該貸手が当該借手以外の第三者と借地契約を締結する場合、当該借手が当該第三者から借地権の譲渡を受け、当該第三者に対して当該借地権の譲渡対価を支払うケース

　公開草案では、「借地権の設定に係る権利金等」につき、次のように定義している。

> **公開草案適用指針　第4項**
>
> 　借地権の設定において借地権者である借手が借地権設定者である貸手に支払った権利金、及び借手と貸手との間で借地契約を締結するにあたり当該貸手が第三者と借地契約を締結していた場合に、当該借手が当該第三者に対して支払う借地権の譲渡対価をいう。

② **借地権の設定に係る権利金等の性格**

　借地権の設定に係る権利金等は、土地を使用する権利に関する支払である。この点、借手が貸手に対して毎月支払う賃料と相違はない。このため、「借手のリース料（5のⅡ（2）**5**）に含まれる。この点と以下を踏まえると、当該権利金等と賃料は一体として会計処理を行う。

- ①で示したように、賃料と借地権の価格には、通常、一定の相関関係がある。
- 当該権利金等の支払は、通常、土地の賃貸借契約と同時（ほぼ同時）に行われる
- 当該権利金と賃料はパッケージとして交渉されている

③ **公開草案の取扱い**

　借地権の設定に係る権利金等は、使用権資産の取得価額に含め、原則として、借手のリース期間を耐用年数とし、減価償却を行う（公開草案適用指針第24項）。

　定期借地権が設定される土地の賃貸借契約は、賃借期間の満了時に当該賃貸借契約が終了する。このため、定期借地権の設定に係る権利金等は、賃貸借契約の期間に係るコストと考えられ、上記公開草案適用指針第24項の会計処理を行う。

④ **旧借地権及び普通借地権の設定に係る権利金**

（ⅰ）旧借地権及び普通借地権の設定に係る権利金の性格

　当該権利金等に係る会計処理はこれまで明確に定められていなかった。旧

借地権及び普通借地権は、借手の権利が強く保護されており、借地権の設定対価は、減価しない土地の一部取得に準ずるとの見方もある。また、資産として計上する権利金等には「固定資産の減損会計」が適用されるため、仮に償却しない場合でも、必ずしも資産の過大計上にはつながらない。

(ⅱ) 公開草案の取扱い

借地権の設定に係る権利金等の取扱い（❶③）と同様に、使用権資産の取得価額に含め、借手のリース期間を耐用年数とし、減価償却を行うことが原則である。一方、次の（a）又は（b）の権利金等については、減価償却を行わないものとして取り扱うことができる（公開草案適用指針第24項）。

(a) 本適用指針の適用前に旧借地権の設定に係る権利金等及び普通借地権の設定に係る権利金等を償却していなかった場合、本適用指針の適用初年度の期首に計上されている当該権利金等及び本適用指針の適用後に新たに計上される普通借地権の設定に係る権利金等の双方

(b) 本適用指針の適用初年度の期首に旧借地権の設定に係る権利金等及び普通借地権の設定に係る権利金等が計上されていない場合、本適用指針の適用後に新たに計上される普通借地権の設定に係る権利金等

これに関して、公開草案で認められた借地権の設定に係る権利金等を償却しない例外的取扱いは以下の（ア）、（イ）、（ウ）の3通りがある。

(ア) 権利金等を減価償却してこなかったケース

旧借地権の設定に係る権利金等及び普通借地権の設定に係る権利金等を新基準適用前に償却していなかった場合、新基準適用初年度期首に計上されている当該権利金等、及び新基準適用後新たに計上される普通借地権に係る権利金等の両方につき減価償却を行わない取扱い

(イ) 権利金等が計上されていないケース

新基準適用初年度期首に、旧借地権の設定に係る権利金等及び普通借地権の設定に係る権利金等が計上されていない場合、新基準適用後新たに計上される普通借地権に係る権利金等につき減価償却を行わない取扱い

（ウ）　権利金等を減価償却してこなかったケースで新基準適用後新たに計上される権利金等のみ減価償却を行うケース

　　　新基準適用初年度期首に計上されている旧借地権の設定に係る権利金等及び普通借地権の設定に係る権利金等を減価償却していなかった場合、当該権利金等のみ引き続き減価償却せず、新基準適用後に新たに計上される普通借地権に係る権利金等は減価償却を行う取扱い（経過措置）

　　ただし、上記取扱いにより当該権利金等につき減価償却を行わない場合も、公開草案会計基準第 47 項に準拠し表示する。

　　また、借地権の設定に係る権利金等の会計処理に当たり、残存価額を設定することは想定していない。

　　なお、（ウ）の取扱いについては、仮に原則的な取扱いを一律に適用することを求めると、当初の契約の意図が会計処理に反映されなくなる可能性があること、また、新基準適用後に生じる権利金等に限り減価償却を行うとしても財務報告の改善が図られる一定の効果があること、等を考慮して定めをおいたものである。

２　資産除去債務

公開草案適用指針　第 25 項
借手は、企業会計基準第 18 号「資産除去債務に関する会計基準」第 7 項に従い、資産除去債務を負債として計上する場合の関連する有形固定資産が使用権資産であるとき、当該負債の計上額と同額を当該使用権資産の帳簿価額に加える。

　　資産除去債務会計基準では、「資産除去債務に対応する除去費用は、資産除去債務を負債として計上した時に、当該負債の計上額と同額を、関連する有形固定資産の帳簿価額に加える。」（資産除去債務会計基準第 7 項）と定めている。また、資産除去債務会計基準でいう有形固定資産には、「財務諸表等規則において有形固定資産に区分される資産のほか、それに準じる有形の資産も含む」（資産除去債務会計基準第 23 項）としている。このため、上記公開草案適用指針第 25 項の会計処理を行う。

【実務上の留意事項】

　借地権に係る権利金等、及び建設協力金等の差入預託保証金に関する実務上の留意事項は以下のとおりである。

● 　借地権に係る権利金等は、従来の基準では取扱いや会計処理が明らかでなかった。このため、経過措置や例外措置を定めており、これらの内容を正しく理解して実務対応する必要がある。また、建設協力金等の差入預託保証金は、従来、金融商品実務指針で定められていた事項を取り扱っており、対応に当たり金融的視点を要する。いずれも個別性がありまた継続的に管理する必要がある。そのための管理方法等を検討する必要がある。

6
貸手のリース

I　公開草案における貸手の会計処理の基本的な考え方

　公開草案では、収益認識会計基準との整合性を図っている。それ以外は従来の基準の考え方を踏襲し、基本的には取扱いを現行と変えていない（リースの定義及びリースの識別は除く）。

　したがって、ファイナンス・リース取引及びオペレーティング・リース取引の区分や、所有権移転ファイナンス・リース取引及び所有権移転外ファイナンス・リース取引の区分は残る（公開草案会計基準第 41 項・第 42 項）。この結果、リース期間の考え方も含め借手と貸手で取扱いが異なることになる。

　なお、従来の基準で認められてきた「第二法（リース料受取時に売上高及び売上原価を計上する方法）」は認められなくなる。これは、収益認識会計基準において「割賦基準」による収益認識が認められなくなったことと整合する取扱いである（II参照）。

II　公開草案での改正点等

　従来の基準では、ファイナンス・リース取引の会計処理につき、次の 3 つの方法を定めていた。

　①　リース取引開始日に売上高と売上原価を計上する方法
　②　リース料受取時に売上高と売上原価を計上する方法
　③　売上高を計上せずに利息相当額を各期へ配分する方法

　このうち、②の方法については、リース期間中の各期の受取リース料を売上高として計上する方法であり、従来行われてきた割賦販売の処理を想定してい

た。一方、Ⅰで既述のように、収益認識会計基準において割賦基準が認められなくなったため、整合性の観点から、公開草案では②の方法を廃止した。

(1) ①の処理と整合する公開草案の定め（所有権移転外ファイナンス・リース）

　①の方法は、リース料総額をリース取引開始日売上高として計上する方法であり、主として製造業、卸売業等を営む企業が製品又は商品を販売する手法としてリース取引を利用する場合を想定していた。

　ファイナンス・リースと資産の売却の経済実質は、取引対象となる資産を使用する権利が移転する点で類似している。このため、製品又は商品を販売することを主たる事業とする企業が、同時に貸手として同一の製品又は商品を原資産とする場合のファイナンス・リースでは、貸手は、リース開始日に売上高と売上原価を認識し、販売益を認識することが、収益認識会計基準と整合的な会計処理になる。

　このため公開草案では次の定めをおいている。

公開草案適用指針　第67項

（a）　リース開始日に、貸手のリース料からこれに含まれている利息相当額を控除した金額で売上高を計上し、同額でリース投資資産を計上する。また、原資産の帳簿価額により売上原価を計上する。原資産を借手の使用に供するために支払う付随費用がある場合、当該付随費用を売上原価に含める。

　　ただし、売上高と売上原価の差額が貸手のリース料に占める割合に重要性が乏しい場合は、上記の処理によらず、売上高と売上原価の差額である販売益相当額を売上高とせず、利息相当額に含めて処理することができる。

（b）　各期に受け取る貸手のリース料を利息相当額とリース投資資産の元本回収とに区分し、前者を各期の損益として処理し、後者をリース投資資産の元本回収額として会計処理を行う。

（2）③の処理と整合する公開草案の定め（所有権移転外ファイナンス・リース）

　③の方法は、売上高を計上せず、利益の配分のみを行う方法であり、リース取引が有する複合的な性格の中でも、金融取引の性格が強い場合を想定していた。

　具体的には、リース料総額とリース物件の現金購入価額の差額は受取利息相当額として取り扱い、リース期間にわたり各期へ配分することとしていた。

　このため公開草案では、金融取引の性格が強い場合に当該方法を適用することとなるよう、次の定めをおいている。

公開草案適用指針　第68項

　貸手が原資産と同一の製品又は商品を販売することを主たる事業としていない場合で、貸手として行ったリースが所有権移転外ファイナンス・リースと判定されるとき、貸手は、次の会計処理を行う。
（a）リース開始日に、原資産の現金購入価額（原資産を借手の使用に供するために支払う付随費用がある場合は、これを含める。）により、リース投資資産を計上する。
（b）受取リース料の会計処理は、公開草案適用指針第67項（b）と同様とする。

（3）所有権移転ファイナンス・リースのケース

　貸手の行ったリースが所有権移転ファイナンス・リースの場合、基本となる会計処理は、上記①及び②と同様となる。ただし、「リース投資資産」は「リース債権」と読み替える。また、割安購入選択権がある場合、当該割安購入選択権の行使価額を貸手のリース料及び受取リース料に含める。

Ⅲ　その他の主な留意事項

（1）貸手のリース期間

　貸手のリース期間の定義は借手と違い、次のとおり従来の基準の定めを踏襲している。

（2）特別仕様物件

　IFRS16には、所有権移転ファイナンス・リースと所有権移転外ファイナンス・リースの区分はない。特に特別仕様物件については、IFRS16に他の類似する定めもないため、公開草案がIFRS16との整合性を目指す中、その取扱いが論点になっていた。

　公開草案では、所有権移転ファイナンス・リースに分類される3要件は、次の通りで、従来の基準の考え方を踏襲し、その取扱いは変わらず、現行の会計処理を継続できる。

　（ⅲ）の特別仕様の原資産の中には、上記公開草案適用指針第66項（ⅲ）において「借手の用途等に合わせて特別の仕様により製作又は建設されたもの」とされているように、専用性の高い機械装置等以外に特別仕様の建物等の

不動産も含まれる。

（3）利息相当額の配分

　利息相当額の総額の算定方法や利息相当額の配分の方法も従来の基準と変わらない。

公開草案会計基準　第45項
貸手における利息相当額の総額は、貸手のリース料及び見積残存価額（貸手のリース期間終了時に見積られる残存価額で残価保証額以外の額）の合計額から、これに対応する原資産の取得価額を控除することによって算定する。当該利息相当額については、貸手のリース期間にわたり、原則として、利息法により配分する。

　利息相当額の総額を貸手のリース期間中の各期に配分する方法は、原則として、利息法による。ただし、リースを主たる事業としない企業による所有権移転外ファイナンス・リースに重要性が乏しいと認められる場合、利息相当額の総額を貸手のリース期間中の各期に定額で配分できる（公開草案適用指針第70項）。この取扱いも従来の基準を踏襲している。

　「重要性が乏しいと認められる場合」とは、未経過の貸手のリース料及び見積残存価額の合計額の期末残高（公開草案適用指針第69項に従い利息相当額を利息法により各期に配分しているリースに係るものを除く）が当該期末残高及び営業債権の期末残高の合計額に占める割合（リース比率）が10％未満である場合をいう（公開草案適用指針第71項）。リース比率は以下の計算式で算定し、この比率が10％未満となる場合をいう。

$$\text{リース比率} = \frac{\text{未経過リース料期末残高＋見積残存価額期末残高}}{\text{未経過リース料期末残高＋見積残存価額期末残高＋営業債権期末残高}}$$

　なお、連結財務諸表においては、上記の判定を、連結財務諸表の数値を基礎として見直すことができる。見直した結果、個別財務諸表の修正を行う場合、連結修正仕訳で修正を行う。

（4）現在価値の算定における計算利子率

> **公開草案適用指針　第62項**
>
> 　現在価値の算定を行うにあたっては、貸手のリース料の現在価値と貸手のリース期間終了時に見積られる残存価額で残価保証額以外の額（見積残存価額）の現在価値の合計額が、当該原資産の現金購入価額又は借手に対する現金販売価額と等しくなるような利率（貸手の計算利子率）を用いる。

　上記第62項の貸手の計算利子率は、以下のイメージになる。

$$I = p_0 + \frac{p_1}{(1+r)} + \frac{p_2}{(1+r)^2} + \frac{p_3}{(1+r)^3} + \cdots + \frac{p_{n-1}}{(1+r)^{n-1}} + \frac{p_n + Q}{(1+r)^n}$$

I：貸手の購入価額等　$p_0 \sim p_n$：リース料総額の毎期（月）の支払額（割安購入選択権の行使価額や残価保証額も含む）で前払リース料がある場合を前提とする。Q：見積残存価額

　貸手の計算利子率は、従来の基準の定めを踏襲しており、IFRS 16におけるリースの計算利子率とは主に貸手の当初直接コストを考慮しない点が異なる。

　IFRS 16のリースの計算利子率は、リース料の現在価値と無保証残存価値の現在価値の合計額が、原資産の公正価値と貸手の当初直接コストの合計額と等しくなる利子率である。

（5）不動産に係るリースの取扱い

　公開草案では、不動産に係るリースにつき以下の定めを置くが、従来の基準の取扱いと基本的には変わっていない。

> **公開草案適用指針　第64項**
>
> 　土地、建物等の不動産のリースについても、公開草案適用指針第55項から第63項に従い、ファイナンス・リースに該当するか、オペレーティング・リースに該当するかを判定する。ただし、土地については、第66項の（1）又は（2）（所有権移転リースに分類される要件（1）又は（2））のいずれかに該当する場合を除き、オペレーティング・リースに該当するものと推定する。

　土地の経済的耐用年数は無限であるため、公開草案適用指針第66項の（1）

「契約期間終了後又は契約期間の中途で原資産の所有権が借手に移転するケース」又は公開草案適用指針第66項の（2）「借手に対して、契約期間終了後又は契約期間の中途で、割役購入選択権が与えられており、その行使が確実に予想されるリース」のいずれかに該当する場合を除いては、通常、フルペイアウトのリースに該当しない。

公開草案適用指針　第65項

　土地と建物等を一括したリース（契約上、建物賃貸借契約とされているものも含む）は、原則として、貸手のリース料を合理的な方法で土地に係る部分と建物等に係る部分に分割した上で、建物等について、公開草案適用指針第58項（1）に定める現在価値基準の判定を行う。

　貸手のリース料を土地に係る部分と建物等に係る部分に合理的に分割する方法としては次の（a）又は（b）が考えられ、このうち最も実態に合った方法を採用する。

　（a）賃貸借契約書等で、適切な土地の賃料が明示されている場合には、貸手のリース料から土地の賃料を差し引いた額を、建物等のリース料とする。

　（b）貸手のリース料から土地の合理的な見積賃料を差し引いた額を、建物等のリース料とみなす。合理的な見積賃料には、近隣の水準などを用いることが考えられる。

(6) オペレーティング・リース

　従来の基準では明確に示されていなかったオペレーティング・リース取引の会計処理につき、公開草案で以下のとおり定めを置いている。

公開草案会計基準　第46項

　貸手のオペレーティング・リースについては、通常の賃貸借取引に係る方法に準じた会計処理を行う。

公開草案適用指針　第78項

　貸手は、オペレーティング・リースによる貸手のリース料について、貸手のリース期間にわたり原則として定額法で計上する。

実務では、フリーレントやレントホリデーなどに関する会計処理が必ずしも明らかでなく、従来の基準におけるオペレーティング・リース取引の会計処理の実務に多様性が生じてきており、企業間の比較可能性が損なわれている状況であった。

ここで、貸手のオペレーティング・リースの会計処理につき、収益認識会計基準との整合性を図り、原則として定額法による計上を求めることは、リースの会計処理について企業間の比較可能性を高めることになる。

このため、毎期のリース料が定額でないリースや、フリーレントを含むリース等について、貸手の収益認識方法が変更する可能性がある。

(7) 建設協力金等の預り預託保証金

建設協力金等及び敷金について、これらの項目が、主にリースの締結により生じる項目であるため、具体的な会計処理の定めは、金融商品実務指針から削除し、以下のとおり公開草案適用指針に定めることとした（公開草案適用指針第79項から第82項）。

貸手の会計処理は、基本的に従来の基準の定めを維持することから、預り預託保証金に関する貸手の会計処理は、金融商品実務指針の定めを踏襲している。

公開草案適用指針　第79項

　預り預託保証金の預り企業である貸手から、差入企業である借手に将来返還される建設協力金等の預り預託保証金（敷金を除く）に係る当初認識時の時価は、返済期日までのキャッシュ・フローを割り引いた現在価値である。預り企業である貸手は、当該預り預託保証金の受取額と当該時価との差額を長期前受家賃として計上し、契約期間にわたって各期の損益に合理的に配分する。また、当初時価と返済額との差額を契約期間にわたって配分し支払利息として計上する。

公開草案適用指針　第80項

　預り企業である貸手は、返済期日までの期間が短いもの等、その影響額に重要性がない預り預託保証金（敷金を除く。）について、前項の会計処理を行わないことができる。前項の会計処理を行わない預り預託保証金は、債務に準じて会計処理を行う。

公開草案適用指針 第81項

　預り企業である貸手は、預り預託保証金（敷金を除く。）のうち、預り企業である
貸手から差入企業である借手に将来返還されないことが契約上定められている金額に
ついて、賃貸予定期間にわたり定額法により収益に計上する。

公開草案適用指針 第82項

　預り企業である貸手は、将来返還する預り敷金について、債務額をもって貸借対照
表価額とする。預り敷金のうち、預り敷金の預り企業である貸手から差入企業である
借手に返還されないことが契約上定められている金額について、賃貸予定期間にわた
り定額法により収益に計上する。

（8）その他

　公開草案では、ソフトウェアリースが「収益認識会計基準」の範囲とされた
こと、リースとサービスが複合的に含まれる契約はリース部分（公開草案を適
用）とサービス部分（収益認識会計基準等を適用）に分けて処理すること、か
らシステムを含めた実務対応を検討しなければならない可能性がある。

【実務上の留意事項】
　貸手のリースに関する実務上の留意事項は以下のとおりである。
● 　収益認識会計基準との整合の観点から、リース料受取時に売上高と売上原価
　を計上する方法（従来の第二法）は認められなくなったため、当該方法を採っ
　ていた場合等、システムを含めた対応を検討する必要がある。

7
サブリース

I　サブリースとは

　サブリースとは、原資産が借手から第三者にさらにリースされ、当初の貸手と借手の間のリースが依然として有効である取引をいう（公開草案適用指針第4項）。

　また、同第4項において、当初の貸手と借手の間のリースを「ヘッドリース」、ヘッドリースにおける借手を「中間的な貸手」と定義している。

　公開草案のサブリースの定義はIFRS16を踏襲したものだが、従来の基準と比べると、従来の基準における転リースでは、「同一の条件で転リースする」との要件がありその分狭く定義されている。具体的には、サブリースの取引のうち、原資産の所有者から当該原資産のリースを受け、さらに同一資産を概ね同一の条件で第三者にリースする取引を転リース取引という。

　また、IFRS16では貸借対照表、損益計算書ともヘッドリース及びサブリースをグロスで認識するが、従来の基準における転リースでは損益計算書上ネット処理が認められている。

II　サブリースの実務事例

　サブリースが実際に利用されている事例として、自動販売機、洗車機、あるいは多店舗展開をするフランチャイズ・チェーンなどへリースをする場合がある。フランチャイザーがユーザーで、個別の店舗をエンドユーザーとするサブリースを行う場合もある。例えば清涼飲料水やアルコール類自動販売機の場合、ユーザー（メーカーあるいはディーラー）はリース会社から自動販売機全

量をまとめてリースを受け、その物件を自社の小売店に対してそれぞれサブリースする。

　このケースでは、ユーザー、リース会社双方に次のメリットがある。

> 【ユーザーのメリット】
> 　自社製品の販売促進に貢献する自動販売機物件を比較的少額の購入資金で全量調達し、広範に小売店に供給することができる。
> 【リース会社のメリット】
> 　広範囲に存在している膨大な物件の管理が可能で、多数のエンドユーザーからのリース料の回収を、ユーザーのもとに一元化して回収できる。

Ⅲ　サブリースの基本的な考え方

　サブリースは、ヘッドリースとサブリースの契約は一般的に別個に交渉されており、中間的な貸手にとってヘッドリースから生じる義務は、一般にサブリースの契約条件によって消滅することはない。このため、原則として、ヘッドリースとサブリースを 2 つの別個の契約として借手と貸手の両方の会計処理を行う。

　サブリースの貸手は、ヘッドリースにおける原資産の貸借処理と、サブリースにおける使用権資産の賃貸処理とを特に整合させることはなく、それぞれ借手と貸手の両方の会計基準を適用する 2 つの別個の契約として会計処理する（ただし例外処理はⅤ参照）。

　これは、サブリースの相手とヘッドリースの相手は異なり、それぞれの契約が別個に交渉されることによる。これにより、転貸者にとってヘッドリースから生じる義務は、通常、サブリースにより消滅することはないからである。

Ⅳ　サブリースの原則的な会計処理

（1）公開草案の定め

公開草案適用指針　第 85 項

　サブリース取引では、中間的な貸手は、ヘッドリースについて、借手のリースの会計処理を行い、サブリースについて、サブリースがファイナンス・リースとオペレーティング・リースのいずれに該当するかにより、次の会計処理を行う。
① 　サブリースがファイナンス・リースに該当する場合
　サブリースのリース開始日に、次の会計処理を行う。
（ⅰ）サブリースした使用権資産の消滅を認識する。
（ⅱ）サブリースにおける貸手のリース料の現在価値と使用権資産の見積残存価額の現在価値の合計額でリース投資資産又はリース債権を計上する。
（ⅲ）計上されたリース投資資産又はリース債権と消滅を認識した使用権資産との差額は、損益に計上する。
② 　サブリースがオペレーティング・リースに該当する場合
　サブリースにおける貸手のリース期間中に、サブリースから受け取る貸手のリース料について、オペレーティング・リースの会計処理（公開草案会計基準第 46 項）を行う。

（2）公開草案の会計処理の考え方

　サブリースを分類するに当たり、サブリースに供されている原資産そのものではなく、ヘッドリースから生じる使用権資産を参照して分類する。つまり、使用権資産のリスクと経済的価値のほとんどすべてが移転するか否かの観点からリースの分類を行う。

　サブリースの分類に当たり使用権資産を参照して分類する理由は次のとおりである。

　① 　転貸者はリース物件を有していないこと
　② 　サブリースがヘッドリースに対応する残存期間のほとんどすべてである場合、転貸者は使用権資産を有していないこと
　③ 　使用権資産に関する転貸者のリスクは、サブリースにより信用リスクに変化している。使用権資産を参照して分類すれば、ファイナンス・リース

とされたサブリースはリース債権を計上することになり、当該リスクを反映できること

　ヘッドリースから生じる使用権資産を参照して分類すると、原資産を参照する場合と比べると、転貸者はサブリースの少なくない部分がファイナンス・リースに分類されることも考えられる。ただし、ヘッドリースを短期リースまた少額リースとして使用権資産を認識しないことを会計処理として選択している場合は、サブリースはオペレーティング・リースに分類される。

（3）現在価値算定に用いる利率

公開草案適用指針　第86項
（1）①（ⅱ）で示した現在価値の算定にあたり、次の①の金額が②の金額と等しくなるような利率を用いる。 　①　サブリースにおける貸手のリース料の現在価値と使用権資産の見積残存価額の現在価値の合計額 　②　当該使用権資産に係るサブリースのリース開始日に現金で全額が支払われるものと仮定した場合のリース料 　　このとき、当該リース料は、サブリースを実行するために必要な知識を持つ自発的な独立第三者の当事者が行うと想定した場合のリース料とする。また、当該リース料の算定にあたっては、サブリースがヘッドリースのリース期間の残存期間にわたり行われるものと仮定する。 　なお、当該利率の算出が容易でない場合、ヘッドリースに用いた割引率を用いることができる。

（4）ファイナンス・リースの判定

公開草案適用指針　第87項
次の（ⅰ）又は（ⅱ）のいずれかに該当する場合、中間的な貸手のサブリースは、ファイナンス・リースと判定される。 　（ⅰ）現在価値基準 　　サブリースにおける貸手のリース料の現在価値が、独立第三者間取引における使用権資産のリース料（公開草案適用指針第86項）の概ね90％以上であること

（ⅱ）経済的耐用年数基準

　　サブリースにおける貸手のリース期間が、ヘッドリースにおける借手のリース期間の残存期間の概ね75％以上であること（ただし、上記（ⅰ）の判定結果が90％を大きく下回ることが明らかな場合を除く。）

　　なお、ヘッドリースについて短期リース又は少額リースに関する簡便的な取扱いを適用して使用権資産及びリース負債を計上していない場合、サブリースはオペレーティング・リースに分類する。

　貸手においては、従来のファイナンス・リース及びオペレーティング・リースの分類が残り、フルペイアウトの要件（（ⅰ）及び（ⅱ））も変わっていない。

Ⅴ　サブリースの例外的な取扱いと会計処理

　IFRS16では、前項「Ⅳ　サブリースの原則的な会計処理」に示した原則的な会計処理に対する例外は設けられていない。一方、公開草案では、一部のサブリース取引について、サブリース締結後もヘッドリースが有効であり、中間的な貸手がヘッドリースとサブリースを2つの別個の契約として借手と貸手の両方の会計処理を行うことが適切ではない場合があるとして、サブリース取引の例外的な定めを設けた。

　具体的には以下の2つのA、Bのケースであり、各々に分けて説明する。

　　A　中間的な貸手がヘッドリースに対してリスクを負わない場合の取扱い
　　B　転リース取引の取扱い

　なお、中間的な貸手がヘッドリースに対してリスクを負わない場合の取扱いと転リース取引の取扱いは、それぞれの取扱いにおける適用の要件を定めている。あるサブリース取引が、「中間的な貸手がヘッドリースに対してリスクを負わない場合の取扱い」と「転リース取引の取扱い」の両方の要件に該当することは想定していない。

　また、「中間的な貸手がヘッドリースに対してリスクを負わない場合の取扱い」と「転リース取引の取扱い」は、IFRS16では定められていないため、これらの適用は任意とする。これは、IFRS任意適用企業がIFRS 16の定めを個

別財務諸表に用いても基本的に修正を不要とする基準開発の基本的な方針を考慮した取扱いである。

（1）中間的な貸手がヘッドリースに対してリスクを負わない場合の取扱い（A）

　一例をあげると、日本の不動産取引において、法的にヘッドリースとサブリースがそれぞれ存在する場合でも、中間的な貸手がヘッドリースとサブリースを 2 つの別個の契約として借手と貸手の両方の会計処理を行い、貸借対照表において資産及び負債を計上することが取引の実態を反映しない場合がある。

　公開草案では、以下のとおり、中間的な貸手がヘッドリースに対してリスクを負わない場合の取扱いとして、別個の契約とせずに貸借対照表において資産及び負債を計上しないことができる特例を定めた。

公開草案適用指針　第 88 項

　サブリース取引のうち、次の要件をいずれも満たす取引について、中間的な貸手は、公開草案適用指針第 85 項にかかわらず、サブリースにおいて受け取るリース料の発生時又は当該リース料の受領時のいずれか遅い時点で、貸手として受け取るリース料と借手として支払うリース料の差額を損益に計上することができる。
（ⅰ）中間的な貸手は、サブリースの借手からリース料の支払を受けない限り、ヘッドリースの貸手に対してリース料を支払う義務を負わない。
（ⅱ）中間的な貸手のヘッドリースにおける支払額は、サブリースにおいて受け取る金額にあらかじめ定められた料率を乗じた金額である。
（ⅲ）中間的な貸手は、次のいずれを決定する権利も有さない。
　　（①）サブリースの契約条件（サブリースにおける借手の決定を含む）
　　（②）サブリースの借手が存在しない期間における原資産の使用方法

---

①　公開草案適用指針第 88 項の特例の 3 要件

　サブリース取引の中には、次の 2 点を満たすケースがある。

・ヘッドリースにおける支払条件として、サブリースの借手からリース料の支払を受けない限りヘッドリースの貸手に対してリース料を支払う義務を負わないこと

・ヘッドリースの貸手への支払額がサブリースにより受け取る金額にあらか

じめ定められた料率を乗じた金額とされること

中間的な貸手がヘッドリースに対して一切のリスクを負わず貸借対照表においてヘッドリースのリース負債を計上しないことが適切である限定的な取引のみを特定すべく（ⅰ）及び（ⅱ）を要件に課した。

また、サブリース取引の中には、次の2点を満たすケースがある。

・サブリースの条件についての最終決定権をヘッドリースの貸手が有する

・ヘッドリースの契約が存在している期間でも、中間的な貸手がサブリースの対象となる原資産の使用方法を自由に決定できない

中間的な貸手のヘッドリースに対する権利が限定的であり、貸借対照表において使用権資産を計上しないことが適切である取引のみを特定すべく（ⅲ）を要件に課した。

② 公開草案適用指針第88項の特例で認めたネット処理

公開草案適用指針第88項の要件はヘッドリースに対して一切のリスクを負わないとする取引を特定するための要件である。この際、収益認識適用指針において「企業が在庫リスクを有していること」が本人の指標とされていること（収益認識適用指針第47項（2））等に鑑みれば、代理人として会計処理を行う場合と同様に純額表示することが適切と考えられる。

このため、貸手として受け取るリース料と借手として支払うリース料の差額を損益に計上するネット処理を認めた。

③ 公開草案適用指針第88項の特例で認めた会計処理のタイミング

収益及び費用の認識は発生時に行うことが原則である。一方、サブリースの借手からリース料の支払を受けない限り、中間的な貸手がヘッドリースの貸手にリース料を支払う義務を負わないことを当該例外的な取扱いの要件とした。

このため、この要件に合わせる形で、サブリースにおいて受け取るリース料の発生時又はリース料の受領時のいずれか遅い時点で、貸手として受け取るリース料と借手として支払うリース料との差額を損益に計上することとした。

(2) 転リース取引の取扱い（B）

　サブリースの取引のうち、原資産の所有者から当該原資産のリースを受け、さらに同一資産を概ね同一の条件で第三者にリースする取引を転リース取引という（公開草案適用指針第 89 項）。

■1　従来の基準における転リースの取扱い

　従来の基準では、主に機器等のリースについて仲介の役割を果たす中間的な貸手等を念頭に以下の会計処理を定めており、実務にも浸透している。具体的には、借手としてのリース取引及び貸手としてのリース取引の双方がファイナンス・リースに該当する場合、原則として（ⅰ）及び（ⅱ）の取扱いとなる（第 2 部 8 Ⅶ参照）。

　（ⅰ）貸借対照表上の取扱い

　　リース投資資産（リース債権）とリース債務の双方を原則として利息相当額控除後の金額で計上する。なお、リース投資資産（リース債権）とリース債務は利息相当額控除前の金額で計上することができる。ただし、利息相当額控除前の金額で計上する場合は、貸借対照表に含まれる当該リース投資資産（リース債権）とリース債務の金額を注記する。

　（ⅱ）損益計算書上の取扱い

　　貸手として受け取るリース料総額と借手として支払うリース料総額の差額を手数料収入として各期に配分し、「転リース差益」等の科目で損益計算書に計上する。原則として減価償却費、支払利息、売上高、売上原価等の科目では計上しない。

■2　公開草案の定め

公開草案適用指針　第 89 項

　中間的な貸手は、公開草案適用指針第 85 項にかかわらず、転リース取引のうち、貸手としてのリースが原資産を基礎として分類する場合にファイナンス・リースに該当する場合、次のとおり会計処理を行うことができる。
（ⅰ）貸借対照表上、リース債権又はリース投資資産とリース負債の双方を計上する
（ⅱ）損益計算書上、支払利息、売上高、売上原価等は計上せずに、貸手として受け取るリース料と借手として支払うリース料の差額を手数料収入として各期に配分

し、転リース差益等の名称で計上する。

なお、リース債権又はリース投資資産とリース負債は利息相当額控除後の金額で計上することを原則とするが、利息相当額控除前の金額で計上することができる。

リース債権又はリース投資資産から利息を控除するにあたって使用する割引率は、リース負債から利息相当額を控除する際の割引率を使用する。

① 公開草案において従来の会計基準の定めを踏襲した理由

中間的な貸手がヘッドリースとサブリースを2つの別個の契約として借手と貸手の両方の会計処理を行うことが適切ではない場合として転リースを採り上げ、従来の基準の定めを踏襲し、例外的な取扱いとした理由は以下の（ⅰ）（ⅱ）のとおりである。

（ⅰ）貸借対照表上はリース債権又はリース投資資産とリース負債の双方を計上した上で、収益及び費用を純額とする定めであり、借手のすべてのリースについて資産及び負債の計上を求めるとする公開草案の主たる改正目的についての例外を定めるものではないこと

（ⅱ）サブリース取引の会計処理による財務諸表作成者の負担の増加への対応となること

② ファイナンス・リースの要件

従来の基準では、転リース取引は、借手としてのリース取引及び貸手としてのリース取引の双方がファイナンス・リース取引に該当する取引を対象としており、公開草案においてもこの範囲を踏襲することとした。

ただし、公開草案では、借手のリースにつき、ファイナンス・リース及びオペレーティング・リースに分類しないこととしたため、貸手としてのリースが原資産を参照して分類する場合にファイナンス・リースに該当する場合として定めている。

（3）サブリースしている場合のヘッドリースに関する簡便的な取扱い

公開草案では、借手が資産をサブリースしている場合のヘッドリースについて、少額リースに関する簡便的な取扱いを認めている。IFRS16では、借手が資産をサブリースしている場合、ヘッドリースについて少額リースに関する簡

便的な取扱いを適用することができない、という定めを設けている。一方、公開草案では実務負担の増加への対応から、当該定めはとり入れていない。

【実務上の留意事項】
　サブリース取引に関する実務上の留意事項は以下のとおりである。
● 　公開草案では、従来の基準を改正し、IFRS16 が定める「サブリース」の取扱いに整合する取扱いを示している。一方で、日本の不動産会社等の取引にみられるような「中間的な貸手がヘッドリースに対しリスクを負わないケース」や、「転リース取引」について例外的取扱いを認めている。当該内容を正しく理解したうえで、適正な実務対応を図る必要がある。

8
セール・アンド・リースバック取引

　セール・アンド・リースバック取引とは、売手である借手が資産を買手である貸手に譲渡し、売手である借手が買手である貸手から当該資産をリース（リースバック）する取引をいう（公開草案適用指針第4項）。

　セール・アンド・リースバック取引のイメージを**図表8-1**に示した。

図表8-1　セール・アンド・リースバック取引のイメージ図

通常のリース取引

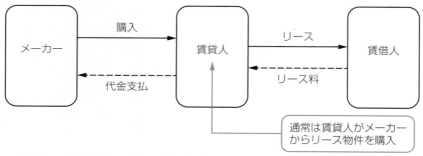

※通常のリース取引については、賃貸人と賃借人との間で売買契約が存在しないため、譲渡人、譲受人は発生しない

セール・アンド・リースバック取引（賃借人が自ら購入する場合）

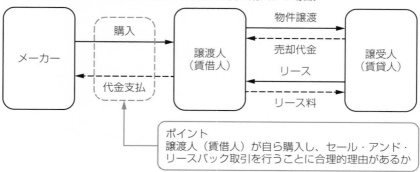

I　従来の基準及び法人税法の定めと考え方

(1) 従来の基準の定めと考え方

　「資産の譲渡取引」と「リースバック取引」が一体で行われた場合、資産の譲渡が売却に該当しない場合がある。この際、売却が実現しているか否かの判断に当たり、借手が自ら購入し、セール・アンド・リースバック取引を行うことに合理的な理由があるか、金融取引を目的に行う取引ではないか、などがポイントとなる。

　会計処理は、リース取引がファイナンス・リース取引と判定されるか否かにより、譲渡取引における売却損益の取扱いが異なる。なお、セール・アンド・リースバック取引におけるファイナンス・リースの判定は、通常のファイナンス・リースの判定と同様に行う。

①　ファイナンス・リース取引と判定された場合、原則として、譲渡取引に伴う売却損益は長期前受収益（売却益の場合）または長期前払費用（売却損の場合）等の科目により繰延処理する。

②　長期前受収益又は長期前払費用等は、各事業年度のリース資産の減価償却費の割合に応じて費用化し、費用化した金額はリース資産の減価償却費に加減する。

(2) 法人税法の定めと考え方

　「資産の譲渡取引」と「リースバック取引」が一体として行われ、一連の取引が実質的に金銭の貸借であると認められるときは当該取引を金融取引と認定する。

　「一連の取引」が「実質的に金銭の貸借であると認められるとき」に該当するか否かは、取引当事者の意図、リース資産の種類、その売買及び賃貸に至るまでの事情その他の状況に照らして判断する。この際、リースバック取引がそのリース資産を担保とする金融取引を行うことを目的としているか否か等が判断に当たってのポイントになる。

この観点から、次のようなものは金銭の貸借とされるリース取引には該当しない。

① 譲渡人が譲受人に代わって資産を購入することに相当な理由があり、かつ、その資産につき、立替金、仮払金等の仮勘定で処理し、譲渡人における購入価額により譲受人に譲渡するもの

② 法人が事業の用に供している資産について、その資産の管理事務の省力化や経営の合理化等のために行われるもの

ここで、①の「相当な理由」には、例えば以下のものがある。

（a） 多種類の資産を導入する必要があるため、譲渡人がその資産を購入した方が事務の効率化が図れること

（b） 輸入機器のように通関事務等に専門的知識が必要とされること

（c） 既往の取引状況に照らし、譲渡人が資産を購入する方が安く購入できること

金銭の貸借とされた場合、税務上、譲渡はなかったことになり、賃借人及び賃貸人は以下の処理を行う。

【賃借人】
（ⅰ） 資産の売買はなかったものとし、賃借人（譲渡人）が資産の売買により計上した譲渡損益は益金や損金に算入せず、譲渡損益はなかったものとする。
（ⅱ） 賃借人（譲渡人）が賃貸人（譲受人）から受け入れた額は借入金とする。
（ⅲ） 賃借人（譲渡人）がリース期間中に支払うリース料総額のうち、借入金相当額は元本返済額とし、それ以外を支払利息として取り扱う。支払利息の計算は定額法が認められる。

【賃貸人】
（ⅰ） 資産の売買はなかったものとし、賃貸人（譲受人）が賃借人（譲渡人）に支払う金額は貸付金とする。
（ⅱ） 賃貸人（譲受人）がリース期間中に受け取るリース料総額のうち、貸付金相当額は元本回収額とし、それ以外を受取利息として取り扱う。受取利息の計算は定額法が認められる。

II　公開草案の定め

　資産の譲渡とリースバックは形式上別個の取引である。しかし、これらの取引が組み合わされることで、借手（売手）が、貸手（買手）に譲渡された資産から生じる経済的利益を、リースバックにより引き続き享受しているにもかかわらず、当該資産を譲渡した時点で譲渡に係る損益が認識される、という問題点がある。

　そこで、公開草案では、セール・アンド・リースバック取引における資産の譲渡の取扱いについての定めを設けた。リースバックにより、借手（売手）が、貸手（買手）に譲渡された資産から生じる経済的利益を引き続き享受しているにもかかわらず、当該資産を譲渡した時点で譲渡に係る損益が認識されるケース等では、実質的な譲渡資産の買戻しに近いため、資産の譲渡損益を認識することは適切ではなく、金融取引として処理すべきとの考え方による。

（1）セール・アンド・リースバックに該当しない場合

　公開草案では、セール・アンド・リースバック取引は、IFRS16と同様に「売手である借手が資産を買手である貸手に譲渡し、リースバックする取引」と定義している。この定義では、譲渡された資産とリースされた資産が同一であることが重要な要素となる。

公開草案適用指針　第50項
リースバックが行われる場合でも、売手である借手による資産の譲渡が次のいずれかであればセール・アンド・リースバック取引に該当しない。 （ⅰ）収益認識会計基準に従い、一定の期間にわたり充足される履行義務（収益認識会計基準第36項）の充足によって行われるとき （ⅱ）収益認識適用指針第95項を適用し、工事契約における収益を完全に履行義務を充足した時点で認識することを選択するとき

　（ⅰ）及び（ⅱ）では、資産の譲渡により借手（売手）から貸手（買手）に支配が移転されるのは仕掛中の資産であり、移転された部分だけでは資産の使用から経済的利益を享受できる状態にない。一方、リースバックにより売手である借手が支配を獲得する使用権資産は完成した資産であるため、譲渡された

資産とリースされた資産は同一とはいえない。このため、（ⅰ）及び（ⅱ）はセール・アンド・リースバック取引に該当しない。

　例えば、日本の建設工事請負契約と一括借上契約が同時に締結される取引等において、収益が一時点ではなく「一定期間にわたり」認識される場合等がこれに該当する。

（2）セール・アンド・リースバックに該当する場合

▮1 一時点で損益を認識する売却に該当するケース

　借手（売手）による資産の譲渡が収益認識会計基準等の他の会計基準等により、一時点で損益を認識する売却に該当すると判断される場合、借手（売手）は、当該資産を貸手（買手）に譲渡し、譲渡した当該資産をリースする。この場合、譲渡された資産とリースされた資産は同一と考えられ、当該取引はセール・アンド・リースバック取引に該当する。

▮2 公開草案の定め

> 公開草案適用指針　第51項
>
> 　売手である借手は、セール・アンド・リースバック取引における資産の譲渡が売却に該当するか否かにつき判断を行い、次のとおり会計処理を行う。
> （ⅰ）資産の譲渡が売却に該当しない場合
> 　次のいずれかに該当する場合、売手である借手による資産の譲渡は売却に該当しない。この場合、売手である借手は当該資産の譲渡とリースバックを一体の取引とみて、金融取引として会計処理を行う。
> （①）売手である借手による資産の譲渡が収益認識会計基準などの他の会計基準等により売却に該当しないと判断される場合
> （②）リースバックにより、売手である借手が、資産からもたらされる経済的利益のほとんど全てを享受することができ、かつ、資産の使用に伴って生じるコストのほとんどすべてを負担することとなる場合
> （ⅱ）資産の譲渡が売却に該当する場合
> 　売手である借手による資産の譲渡が、収益認識会計基準などの他の会計基準等により、一時点で損益を認識する売却に該当すると判断される場合、売手である借手は、当該資産の譲渡について収益認識会計基準などの他の会計基準等に従い当該損益を認識し、リースバックについて会計基準及び本適用指針に従い借手の会計処理を行う。ただし、一時点で損益を認識する売却に該当すると判断される場合であっても、（ⅰ）（②）に該当する場合は金融取引として会計処理を行う。

公開草案適用指針第 51 項のポイントは以下の三点である。

① 　リースバックにより、売手である借手が資産からもたらされる経済的利益のほとんどすべてを享受することができ、かつ、資産の使用に伴って生じるコストのほとんどすべてを負担する場合、資産の譲渡は売却に該当せず、金融取引として会計処理を行う。

② 　借手（売手）による資産の譲渡が収益認識会計基準などの他の会計基準等により、一時点で損益を認識する売却に該当すると判断される場合、借手（売手）は、当該資産の譲渡について収益認識会計基準等の他の会計基準等に従い当該損益を認識し、リースバックについて公開草案に従い借手の会計処理を行う。ただし、一時点で損益を認識する売却に該当すると判断される場合であっても、上記公開草案適用指針第 51 項の（ⅰ）（②）に該当する場合には、金融取引として会計処理を行う。

③ 　売手である借手による資産の譲渡が収益認識会計基準などのその他の会計基準等により、売却に該当しないと判断される場合、売手である借手は、当該資産の譲渡とリースバックを一体の取引とみて、金融取引として会計処理を行う。

　②に記載のとおり、（ⅰ）（②）の要件を満たす限り、資産の譲渡が「売却」に該当するか否かにかかわらず、借手（売手）は金融取引として会計処理する。これは、当該ケースでは借手（売手）が譲渡した資産を直ちに買い戻すことと実質的に変わらないからである。

❸　IFRS16 及び米国 Topic842 との関係

　公開草案の定めは、基本的に、FASB Accounting Standards Codification（米国財務会計基準審議会（FASB）による会計基準のコード化体系）の Topic842「リース」（以下「Topic842」という）の定めを参考に策定されている。

　IFRS16 では、原則として以下の会計処理となる。

・資産の譲渡が売却に該当するのは、IFRS15「顧客との契約から生じる収益」の要求事項を満たす場合のみである。

・IFRS15 により収益が認識されると判断される場合、買手である貸手に移転された権利部分については権利の譲渡に係る利得又は損失を譲渡時に認識し、リースバックにより借手（売手）が継続して保持する権利部分については権利の譲渡に係る利得又は損失を繰り延べる。

　公開草案が IFRS16 に準拠せず、Topic842 を参考に策定したのは次の理由による。

・IFRS16 に準拠すると、資産の譲渡につき、収益認識会計基準等により損益を認識する場合でも、当該資産の譲渡に係る損益の調整を求めることになり、収益認識会計基準等の考え方とは異なる考え方を採ることになる。

・IFRS16 では、リースバックにより借手（売手）が継続して保持する権利に係る利得又は損失は売却時に認識しないため売却損益の調整が必要となる。このため、Topic 842 のモデルよりも複雑となる。資産譲渡に係る複雑な損益調整に代えて開示を要求することにより、有用な情報の提供につながる。

（3）資産譲渡損益計上の適正性

■1 資産譲渡対価とリース料の関係と問題の所在

　セール・アンド・リースバック取引では、資産の譲渡とリースバックをパッケージとして交渉することが多い。資産の譲渡対価とリースバック時の借手のリース料とに相互依存性がある。資産の譲渡対価及び関連するリースバック時の借手のリース料が、各々時価及び市場のレートでのリース料よりも高い（低い）金額で取引され、一体としての利益の総額が同じでも、資産の譲渡に係る損益が過大（過小）に計上される可能性がある。そこで、公開草案では資産の譲渡損益を適切に計上するための取扱いを定めている。

❷　資産譲渡損益適正性に係る公開草案の定め

公開草案適用指針　第 52 項

　　資産の譲渡が売却に該当する場合に、資産の譲渡対価が明らかに時価ではない時又は借手のリース料が明らかに市場のレートでのリース料ではない時には、売手である借手は、当該資産の譲渡対価と借手のリース料について次のとおり取り扱う。
（ⅰ）資産の譲渡対価が明らかに時価を下回る場合、時価を用いて譲渡について損益を認識し、譲渡対価と時価の差額について使用権資産の取得価額に含める。
（ⅱ）借手のリース料が明らかに市場のレートでのリース料を下回る場合、借手のリース料と市場のレートでのリース料との差額について譲渡対価を増額した上で譲渡について損益を認識し、当該差額について使用権資産の取得価額に含める。
（ⅲ）資産の譲渡対価が明らかに時価を上回る場合、時価を用いて譲渡について損益を認識し、譲渡対価と時価の差額について金融取引として会計処理を行う。
（ⅳ）借手のリース料が明らかに市場のレートでのリース料を上回る場合、借手のリース料と市場のレートでのリース料との差額について譲渡対価を減額した上で譲渡について損益を認識し、当該差額について金融取引として会計処理を行う。
　　資産の譲渡対価が明らかに時価ではないかどうか又は借手のリース料が明らかに市場のレートでのリース料ではないかどうかは、資産の時価と市場のレートでのリース料のいずれか容易に算定できる方を基礎として判定する。（ⅰ）又は（ⅱ）は、譲渡対価を増額する場合に適用し、（ⅲ）又は（ⅳ）は、譲渡対価を減額する場合に適用する。

　当該取扱いは、公開草案適用指針第 50 項に示されている「セール・アンド・リースバック取引に該当しない取引」にも適用する（公開草案適用指針第 53 項）。

❸　収益認識会計基準の定めと損益譲渡の適正性

　収益認識会計基準では独立販売価格に基づく取引価格（対価）の配分を定めている（収益認識会計基準第 68 項）。また、公開草案でも、リースを構成する部分とリースを構成しない部分への対価の配分につき独立販売価格に基づく配分を求めている（公開草案適用指針第 13 項）。

　これらの取扱いと整合するよう、❷で既述のとおり、セール・アンド・リースバック取引につき、資産の譲渡対価が明らかに時価ではない場合又は借手のリース料が明らかに市場のレートではない場合、当該資産の時価又は市場のレートでのリース料により譲渡損益を計上する定めを置いた（公開草案適用指針第 52 項）。

資産の譲渡対価と借手のリース料がそれぞれ時価と市場のレートでのリース料よりも高い（低い）金額で取引される可能性は、資産の譲渡に係る損益が一定期間にわたり認識されるものか一時点で認識されるものかに関わらず存在するため、いずれの場合でも**2**の公開草案適用指針第 52 項の取扱いを同様に適用する。

（4）借手（売手）による原資産の支配の獲得

借手（売手）が原資産を移転する前に原資産に対する支配を獲得しない場合、当該資産の移転と関連するリースバックは、セール・アンド・リースバック取引に該当しない。

例えば、売手である借手が原資産に対する法的所有権を獲得しても、資産が貸手に移転される前に借手が資産に対する支配を獲得しない場合、当該取引はセール・アンド・リースバック取引ではなく、リースとして会計処理を行う（公開草案適用指針第 54 項）。

（5）貸手の取扱い

公開草案では貸手の取扱いにつき以下の定めを置いている。貸手の会計処理は基本的に従来の基準と変わらない（公開草案適用指針第 83 項、第 84 項）。

- ・セール・アンド・リースバック取引におけるリースバックが、ファイナンス・リースに該当するかどうかの貸手による判定は、公開草案適用指針第 55 項から第 66 項に示したところによる。
- ・この判定において、経済的耐用年数については、リースバック時における原資産の性能、規格、陳腐化の状況等を考慮して見積った経済的使用可能予測期間を用いるとともに、当該原資産の借手の現金購入価額については、借手の実際売却価額を用いるものとする。
- ・当該リースバックがファイナンス・リースに該当する場合の会計処理は、公開草案適用指針第 67 項から第 77 項までと同様とし、当該リースバックがオペレーティング・リースに該当する場合の会計処理は、同第 78 項

と同様とする。

【実務上の留意事項】
　セール・アンド・リースバック取引に関する実務上の留意事項は以下のとおり
である。
● 　公開草案は、IFRS16 に準拠せず、米国 Topic842 を参考に策定されており、
　　セール・アンド・リースバック取引に該当するか否かの判断に当たり、収益認
　　識の時点（一時点か一定期間か）等がポイントになる。
● 　セール・アンド・リースバックに該当する場合には、資産譲渡が売却に該当
　　しない場合だけでなく、一時点で損益を認識する売却であっても、借手（売手）
　　が資産の経済的利益のほとんどすべてを享受（資産使用に伴うコストのほとん
　　どすべてを負担）する場合は、金融取引として会計処理する。当該内容を正し
　　く理解したうえで、適正な実務対応を図る必要がある。

9

開示

I　表示

（1）借手

　公開草案では、借手の会計処理を IFRS16 と整合的なものとする中で、借手の表示についても、IFRS16 と整合的なものとする。

1　使用権資産の表示

> **公開草案会計基準　第 47 項**
>
> 　使用権資産について、次のいずれかの方法により、貸借対照表において表示する。
> （ⅰ）対応する原資産を自ら所有していたと仮定した場合に貸借対照表において表示するであろう科目に含める方法
> （ⅱ）対応する原資産の表示区分（有形固定資産、無形固定資産又は投資その他の資産）において使用権資産として区分する方法

　IFRS 16 では、借手は使用権資産について、他の資産と区分して、財政状態計算書に表示する又は注記で開示する。一方、公開草案では、固定資産の分類を変更し、固定資産に新たな「使用権資産」という区分を設けることはしないこととした。

2　リース負債及び利息費用の表示

> **公開草案会計基準　第 48 項**
>
> 　リース負債について、貸借対照表において区分して表示する又はリース負債が含まれる科目及び金額を注記する。このとき、貸借対照表日後 1 年以内に支払の期限が到来するリース負債は流動負債に属するものとし、貸借対照表日後 1 年を超えて支払の期限が到来するリース負債は固定負債に属するものとする。

公開草案会計基準 第49項

リース負債に係る利息費用について、損益計算書において区分して表示する又は
リース負債に係る利息費用が含まれる科目及び金額を注記する。

損益計算書に関して、リース負債に係る利息費用の開示は、リース負債の帳
簿価額を他の負債と区分した開示とともに、借手のリース負債及び財務コスト
に関する情報を提供する。

(2) 貸手

貸手の会計処理は、収益認識会計基準との整合性を図る点並びにリースの定
義及びリースの識別を除き、基本的に従来の基準の定めを踏襲しており、貸手
の表示についても、従来の基準を踏襲する。

1 リース債権及びリース投資資産

公開草案会計基準 第50項

リース債権及びリース投資資産のそれぞれについて、貸借対照表において区分して
表示する又はそれぞれが含まれる科目及び金額を注記する。ただし、リース債権の期
末残高が、当該期末残高及びリース投資資産の期末残高の合計額に占める割合に重要
性が乏しい場合、リース債権及びリース投資資産を合算して表示又は注記することが
できる。このとき、リース債権及びリース投資資産について、当該企業の主目的たる
営業取引により発生したものである場合には流動資産に表示する。また、当該企業の
主目的たる営業取引以外の取引により発生したものである場合には、貸借対照表日の
翌日から起算して1年以内に入金の期限が到来するものは流動資産に表示し、入金
の期限が1年を超えて到来するものは固定資産に表示する。

従来の基準を踏襲し、貸借対照表に関して、所有権移転ファイナンス・リー
スに係るリース債権と所有権移転外ファイナンス・リースに係るリース投資資
産は区分して表示する。

一方、IFRS16ではリース債権及びリース投資資産は区分されていない。こ
のため、リース債権の期末残高が当該期末残高及びリース投資資産の期末残高
の合計額に占める割合に重要性が乏しい場合、貸借対照表上、リース債権及び
リース投資資産を合算して開示できる。これは財務諸表利用者にとって情報有
用性に影響が乏しいからである。

リース債権及びリース投資資産は、一般的な流動固定の区分基準に従い、当該企業の主目的たる営業取引で生じたものであるか否かにより、流動資産に表示するか、固定資産に表示するかを区分する。

2 損益計算書の区分

公開草案会計基準　第51項
次の事項について、損益計算書において区分して表示する又はそれぞれが含まれる科目及び金額を注記する。 （ⅰ）ファイナンス・リースに係る販売損益（売上高から売上原価を控除した純額） （ⅱ）ファイナンス・リースに係るリース債権及びリース投資資産に対する受取利息相当額 （ⅲ）オペレーティング・リースに係る収益（貸手のリース料に含まれるもののみを含める）

　損益計算書に関して、貸手のファイナンス・リース及びオペレーティング・リースに係る各損益項目の開示は、収益認識会計基準において収益の分解情報の注記を求めていることと同様に、財務諸表利用者が収益の色々な構成部分に関する情報を理解できる有用な情報を提供する。

Ⅱ　注記事項

（1）開示目的

　公開草案では注記事項の開示目的につき、以下の定めを置いた。

公開草案会計基準　第52項
リースに関する注記における開示目的は、借手又は貸手が注記において、財務諸表本表で提供される情報と合わせて、リースが借手又は貸手の財政状態、経営成績及びキャッシュ・フローに与える影響を財務諸表利用者が評価するための基礎を与える情報を開示することにある。

　公開草案会計基準第52項で開示目的を定めることにより、リースの開示の全体的な質と情報価値が開示目的を満たすのに十分であるか否かを評価するよ

う企業に要求している。これに伴い、より有用な情報が財務諸表利用者にもたらされることが期待される。

　同項の開示目的を達成するために必要な情報は、リースの類型等により異なるものであるため、注記する情報は、同項に掲げる注記事項に限定するものではない。同項に掲げる注記事項以外でも、その開示目的を達成するために必要な情報は、リース特有の取引に関する情報として注記する。

公開草案適用指針　第91項・第92項

　注記する情報には、例えば次のようなものがある。
（ i ）借手のリース活動の性質
（ ii ）借手が潜在的に晒されている将来キャッシュ・アウトフローのうちリース負債の測定に反映されていないもの（例えば、借手の変動リース料、延長オプション及び解約オプション、残価保証、契約しているがまだ開始していないリース）
（iii）借手がリースにより課されている制限又は特約
（iv）借手がセール・アンド・リースバック取引を行う理由及び取引の一般性
（ v ）貸手のリース活動の性質
（vi）貸手による原資産に関連したリスクの管理戦略や当該リスクを低減している手段（例えば、買戻契約、残価保証、所定の限度を超える使用に対して変動するリース料）

　借手及び貸手のいずれにも該当する企業は、借手及び貸手として各々記載する情報を検討するにあたり、借手及び貸手の各々の立場から開示目的を達成するか否かを判断する。IFRS16では、多くのリースは、変動リース料、解約及び延長オプション、残価保証など複雑な要素を含んでおり、すべての企業に対する標準的な開示要求のみでは財務諸表利用者のニーズを満たさない可能性が高いことから、開示目的を満たすために必要な追加の定性的情報及び定量的情報の例が示されている。

　公開草案においても、リースはさまざまな要素を含む場合があり、標準的な開示要求に加えて、開示目的に照らした追加の情報の追記を求めている。

（2）借手の注記

> **公開草案会計基準　第53項**
>
> 　公開草案会計基準第52項の開示目的を達成するため、リースに関する注記として、次の事項を注記する。
> 　① 　会計方針に関する情報
> 　② 　リース特有の取引に関する情報
> 　③ 　当期及び翌期以降のリースの金額を理解するための情報
> 　ただし、上記①から③の各注記事項のうち、公開草案会計基準第52項の開示目的に照らして重要性に乏しいと認められる注記事項については、記載しないことができる。

　これらは、開示目的との関連を踏まえ、財務諸表利用者に理解しやすい注記となるよう分類したもので、借手の注記事項もIFRS16と整合的なものとした。一方、取り入れずとも国際的な比較可能性を大きく損なわせないものは、取り入れないこととした。

　リースに関する注記を記載するにあたり、①から③の注記事項の区分に従い注記事項を記載する必要はない。また、リースに関する注記を独立の注記項目とし、他の注記事項に既に記載している情報は、繰り返す必要はなく、当該他の注記事項を参照できる（公開草案会計基準第54項、第55項）。

■ 会計方針に関する情報

　重要な会計方針として注記する内容は、原則として、企業会計原則注解及び企業会計基準第24号に照らして企業が判断する。

> **公開草案適用指針　第93項**
>
> 　リースに関し企業が行った会計処理につき理解できるよう、次の会計処理を選択した場合、その旨及びその内容を注記する。
> （ⅰ）リースを構成する部分とリースを構成しない部分とを分けずに、リースを構成する部分と関連するリースを構成しない部分とを合わせてリースを構成する部分として会計処理を行う選択（公開草案会計基準第27項）
> （ⅱ）指数又はレートに応じて決まる借手の変動リース料に関する例外的な取扱いの選択（公開草案適用指針第23項）
> （ⅲ）借地権の設定に係る権利金等に関する会計処理の選択（公開草案適用指針第24項及び第121項〜第123項）
> 　上記の会計方針を重要な会計方針として注記している場合、リースに関する注記として繰り返す必要はなく、重要な会計方針の注記を参照することができる。

　収益認識会計基準では、企業の主要な事業における主な履行義務の内容及び企業が当該履行義務を充足する通常の時点（収益を認識する通常の時点）につき、重要な会計方針として注記する必要がある（収益認識会計基準第80-2項第163項）。

　リースに関する会計方針は、必ずしも重要な会計方針としての記載は強制されない。これは、企業によりリースの利用度合いが違いリースの重要性が異なること、会計基準の選択肢の多くは重要性が乏しい場合を対象としていること等がその理由である。

　一方、企業による選択を注記することが、財務諸表利用者が企業の財政状態、経営成績及びキャッシュ・フローを評価する上で有用な会計方針については、「リースに関する注記」として注記することが有用なので、上記（ⅰ）～（ⅲ）の会計処理を選択した場合、「リースに関する注記」に会計方針として注記することを求めている。

❷　リース特有の取引に関する情報

　リースが企業の財政状態又は経営成績に与えている影響を理解するための情報を注記する。

①　貸借対照表

> **公開草案適用指針　第95項**
>
> 　次の（ⅰ）から（ⅲ）に定める事項を区分して表示していない場合、それぞれについて、次の事項を注記する。
> （ⅰ）使用権資産の帳簿価額について、対応する原資産を自ら所有していたと仮定した場合の表示科目ごとの金額。当該注記を行うにあたって、表示科目との関係が明らかである限りにおいて、より詳細な区分で使用権資産の帳簿価額の金額を注記することを妨げない。
> （ⅱ）公開草案適用指針第23項の定めを適用し指数又はレートに応じて決まる借手の変動リース料に関する例外的な取扱いにより会計処理を行ったリースに係るリース負債が含まれる科目及び金額
> （ⅲ）借地権について、公開草案適用指針第24項ただし書き又は同第121項の定めを適用する場合、償却していない旧借地権の設定に係る権利金等又は普通借地権の設定に係る権利金等が含まれる科目及び金額

　（ⅰ）について、対応する原資産を自ら所有すると仮定した場合の表示科目

毎の使用権資産の帳簿価額の開示は、借手のリース活動の性質を理解する上で、また、資産をリースする企業と資産を購入する企業とを比べる上で有用な情報を提供する。

（ⅱ）及び（ⅲ）について、企業が代替的な会計処理を選択した場合に必要な開示である。当該注記は、財務諸表利用者が企業の財務諸表の分析を行うことを可能とし、財務諸表利用者が、企業の財政状態、経営成績及びキャッシュ・フローを評価する上で有用である。

② 損益計算書

公開草案適用指針　第96項
次の（ⅰ）及び（ⅱ）に定める事項を区分して表示していない場合、それぞれについて、次の事項を注記する。 （ⅰ）公開草案適用指針第18項を適用して会計処理を行った短期リースに係る費用の発生額が含まれる科目及び当該発生額。この費用には借手のリース期間が1か月以下のリースに係る費用を含めることを要しない。また、当該短期リースに係る費用の金額に少額リース（同第20項）に係る費用の金額を合算した金額で注記することができる。この場合、その旨を注記する。 （ⅱ）リース負債に含めていない借手の変動リース料に係る費用の発生額が含まれる科目及び当該発生額

　公開草案適用指針第96項に掲げる短期リースに係る費用及びリース負債に含めていない借手の変動リース料に係る費用の開示は、資産及び負債が貸借対照表に計上されていないリース料に関する情報を提供すると考えられる。

　短期リースは、借手のリース期間の判断で簡便的な取扱いの対象となるか否かが決まることから恣意性が介入する可能性がある。また、金額的に重要性のあるリース負債がオフバランスとなる可能性があるため、財務諸表利用者が財政状態及び経営成績を評価するにあたり有用な情報を提供する。このため、短期リースに係る費用の開示を求めている。

　一方、少額リースは、簡便的な取扱いの対象となるか否かにつき、短期リースのような判断は不要であり、また、金額的な重要性が乏しい少額リースを対象としていることから、少額リースに係る費用の開示は求めない。

　企業が短期リースに係る費用及び少額リースに係る費用を区分して集計して

いない場合、これらを区分して集計せず合計額を開示している旨を明らかにすることを条件に、両者の金額を合算した金額で注記することもできる。これは、実務上の負担を軽減することができ、また、情報を開示しない場合に比べ有用な情報を提供できると考えられるからである。

③　セール・アンド・リースバック取引

公開草案適用指針　第97項（1）
次の事項の注記をする。 （ⅰ）セール・アンド・リースバック取引から生じた売却損益を損益計算書において区分して表示していない場合、当該売却損益が含まれる科目及び金額 （ⅱ）公開草案適用指針第51項（2）を適用して会計処理を行ったセール・アンド・リースバック取引について、当該セール・アンド・リースバック取引の主要な条件

　公開草案適用指針第97項（1）に掲げるセール・アンド・リースバック取引から生じた売却損益、及び同51項（2）を適用して会計処理したセール・アンド・リースバック取引の主要な条件の開示は、セール・アンド・リースバック取引が有する独特の特徴及び当該取引が借手の経営成績に与えている影響をより適切に理解する上で有用である。

④　サブリース取引

公開草案適用指針　第97項（2）
次の事項の注記をする。 （ⅰ）使用権資産のサブリースによる収益を損益計算書において区分して表示していない場合、当該収益が含まれる科目及び金額 （ⅱ）公開草案適用指針第88項の定めを適用し中間的な貸手がヘッドリースに対してリスクを負わない場合のサブリース取引について計上した損益を損益計算書において区分して表示していない場合、当該損益が含まれる科目及び金額 （ⅲ）公開草案適用指針第89項なお書きの定めを適用し転リース取引に係るリース債権又はリース投資資産とリース負債を利息相当額控除前の金額で計上する場合に、当該リース債権又はリース投資資産及びリース負債を貸借対照表において区分して表示していないとき、当該リース債権又はリース投資資産及びリース負債が含まれる科目並びに金額

　（ⅰ）の公開草案適用指針第97項（2）に掲げる使用権資産のサブリースによる収益の開示は、リースに係る費用に関する開示とともに、企業のリース活動の全体的な損益計算書への影響を表し、有用である。

（ⅱ）及び（ⅲ）の開示は、企業が代替的な会計処理を選択した場合に求める開示であり、当該注記は、財務諸表利用者が企業の財務諸表の分析を行うことを可能とし、財務諸表利用者が企業の財政状態・経営成績及びキャッシュ・フローを評価する上で有用である。

❸ 当期及び翌期以降のリースの金額を理解するための情報

公開草案適用指針　第98項
当期及び翌期以降のリースの金額を理解できるよう、次の事項を注記する。 （ⅰ）リースに係るキャッシュ・アウトフローの合計額 　リースに係るキャッシュ・アウトフローの合計額には少額リースに係るキャッシュ・アウトフローは含まない。ただし、短期リース及び少額リースに係る費用の金額を合算して注記している場合（公開草案適用指針第96項 (1)）、当該合計額に少額リースに係るキャッシュ・アウトフローの金額を含め、その旨を注記する。 （ⅱ）使用権資産の増加額 （ⅲ）対応する原資産を自ら所有していたと仮定した場合に貸借対照表において表示するであろう科目ごとの使用権資産に係る減価償却の金額（当該事項を注記するにあたり、貸借対照表において表示するであろう科目との関係が明らかである限りにおいて、より詳細な区分により使用権資産に係る減価償却の金額の注記を行うことを妨げない）

（ⅰ）について、リース負債からのキャッシュ・アウトフローとリース負債に計上されていないリースに係るキャッシュ・アウトフローの合計額の注記であり、財務諸表利用者にリースのキャッシュ・フローに関する有用な情報を提供する。当該注記は、財務諸表利用者が、当期及び翌期以降のリースの金額を予測するために有用である。

（ⅰ）の注記は、会計期間中に損益計算書に計上したリースに係る費用及び会計期間中のリース負債の減少額をリースに関するキャッシュ・アウトフローに関連付けて翌期以降の当該金額の予測に役立てることを目的としている。ここで、リースに係るキャッシュ・アウトフローの合計額の注記は、企業が少額リースに係る費用を開示する場合は、少額リースに係るキャッシュ・アウトフローを注記に含め、開示しない場合は、当該額を注記に含めない。この結果、キャッシュ・アウトフローの合計額の注記は、リース料の開示と整合する。

（ⅱ）の注記は、使用権資産及び所有資産に対する設備投資に関する比較可

能情報を提供し、当期及び翌期以降のリースによる設備投資の金額を理解するために有用な情報を提供すると考えられる。

（ⅲ）の注記は、借手のリース活動の性質を理解する上で、また、資産をリースする企業と資産を購入する企業とを比べる上で有用な情報を提供すると考えられる。

（3）貸手の注記

公開草案会計基準　第 53 項

公開草案会計基準第 52 項の開示目的を達成するため、リースに関する注記として、次の事項を注記する。
① 　リース特有の取引に関する情報
② 　当期及び翌期以降のリースの金額を理解するための情報
ただし、上記①、②の各注記事項のうち、公開草案会計基準第 52 項の開示目的に照らして重要性に乏しいと認められる注記事項については、記載しないことができる。

貸手の会計処理は、収益認識会計基準との整合性を図る点並びにリースの定義及びリースの識別を除き、従来の基準の定めを踏襲している。一方、貸手の注記事項は、IFRS16 と整合的なものとしている。

従来の基準の定めでなく、IFRS16 と整合的なものとしたのは、主として次の理由による。

・リースの収益に関連する注記事項は、リースが財務諸表に重要な影響を与える企業（リース業等）では重要な情報であること
・IFRS16 で求められている注記事項についても、企業会計基準第 13 号に同様の定めがあること
・リース料の支払が通常分割して行われ将来のリースのキャッシュ・フローの予測と流動性の見積りをより正確に行うことに資するという点で有用な情報を提供すること

なお、リースに関する注記を記載するにあたり、①②の注記事項の区分に従い注記事項を記載する必要はない。また、リースに関する注記を独立の注記事

項とする。ただし、他の注記事項に既に記載している情報は、繰り返す必要は
なく、当該他の注記事項を参照できる（公開草案会計基準第 54 項・第 55 項）。

■1 ファイナンス・リースの貸手の注記

① リース特有の取引に関する情報

リースが企業の財政状態又は経営成績に与える影響を理解できるよう、（ⅰ）
及び（ⅱ）の内容を注記する。

公開草案適用指針　第 100 項・第 101 項

（ⅰ）リース債権及びリース投資資産に関して、貸借対照表において次の（a）及び
（b）に定める事項を区分して表示していない場合、当該（a）及び（b）に定める事
項を注記する。

　ただし、リース債権の期末残高が、当該期末残高及びリース投資資産の期末残高の
合計額に占める割合に重要性が乏しい場合、（a）と（b）を合算して注記することが
できる。

（a）リース投資資産について、将来のリース料を収受する権利（リース料債権）部
　　分及び見積残存価額部分の金額並びに受取利息相当額。なお、リース料債権及び見
　　積残存価額は、利息相当額控除前の金額とする。

（b）リース債権について、リース料債権部分の金額及び受取利息相当額。なお、リー
　　ス料債権は、利息相当額控除前の金額とする。

（ⅱ）リース債権及びリース投資資産に含まれない将来の業績等により変動する使用
　　料等に係る収益を損益計算書において区分して表示していない場合、当該収益が含
　　まれる科目及び金額を注記する。

（ⅰ）について、財務諸表利用者がリース債権及びリース投資資産の構成要
素を理解するために有用な情報を提供するため、注記を求めた。従来の基準で
は、リース債権の構成要素に係る開示を求めていないが、リース投資資産とは
性質の異なるリース債権につき、リース料債権部分と受取利息相当額を区分し
た情報が財務諸表利用者にとって有用なので、リース債権についても構成要素
の開示を求めることとした。

（ⅱ）について、リース債権及びリース投資資産に計上していないリース料
に関して、会計期間中に認識したリース収益を構成要素に分解し開示すること
で、会計期間中に認識した収益の内訳を財務諸表利用者が理解できる有用な情
報を提供すると考えられるため、開示を求めることとした。

②　当期及び翌期以降のリースの金額を理解するための情報

公開草案適用指針　第 102 項

　当期及び翌期以降のリースの金額を理解できるよう次の（ⅰ）〜（ⅳ）の事項を注記する。ただし、リース債権の期末残高が、当該期末残高及びリース投資資産の期末残高の合計額に占める割合に重要性が乏しい場合、（ⅰ）及び（ⅱ）並びに（ⅲ）及び（ⅳ）のそれぞれを合算して注記することができる。

（ⅰ）リース債権の残高に重要な変動がある場合のその内容

（ⅱ）リース投資資産の残高に重要な変動がある場合のその内容

（ⅲ）リース債権に係るリース料債権部分について、貸借対照表日後 5 年以内における 1 年ごとの回収予定額及び 5 年超の回収予定額。なお、リース料債権は、利息相当額控除前の金額とする。

（ⅳ）リース投資資産に係るリース料債権部分について、貸借対照表日後 5 年以内における 1 年ごとの回収予定額及び 5 年超の回収予定額。なお、リース料債権は、利息相当額控除前の金額とする。

　公開草案適用指針第 102 項におけるリース債権及びリース投資資産の残高の変動の例として、次のものが挙げられる（公開草案適用指針第 103 項）。

（a）企業結合による変動

（b）リース投資資産における見積残存価額の変動

（c）リース投資資産における貸手のリース期間の終了による見積残存価額の減少（見積残存価額の貯蔵品又は固定資産等への振替）

（d）残価保証額の変動

（e）中途解約による減少

（f）新規契約における増加

　なお、当期中のリース債権及びリース投資資産の残高の重要な変動を注記するにあたり、必ずしも定量的情報を含める必要はない。

　リース債権及びリース投資資産の残高の重要な変動が一つの要因で発生している場合、金額的な影響額を開示しなくても、当該要因が重要な変動の主要因であることを開示することで、財務諸表利用者に有用な情報が開示される場合もあるため、当該注記には必ずしも定量的情報を含める必要はないこととした。

　公開草案適用指針第 102 項に掲げた（ⅰ）〜（ⅳ）の注記の意義は次のとおりである。

・収益認識会計基準では契約資産及び契約負債の残高並びにそれらに重要な変動がある場合にその内容の注記を要する。（ⅰ）及び（ⅱ）の注記は、これと同様に、財務諸表利用者がリース債権及びリース投資資産の重要な変動を理解できる有用な情報を提供する。

・（ⅲ）及び（ⅳ）のリース料債権部分及びリース料の回収予定額を一定の期間に区分した開示は、財務諸表利用者が将来のリースのキャッシュ・フローの予測と流動性の見積りを正確に行うために有用な情報を提供する。

② オペレーティング・リースの貸手の注記

①　リース特有の取引に関する情報

> **公開草案適用指針　第104項**
>
> 　リースが企業の経営成績に与える影響を理解できるよう、オペレーティング・リースに係る貸手のリース料に含まれない将来の業績等により変動する使用料等に係る収益を損益計算書において区分して表示していない場合、当該収益が含まれる科目及び金額を注記する。

　将来の業績等により変動する使用料等に係る収益の開示は、オペレーティング・リースにおいて定額法で計上する対象とならないリース料に関して、会計期間中に認識されたリース収益について構成要素に分解して開示することで、会計期間中に認識した収益の内訳を財務諸表利用者が理解できる有用な情報を提供する。

②　当期及び翌期以降のリースの金額を理解するための情報

> **公開草案適用指針　第105項**
>
> 　当期及び翌期以降のリースの金額を理解できるよう、オペレーティング・リースに係る貸手のリース料について、貸借対照表日後5年以内における1年ごとの回収予定額及び5年超の回収予定額を注記する。

　リース料債権部分及びリース料の回収予定額を一定の期間に区分した開示は、財務諸表利用者が将来のリースのキャッシュ・フローの予測と流動性の見積りを正確に行うための有用な情報を提供する。

Ⅲ　連結財務諸表を作成している場合の個別財務諸表における表示及び注記事項

（1）注記の省略

> **公開草案適用指針　第 106 項**
>
> 　連結財務諸表を作成している場合、個別財務諸表においては、公開草案会計基準第 53 項及び公開草案適用指針第 90 項から第 105 項の定めにかかわらず、公開草案会計基準第 53 項に掲げる事項のうち、（1）②及び（2）①の「リース特有の取引に関する情報」並びに（1）③及び（2）②の「当期及び翌期以降のリースの金額を理解するための情報」について注記しないことができる。

　基準開発に当たり、注記事項については、会計基準ごとに、個別財務諸表において連結財務諸表の内容をどの程度取り入れるかを定めている。

　金融商品取引法に基づき作成される個別財務諸表は、「国際会計基準（IFRS）への対応のあり方に関する当面の方針（2013 年 6 月 20 日に企業会計審議会公表）」の内容を踏まえ簡素化が図られてきている。

（2）連結財務諸表記載の参照

> **公開草案適用指針　第 107 項**
>
> 　連結財務諸表を作成している場合、個別財務諸表においては、公開草案会計基準第 53 項（1）①の「会計方針に関する情報」を記載するにあたり、連結財務諸表における記載を参照することができる。

> **【実務上の留意事項】**
> - 　リースはさまざまな要素を含む場合があり、「リースの借手又は貸手の財政状態、経営成績及びキャッシュ・フローに与える影響を財務諸表利用者が評価するための基礎を与える情報を開示する」との開示目的を達成すべく、標準的な開示要求に加えて、開示目的に照らした追加の情報の追記を求めている。質的にも量的にもボリュームがある開示を可能とするため、連結ベースでの必要な開示項目の把握とタイムリーな情報収集及び分類集計を可能にする体制や仕組みの構築が必要になる。また、例えば、使用権資産の減価償却や、リースに係るキャッシュ・アウト・フローの合計額など注記情報をタイムリーかつ正確に収集できる仕組みを検討する必要がある。

10
適用時期等

I 適用時期

　公開草案の適用時期については、以下の定めのとおり、会計基準の公表から原則的な適用時期までの期間を 2 年程度とし早期適用を認めることとした。

　これに伴い、従来の会計基準等（企業会計基準第 13 号「リース取引に関する会計基準」企業会計基準適用指針第 16 号「リース取引に関する会計基準の適用指針」等）の適用は終了する。

　本会計基準は、20XX 年 4 月 1 日 [公表から 2 年程度経過した日を想定している] 以後開始する連結会計年度及び事業年度の期首から適用する。ただし、20XX 年 4 月 1 日 [公表後最初に到来する年の 4 月 1 日を想定している] 以後開始する連結会計年度及び事業年度の期首から本会計基準を適用することができる（公開草案会計基準第 56 項）。

　ここで、会計基準公表から適用まで 2 年程度の猶予を設けたのは、リースの識別を始め従来とは異なる実務を求められるなど、会計基準等の適用開始にかかる実務上の負担、経過措置への対応等を考慮したことによる。

II 経過措置

(1) 企業会計基準第 13 号（従来の会計基準）を適用した際の経過措置

　企業会計基準第 13 号を定めた際の経過措置の取扱いにつき、公開草案に定める新たな会計基準等でもこれらを継続する場合、借手のすべてのリースにつき資産及び負債を計上するという会計基準の主たる目的が一部のリースにつき

達成されない。

　しかし、これらの経過措置は、企業会計基準第 13 号を定めたときの「簡便的な取扱い」であり、また、リースの会計処理に係るコストが増加することも考慮して、当該経過措置を、公開草案に定める新たな会計基準等においても認めることとした。

　公開草案における具体的な定めは以下のとおりである。

１ 《借手》リース開始日が企業会計基準第 13 号（従来の会計基準）の適用初年度開始前である所有権移転外ファイナンス・リース取引の取扱い

公開草案適用指針　第 109 項
リース取引開始日が企業会計基準第 13 号「リース取引に関する会計基準」の適用初年度開始前の所有権移転外ファイナンス・リース取引について、企業会計基準第 13 号の定めにより、企業会計基準第 13 号の適用初年度の前年度末における未経過リース料残高又は未経過リース料期末残高相当額（利息相当額控除後）を取得価額とし、企業会計基準第 13 号の適用初年度の期首に取得したものとしてリース資産に計上する会計処理を行っている場合、会計基準適用後も、当該会計処理を継続することができる。この場合、企業会計基準第 13 号適用後の残存期間における利息相当額については、本適用指針第 36 項の定めによらず、利息相当額の総額をリース期間中の各期に定額で配分する。

公開草案適用指針　第 110 項
さらに、リース取引開始日が企業会計基準第 13 号の適用初年度開始前のリース取引で、企業会計基準第 13 号に基づき所有権移転外ファイナンス・リース取引と判定されたものについて、企業会計基準第 13 号の定めにより、引き続き通常の賃貸借取引に係る方法に準じた会計処理を行っている場合、会計基準適用後も、当該会計処理を継続することができる。この場合、リース取引開始日が企業会計基準第 13 号の適用初年度開始前のリース取引について、引き続き通常の賃貸借取引に係る方法に準じた会計処理を適用している旨及び 1993 年 6 月に公表された「リース取引に係る会計基準」で必要とされていた事項を注記する。

２ 《貸手》リース開始日が企業会計基準第 13 号（従来の会計基準）の適用初年度開始前である所有権移転外ファイナンス・リース取引の取扱い

公開草案適用指針　第 111 項
リース取引開始日が企業会計基準第 13 号の適用初年度開始前の所有権移転外ファイナンス・リース取引について、企業会計基準第 13 号の定めにより、企業会計基準

第13号の適用初年度の前年度末における固定資産の適正な帳簿価額（減価償却累計額控除後）をリース投資資産の企業会計基準第13号の適用初年度の期首の価額として計上する会計処理を行っている場合、会計基準適用後も、当該会計処理を継続することができる。この場合、当該リース投資資産に関して、企業会計基準第13号適用後の残存期間においては、本適用指針第69項の定めによらず、利息相当額の総額をリース期間中の各期に定額で配分する。

公開草案適用指針　第112項

　さらに、リース取引開始日が企業会計基準第13号の適用初年度開始前のリース取引で、企業会計基準第13号に基づき所有権移転外ファイナンス・リース取引と判定されたものについて、企業会計基準第13号の定めにより、引き続き通常の賃貸借取引に係る方法に準じた会計処理を行っている場合、会計基準適用後も、当該会計処理を継続することができる。この場合、リース取引開始日が企業会計基準第13号の適用初年度開始前のリース取引について、引き続き通常の賃貸借取引に係る方法に準じた会計処理を適用している旨及び1993年リース取引会計基準で必要とされていた事項を注記する。

公開草案適用指針　第113項

　リース取引を主たる事業としている企業は、前項の定めを適用することができない。また、リース取引を主たる事業としている企業においては、本適用指針第111項を適用した場合に重要性が乏しいときを除き、企業会計基準第13号の適用初年度の企業会計基準第13号適用後の残存期間の各期において、リース取引開始日が企業会計基準第13号適用初年度開始前のリース取引についても、企業会計基準第13号及び企業会計基準適用指針第16号「リース取引に関する会計基準の適用指針」に定める方法により会計処理した場合の税引前当期純損益と本適用指針第111項を適用した場合の税引前当期純損益との差額を注記する。

（2）会計基準を適用する際の経過措置

　新たな会計基準の適用に当たり、会計方針の変更として扱い遡及適用することが原則である。過年度の影響額は期首利益剰余金で処理できる。具体的に公開草案では会計基準適用に伴う経過措置につき以下のように定めている。

公開草案適用指針　第114項

　会計基準の適用初年度においては、会計基準等の改正に伴う会計方針の変更として取り扱い、原則として、新たな会計方針を過去の期間のすべてに遡及適用する。ただし、適用初年度の期首より前に新たな会計方針を遡及適用した場合の適用初年度の累

積的影響額を適用初年度の期首の利益剰余金に加減し、当該期首残高から新たな会計
方針を適用することができる。

　IFRS 16 では、適用初年度の実務負担を軽減するために経過措置が多く設
けられており、公開草案でも IFRS 16 の経過措置を多く採り入れている。一
方、企業会計基準第 13 号の会計処理からの移行であることを考慮し、IFRS
16 の経過措置の一部について修正を行っている。

　以下、**1**〜**3**まで、借手及び貸手における項目ごとに経過措置を確認する。

1　リースの識別

　公開草案のなかで、リースの識別の定め（公開草案会計基準第 23 項及び第
24 項）は従来の会計基準（企業会計基準第 13 号）ではなかった定めである。

　新たな会計基準の適用に伴い、従来の基準により会計処理されていなかった
契約にリースが含まれている場合がある。仮に、リースの識別の定めに基づき
契約がリースを含むか否かの判断につき経過措置を定めないと、新たな会計方
針を過去の期間のすべてに遡及適用することになり相当のコストが生じる。こ
のため、公開草案では、以下のとおり経過措置を設けている。

公開草案適用指針　第 115 項

　前項（公開草案適用指針第 114 項）ただし書きの方法を選択する場合、すなわち、
新たな会計方針を遡及適用した場合の適用初年度の累積的影響額を適用初年度の期首
利益剰余金に加減する方法を選択する場合、次の（ⅰ）及び（ⅱ）の方法のいずれか
又は両方を適用することができる。
（ⅰ）適用初年度の前連結会計年度及び前事業年度の期末日において企業会計基準第
　　　13 号を適用しているリース取引に、公開草案会計基準第 23 項及び第 24 項並びに
　　　公開草案適用指針第 5 項から第 8 項を適用して契約にリースが含まれているか否
　　　かを判断することを行わずに会計基準を適用すること
（ⅱ）適用初年度の期首時点で存在する企業会計基準第 13 号を適用していない契約
　　　について、当該時点で存在する事実及び状況に基づいて公開草案会計基準第 23 項
　　　及び第 24 項並びに公開草案適用指針第 5 項から第 8 項を適用して契約にリースが
　　　含まれているかどうかを判断すること

　リースの識別に関する経過措置に関して、IFRS 16 では、実務上の便法と
して、契約がリースを含むか否かを見直さないことを選択できる経過措置が置
かれている。この点について、従前の基準書と IFRS16 との適用結果の差異は

限定的である。一方、新たな会計基準によるリースの識別の定めを適用することで、従来の基準（企業会計基準第13号）により会計処理されていなかった契約にリースが含まれる場合がある。このような日本の会計基準とIFRSとの背景の違いを考慮した結果、公開草案におけるリースの識別に関する経過措置につき、IFRS 16とは異なる経過措置を採り入れている。

2 借手

① ファイナンス・リース取引に分類していたリース

従来の基準によりファイナンス・リース取引に分類していた借手のリース資産及びリース債務の帳簿価額や、残価保証額等に係る経過措置につき、公開草案では以下の定めを置いている。

> **公開草案適用指針　第116項**
>
> 公開草案適用指針第114項ただし書きの方法を選択する借手は、企業会計基準第13号においてファイナンス・リース取引に分類していたリースについて、適用初年度の前連結会計年度及び前事業年度の期末日におけるリース資産及びリース債務の帳簿価額のそれぞれを適用初年度の期首における使用権資産及びリース負債の帳簿価額とすることができる。このとき、適用初年度の前連結会計年度及び前事業年度の期末日におけるリース資産及びリース債務の帳簿価額に残価保証額が含まれる場合、当該金額は、適用初年度の期首時点における残価保証に係る借手による支払見込額に修正する。これらのリースについては、適用初年度の期首から会計基準を適用して使用権資産及びリース負債について会計処理を行う。

② オペレーティング・リース取引に分類していたリース等

従来の基準によりオペレーティング・リース取引に分類していたリース及び会計基準の適用により新たに識別されたリース等に係る経過措置につき、公開草案では以下の定めを置いている。

> **公開草案適用指針　第117項**
>
> 公開草案本適用指針第114項ただし書きの方法を選択する借手は、企業会計基準第13号においてオペレーティング・リース取引に分類していたリース及び会計基準の適用により新たに識別されたリースについて、次のとおり会計処理を行うことができる。
> （ⅰ）適用初年度の期首時点における残りの借手のリース料を適用初年度の期首時点の借手の追加借入利子率を用いて割り引いた現在価値によりリース負債を計上する。

（ⅱ）リース 1 件ごとに、次のいずれかで算定するかを選択して使用権資産を計上する。

（①）リース開始日から公開草案会計基準第 35 項又は第 36 項を適用していたかのような帳簿価額。ただし、適用初年度の期首時点の借手の追加借入利子率を用いて割り引く。（②）（ⅰ）で算定されたリース負債と同額。ただし、適用初年度の前連結会計年度及び前事業年度の期末日に貸借対照表に計上された前払又は未払リース料の金額の分だけ修正する。

（ⅲ）適用初年度の期首時点の使用権資産に「固定資産の減損に係る会計基準」（平成14 年 8 月企業会計審議会）を適用する。

（ⅳ）公開草案適用指針第 20 項を適用して使用権資産及びリース負債を計上しないリースについては修正しない。

公開草案適用指針　第 118 項

　前項第 117 項の方法を選択する借手は、前項を適用するにあたって次の（ⅰ）から（ⅳ）の方法の 1 つ又は複数を適用することができる。これらの方法はリース 1 件ごとに適用できる。

（ⅰ）特性が合理的に類似した複数のリースに単一の割引率を適用すること

（ⅱ）適用初年度の期首から 12 か月以内に借手のリース期間が終了するリースについて、前項の（ⅰ）及び（ⅱ）を適用せずに、公開草案適用指針第 18 項の方法で会計処理を行うこと

（ⅲ）付随費用を適用初年度の期首における使用権資産の計上額から除外すること

（ⅳ）契約にリースを延長又は解約するオプションが含まれている場合に、借手のリース期間や借手のリース料を決定するにあたってリース開始日より後に入手した情報を使用すること

公開草案適用指針　第 119 項

　公開草案適用指針第 114 項ただし書きの方法を選択する借手は、企業会計基準第24 号「会計方針の開示、会計上の変更及び誤謬の訂正に関する会計基準」の第 10 項（5）の注記に代えて次の事項を注記する。

（ⅰ）適用初年度の期首の貸借対照表に計上されているリース負債に適用している借手の追加借入利子率の加重平均

（ⅱ）次の両者の差額の説明

（①）適用初年度の前連結会計年度及び前事業年度の期末日において企業会計基準第13 号を適用して開示したオペレーティング・リースの未経過リース料（（ⅰ）の追加借入利子率で割引後）

（②）適用初年度の期首の貸借対照表に計上したリース負債

③　セール・アンド・リースバック取引

　適用初年度の期首より前に締結されたセール・アンド・リースバック取引に係る経過措置につき、公開草案では以下の定めを置いている。

公開草案適用指針　第120項

　売手である借手は、適用初年度の期首より前に締結されたセール・アンド・リースバック取引を次のとおり取り扱う。
（ⅰ）売手である借手による資産の譲渡について、収益認識会計基準などの他の会計基準等に基づき売却に該当するかどうかの判断を見直すことは行わない。
（ⅱ）リースバックを適用初年度の期首に存在する他のリースと同様に会計処理を行う。
（ⅲ）企業会計基準第13号におけるセール・アンド・リースバック取引の定めにより、リースの対象となる資産の売却に伴う損益を長期前払費用又は長期前受収益等として繰延処理し、リース資産の減価償却費の割合に応じ減価償却費に加減して損益に計上する取扱いを適用している場合、会計基準の適用後も当該取扱いを継続し、使用権資産の減価償却費の割合に応じ減価償却費に加減して損益に計上する。

---

④　借地権の設定に係る権利金等

　借地権の設定に係る権利金等に関しては次の経緯や特徴がある。

- ・借手の権利が強く保護される旧借地権又は普通借地権の設定対価は、減価しない土地の一部取得に準ずるとの見方がある。
- ・従来の基準では、借地権の設定に係る権利金等に係る会計処理は明らかではなかった。

　このため、これらに係る権利金等につき、使用権資産の取得価額に含め減価償却を行う原則的な会計処理を一律に求めると、当該権利金等の支払に関する契約の締結時の企業の意図が会計処理に適切に反映されなくなる。

　また、当該権利金等につき基準適用後に減価償却を行わない例外的な会計処理を認めていることから、基準適用後に新たに支払う普通借地権の設定に係る権利金等についてのみ減価償却を行うとしても、財務報告の改善を図る一定の効果がある。

　これらを勘案し、公開草案では、これらの経過措置として以下の定めを置いている。

公開草案適用指針　第 121 項

　公開草案適用指針第 24 項第 1 段落に定める原則的な取扱いを適用する借手が会計基準の適用初年度の期首に計上されている旧借地権の設定に係る権利金等又は普通借地権の設定に係る権利金等を償却していなかった場合、当該権利金等を使用権資産の取得価額に含めた上で、当該権利金等のみ償却しないことができる。

公開草案適用指針　第 122 項

　借手が次の（ⅰ）又は（ⅱ）のいずれかの場合に公開草案適用指針第 114 項ただし書きの方法を選択するとき、会計基準の適用初年度の前連結会計年度及び前事業年度の期末日における借地権の設定に係る権利金等の帳簿価額を適用初年度の期首における使用権資産の帳簿価額とすることができる。
（ⅰ）会計基準の適用前に定期借地権の設定に係る権利金等を償却していた場合
（ⅱ）旧借地権の設定に係る権利金等又は普通借地権の設定に係る権利金等について公開草案適用指針第 24 項第 1 段落の原則的な取扱いを適用する借手が会計基準の適用前に当該権利金等を償却していた場合
　この場合、借手は当該帳簿価額を会計基準の適用初年度の期首から借手のリース期間の終了までの期間で償却する。このとき、借手のリース期間の決定にあたりリース開始日より後に入手した情報を使用することができる。

　次に、旧借地権の設定に係る権利金等又は普通借地権の設定に係る権利金等につき、償却しない会計処理を選択していたケースの取り扱いである。このケースで、使用権資産の取得価額に含めて減価償却を行う原則的な会計処理を選択し、公開草案適用指針第 114 項ただし書きの方法を適用すると、当該権利金等の適用初年度の期首残高をリース開始日から適用されていた前提の帳簿価額により算定することになる。旧借地権又は普通借地権が設定されている土地の賃貸借契約では、事後的にリース開始日を確認することが実務上困難な場合があるため、公開草案では、次の定めを置いている。

公開草案適用指針　第 123 項

　公開草案適用指針第 24 項第 1 段落の原則的な取扱いを適用する借手が、会計基準の適用前に旧借地権の設定に係る権利金等又は普通借地権の設定に係る権利金等について償却していなかった場合に公開草案適用指針第 114 項ただし書きの方法を選択するときには、会計基準の適用初年度における使用権資産の期首残高に含まれる当該権利金等については、当該権利金等を計上した日から借手のリース期間の終了までの期間で償却するものとして、当該権利金等を計上した日から償却した帳簿価額で算定

することができる。このとき、借手のリース期間の決定にあたりリース開始日より後に入手した情報を使用することができる。

　ただし、当該帳簿価額が前連結会計年度及び前事業年度の期末日における当該権利金等の帳簿価額を上回る場合には、当該適用初年度の前連結会計年度及び前事業年度の期末日における当該権利金等の帳簿価額をもって、当該適用初年度の期首における当該権利金等の帳簿価額とする。

⑤　建設協力金等の差入預託保証金

　公開草案では、将来返還される建設協力金等の差入預託保証金（敷金を除く）及び差入預託保証金（建設協力金等及び敷金）のうち将来返還されない額につき、以下の定めを置き、新会計基準等の適用前に採用していた会計処理を継続できることとした。

公開草案適用指針　第124項

　公開草案適用指針第114項のただし書きの方法を選択する借手は、公開草案適用指針第26項、第29項及び第31項の定めにかかわらず、次の（ⅰ）及び（ⅱ）について、会計基準の適用前に採用していた会計処理を継続することができる。
（ⅰ）将来返還される建設協力金等の差入預託保証金（敷金を除く。）
（ⅱ）差入預託保証金（建設協力金等及び敷金）のうち、将来返還されない額
　また（ⅰ）に係る長期前払家賃及び（ⅱ）について、適用初年度の前連結会計年度及び前事業年度の期末日の帳簿価額を適用初年度の期首における使用権資産に含めて会計処理を行うこともできる。

（ⅰ）及び（ⅱ）を認めた主な理由は次のとおりである。

・建設協力金を伴う賃貸借契約における単一の契約期間により、長期前払家賃の償却及び受取利息の計上を行うことを前提として契約が行われている場合があり、新会計基準等の適用前に締結された契約に対し、原則的な会計処理を一律に求めると、当初の企業の契約意図が反映されなくなる場合がある。

・財務諸表作成者による遡及適用のコスト及び財務諸表利用者の便益を比べると、必ずしも後者が前者を上回るとはいえない。

3　貸手

① ファイナンス・リース取引に分類していたリース

　従来の基準によりファイナンス・リース取引に分類していた貸手のリース債

権及びリース投資資産の帳簿価額等に係る経過措置につき、公開草案では以下の定めを置いている。

公開草案適用指針　第 125 項

　公開草案適用指針第 114 項ただし書きの方法を選択する貸手は、企業会計基準第 13 号においてファイナンス・リース取引に分類していたリースについて、適用初年度の前連結会計年度及び前事業年度の期末日におけるリース債権及びリース投資資産の帳簿価額のそれぞれを適用初年度の期首におけるリース債権及びリース投資資産の帳簿価額とする。これらのリースについては、適用初年度の期首から会計基準を適用してリース債権及びリース投資資産について会計処理を行う。

　ただし、企業会計基準第 13 号において、貸手における製作価額又は現金購入価額と借手に対する現金販売価額の差額である販売益を割賦基準により処理している場合、適用初年度の前連結会計年度及び前事業年度の期末日の繰延販売利益の帳簿価額は適用初年度の期首の利益剰余金に加算する。販売益を利息相当額に含めて処理している場合にも同様とする。

---

② **オペレーティング・リース取引に分類していたリース等**

　従来の基準では、「通常の賃貸借取引に係る方法に準じた会計処理」のみを定めていた。一方、公開草案では収益認識会計基準との整合性も考慮し、原則として定額法で会計処理を行う。この会計処理の変更は、主に不動産契約におけるフリーレントやレントホリデーの会計処理に影響があると想定しており、オペレーティング・リース取引に分類していたリース等の経過措置を置くことで、フリーレント期間が終了している不動産契約は　修正が求められないこととなる。具体的には、次の定めを置いた。

公開草案適用指針　第 126 項

　公開草案適用指針第 114 項ただし書きの方法を選択する貸手は、企業会計基準第 13 号においてオペレーティング・リース取引に分類していたリース及び会計基準の適用により新たに識別されたリースについて、適用初年度の期首に締結された新たなリースとして、会計基準を適用することができる。

---

③ **サブリース取引**

　サブリースに係る適用初年度の期首の取り扱い等について、公開草案では以下の定めを置いた。

　公開草案適用指針第 114 項ただし書きの方法を選択するサブリースの貸手は、サブリース取引（サブリース取引における例外的な取扱い（公開草案適用指針第 88 項及び第 89 項参照）を適用する場合を除く。）におけるサブリースについて、次の修正を行う。

（ⅰ）企業会計基準第 13 号においてオペレーティング・リース取引として会計処理していた会計基準におけるサブリース及び会計基準の適用により新たに識別されたサブリースについて、適用初年度の期首時点におけるヘッドリース及びサブリースの残りの契約条件に基づいて、サブリースがファイナンス・リースとオペレーティング・リースのいずれに該当するかを決定する。

（ⅱ）（ⅰ）においてファイナンス・リースに分類されたサブリースについて、当該サブリースを適用初年度の期首に締結された新たなファイナンス・リースとして会計処理を行う。

（3）国際財務報告基準を適用している企業に係る経過措置

　IFRS を連結財務諸表に適用している企業（又はその連結子会社）が当該企業の個別財務諸表に会計基準を適用する際、実務負担軽減の観点から、当該企業が IFRS 16 を適用した際の経過措置の定めを活用できるよう、会計基準の適用初年度に IFRS 16 又は IFRS 1 の経過措置を適用できる定めを置いた。具体的には次のとおりである。

　公開草案適用指針第 114 項から第 127 項の定めにかかわらず、国際財務報告基準（IFRS）を連結財務諸表に適用している企業（又はその連結子会社）が当該企業の個別財務諸表に会計基準を適用する場合、会計基準の適用初年度において、次のいずれかの定めを適用することができる。

（ⅰ）IFRS 第 16 号「リース」の経過措置の定めを適用していたときには IFRS 第 16 号の経過措置の定め

（ⅱ）IFRS 第 16 号を最初に適用するにあたって IFRS 第 1 号「国際財務報告基準の初度適用」の免除規定の定めを適用していたときには、IFRS 第 1 号の免除規定の定め

　（ⅰ）又は（ⅱ）のいずれの定めを適用する場合でも、連結会社相互間におけるリースとして、相殺消去されたリースに公開草案適用指針第 116 項から第 127 項の定めを適用することができる。

11
公開草案の実務への影響

　公開草案（改正基準）の内容が経営や実務に及ぼす主な影響について、第10章に至る各章の中でもすでにそれぞれ末尾でふれてきた《実務上の留意事項》を中心に、それらを「財務指標等」「財務会計」「経営」「業務、オペレーション、システム」の各領域に分けたうえで再整理して留意すべき事項の例を示すと次のとおりである。

I　財務指標等への主な影響例

● 従来賃借料等を営業費用で計上してきたが、公開草案では、減価償却費（営業費用）と利息費用相当分の支払利息（営業外費用）とに分けて計上するため、営業利益や EBITDA が改善する可能性がある。一方、インタレスト・カバレッジ・レシオは、支払利息の増加に伴い、悪化する可能性がある。

● ROA（利益/総資産）、総資本回転率（売上高/総資本）、自己資本比率（資本/総負債＋資本）、負債比率（負債/資本）等の財務指標比率が悪化する可能性がある。ROA や総資本回転率の悪化は資産効率や投資効率の判断に、また、負債比率の悪化は、格付けや財務制限条項等に影響する可能性がある。

● 従来、リース料の支払いは、営業活動によるキャッシュ・フローに含められていた。公開草案では、リース負債の返済及び支払利息の計上として財務活動によるキャッシュ・フローとして分類されることで営業キャッシュフローが増加する可能性がある。また、従来オフバランスで新たに計上し

た使用権資産の減価償却費は、営業活動によるキャッシュ・フローの増加になる。

II　財務会計への主な影響例

リースの識別

- 資産が特定されており、その使用を支配する権利が借手に移転していれば、契約の名称等とは関係なくリースと判断され、公開草案の適用対象となる。公開草案は、原則すべてのリースにオンバランスを要請しているため、影響は大きい。公開草案設例に示されている「鉄道車両」「小売区画」「ガス貯蔵タンク」「ネットワークサービス」「電力供給」に限らず、「アウトソーシング」「コピーサービス」などリースか否かの検討を要する取引があると思われる。従来の基準下ではこうした検討はしてこなかったことが多いと思われるため、新たな対応として留意を要する。

- リースとサービスの区分について、従来の基準下で、ファイナンス・リースかオペレーティング・リースかの区分が会計処理や業務に大きな影響を及ぼしてきたが、公開草案では、リースかサービス（リース以外）かが重要な問題となる。リースであれば原則資産及び負債を計上するからである。リースとサービスの区分について、従来の基準下では、典型的なリース、すなわちサービス＝役務提供相当部分の金額のリース料に占める割合が低いものを対象としており、サービス部分については基準の適用対象外としてきた。公開草案では、リース部分とサービス部分を分けることが原則になっており、区分の方法を含め実務対応を要する。例えば、システム関連業務に係る労務提供など通常の保守等以外の役務提供が組み込まれたリースなどに留意を要する。

リース期間

- リース期間は契約期間ではなくオプション行使（又は行使しないこと）が「合理的に確実か」を見積った上で、当該リース期間に基づき資産負債を

計上する。このため、店舗及びオフィス、借上社宅を含む不動産賃貸借に係る取引のボリュームが大きい場合、その他賃貸借取引を多額に行っている場合など、金額が膨らむ場合もあり、留意を要する。

● 借手のリース期間について、借手が原資産を使用する権利を有する解約不能期間に、借手が行使することが合理的に確実であるリースの延長オプションの対象期間及び借手が行使しないことが合理的に確実であるリースの解約オプションの対象期間の両方の期間を加えて決定することとなったため、当該判断に困難を伴う場合が生じる可能性がある。特に合理的に確実の判断にバラつきが生じる懸念や過去実績に偏る懸念がある。このため、公開草案設例等を参考に実務対応を図る必要がある。

● リース物件における附属設備の耐用年数や資産計上された資産除去債務に対応する除去費用の償却期間と借手のリース期間との整合性を考慮する場合、実務上の負荷が生じるとの懸念がある。

借手のリース

● 従来の基準では、契約した固定のリース料を前提に「リース料総額」としていたが、公開草案では、変動リース料やオプション部分まで含めた「借手のリース料」と定義している。この借手のリース料をもとにリース負債の当初測定額や使用権資産の当初測定額を算定するため、基準の適切な理解とタイムリーな情報収集を要する。

● 使用権資産及びリース負債の計上に必要な情報が従来に比して多岐にわたるため、実務上、タイムリーで適正な情報収集と、正確な現在価値計算が必要になる。

● 使用権資産としてオンバランス化したリースの減損兆候判定等の関連業務が発生する。そこで、開示に必要な広範な情報収集と、使用権資産の減損をシミュレーションできる仕組みの構築が必要になる。

● 使用権資産の帳簿価額が増加する前提で、減損損失が生じる可能性について、例えば次のケースが想定される。

・回収可能価額がマイナスの資金生成単位に使用権資産が計上されるケース

・回収可能価額の算定に用いる割引率と、使用権資産計上に適用する割引率との間の相違から損失が生じるケース

● 従来の基準で認められてきた「リース資産総額に重要性が乏しい場合に簡便的な売買処理を認める取扱い」と「個々のリース資産に重要性が乏しい場合に例外的な賃貸借処理を認める取扱い」は、公開草案でも共に許容され、判断基準も概ね従来の考え方が踏襲されている。実務上、簡便的な取扱いを活用するケースは多いと想定され、引き続き税務の取扱いとの関係も踏まえた対応を要する。

● 少額資産のリースに係る簡便的な取扱いの要件について、「（a）リース契約1件当たりの借手のリース料が300万円以下のリース」に加え、「（b）原資産の価値が新品時におよそ5千米ドル以下のリース」が加わった。（b）はIFRSの定めを踏まえたもので「リース1件当たりの原資産の価値としての判断」だが、（a）は「リース契約1件当たりの借手のリース料としての判断」となる。（a）（b）のどちらの取扱いがより広範であるかは一概に言えないが、このいずれかを方針として選択して、当該選択した方法を首尾一貫して適用する必要がある。

● 建設協力金等の差入保証金、及び借地権に係る権利金等の定めが新たに加わり、リース期間や使用権資産及びリース負債の計上額等を判断、算定する際に新たに検討を要する項目が加わる。特に、普通借地契約及び普通借家契約につき、借手のリース期間を判断することに困難が伴うとの懸念がある。このため、公開草案設例等を参考に実務対応を図る必要がある。

● 「リースの契約条件の変更」「リースの契約条件の変更を伴わないリース負債の見直し」などの定めに従い、使用権資産及びリース負債計上の前提となる条件や数値が変わり計上額の見直しを要する場合がある、また、リース期間も契約書とは異なる期間に事後的に見直す場合もある。このため、一度計上した使用権資産及びリース負債について数値の見直しが必要になる場合がある。したがって、従来にも増して適切な業務判断や数値管理が重要になり、使用権資産及びリース負債に係る継続的で適切な管理が必要

になる。

● 再リースは日本固有の商習慣で、従来の取扱い（発生時の費用処理）を継続して認められ、再リースを当初のリースとは独立したリースとして扱い、短期リースの規定を適用できる。ただし、リース開始日（及び直近のリースの契約条件の変更の発効日）において、再リース期間を借手のリース期間に含めないことを決定することが条件となっており、実態を踏まえた経営判断や契約の在り方がポイントになる。

サブリース

● 公開草案では、従来の基準を改正し、IFRS16が定める「サブリース」の取扱いに整合する取扱いを示している。一方、日本の不動産会社等にみられるような「中間的な貸手がヘッドリースに対しリスクを負わないケース」や、「転リース取引」について例外的取扱いを認めている。当該内容を正しく理解したうえで、適正な実務対応を図る必要がある。

セール・アンド・リースバック

● 公開草案は、IFRS16に準拠せず、米国Topic842を参考に策定されており、セール・アンド・リースバック取引に該当するか否かの判断に当たり、収益認識の時点（一時点か一定期間か）等がポイントになる。

● セール・アンド・リースバックに該当する場合には、資産譲渡が売却に該当しない場合だけでなく、一時点で損益を認識する売却であっても、借手（売手）が資産の経済的利益のほとんどすべてを享受（資産使用に伴うコストのほとんどすべてを負担）する場合は、金融取引として会計処理する。当該内容を正しく理解したうえで、適正な実務対応を図る必要がある。

開示

● リースはさまざまな要素を含む場合があり、「リースの借手又は貸手の財政状態、経営成績及びキャッシュ・フローに与える影響を財務諸表利用者が評価するための基礎を与える情報を開示する」との開示目的を達成すべく、標準的な開示要求に加えて、開示目的に照らした追加の情報の追記を求めている。質的にも量的にもボリュームがある開示を可能とするため、

連結ベースでの必要な開示項目の把握とタイムリーな情報収集及び分類集計を可能にする体制や仕組みの構築が必要になる。また、例えば、使用権資産の減価償却や、リースに係るキャッシュ・アウト・フローの合計額など注記情報をタイムリーかつ正確に収集できる仕組みを検討する必要がある。

III　経営への主な影響例

● 投資効率や資本効率をより重視した経営を指向・意識する必要がある。

● 貸借対照表の変動や経営指標への影響など、投資家含むステークホルダーにより丁寧に説明する必要がある。

● 総資産、営業利益や純利益にも影響を及ぼす可能性もあるため、KPI の見直しや予算策定方法の変更、あるいは中期経営計画の再検討などが必要になる可能性がある。あわせて、IR 等におけるステークホルダーへ業績説明の方法に検討を要する可能性がある。

● 国際基準と整合的で透明性が高い基準に準拠することで資金調達コストが容易になる可能性がある。

● 企業間財務比較の財務比較が容易となり、経営分析や企業評価に資する。

IV　業務、オペレーション、システムへの主な影響例

● リースの全体像を一元的に管理できる体制を構築・整備する必要がある。

● 基準改正に伴う会計処理の変更により、各業務領域のオペレーション（IT システム、内部統制、管理会計、税務、業務見直しなど）に影響を及ぼす可能性がある。

● 原則すべてのリースにつき割引率や見積りリース期間を考慮した使用権資産及びリース負債の算定、その後の条件変更等に伴う再測定、使用権資産の減価償却や減損など、複雑で質量とも増大する業務の適正な管理や効率

化を可能にするシステム対応の検討を要する。

- リース契約のための情報収集プロセスやオペレーション管理のための体制整備構築、それらに係るシステム整備などの検討を要する。

- リース期間について、オプションの対象期間をリース期間に反映するなどの必要があるためリース開始時からリース期間を継続的に把握する必要がある。リース期間は、リース契約管理やリース業務管理上重要なだけでなく、使用権資産やリース負債の額など重要な会計数値に影響を及ぼすため、システムの機能強化を含め体制構築やオペレーション対応が必要になる。

- リースの識別を経て使用権資産とリース負債の当初測定が求められるため、リース契約プロセスでの経理部門の関与や部門間の情報の共有など、オペレーションの見直しの検討を要する場合がある。

- 使用権資産及びリース負債は当初測定の後もリース期間中に事後的な条件変更等もあり、継続的な帳簿管理が必要になる。使用権資産は減損への対応も加わる。これらの対応に当たり、帳簿管理に資する固定資産台帳のような機能を果たすことができる仕組みを構築する必要がある。そのためにシステム対応を含めた検討を要する可能性がある。

- 不動産賃貸借契約は金額規模が膨らむことがあり、店舗を賃借する小売業等や、借上社宅などの対象不動産を多く有する企業等への影響が大きい。こうした案件についてのリース契約管理やリース業務管理を徹底すること、また、従来、不動産管理部門や総務部門が主管していた当該契約につき、経理財務部門でも管理や会計処理を行う必要が生じるため、業務フロー変更などの検討を要する場合がある。

- 従来の基準ではファイナンス・リースに分類されているリース契約も含め、条件変更等による使用権資産及びリース負債の再測定を可能にする仕組やプロセスの整備を要する。

- 借地権に係る権利金等は、従来の基準では取扱いや会計処理が明らかでなかった。このため、経過措置や例外措置を定めており、これらの内容を正

しく理解して実務対応する必要がある。また、建設協力金等の差入預託保証金は、従来、金融商品実務指針で定められていた事項を取り扱っており、対応に当たり金融的視点を要する。いずれも個別性がありまた継続的に管理する必要がある。そのための管理方法等を検討する必要がある。

● 収益認識会計基準との整合の観点から、リース料受取時に売上高と売上原価を計上する方法（従来の第二法）は認められなくなったため、当該方法を採っていた場合等、システムを含めた対応を検討する必要がある。

第 2 部

リース会計の実務

この「第 2 部」の内容は、『リース会計実務の手引き（第 2 版）』井上雅彦著（税務経理協会刊、2017 年）第 2 部を転載したものです。

リース取引は、「会計基準」と「法人税法（同通達）」によりそれぞれ取扱いや処理方法が定められている。平成20年4月1日以降開始（連結）事業年度から適用されている企業会計基準第13号「リース取引に関する会計基準」（以下「リース会計基準」）や、平成19年度税制改正（平成20年4月1日以降締結するリース契約から適用）後のリース税制（改正後の税制を、以下「リース税制」という）はそれぞれ、会計基準や法人税法上の定めを置くが、リース税制は原則としてリース会計基準の取扱いを前提としてこれを踏襲しているため、まずは、リース会計基準のポイントとこれに伴う会計実務の留意点をみていこう。

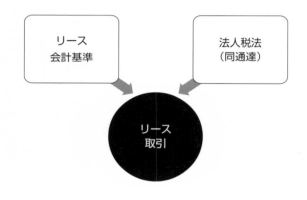

1
我が国のリース会計基準におけるリース取引の定義

　我が国のリース会計基準ではリース取引を広く捉えている。「リース会計基準」によれば、リース取引とは、「特定の物件の所有者たる貸手が、当該物件の借手に対し、合意された期間にわたりこれを使用収益する権利を与え、借手は、合意された使用料を貸手に支払う取引をいう」としており、レンタル契約や不動産等の賃貸借契約など、その包含する範囲は幅広い。　また、リース取引の定義を満たすものについては、「リース契約」、「レンタル契約」、「賃貸借契約」などの名称にかかわらず、リース取引として取り扱う。

　一方、実務上「リース取引」といえば、一般的にファイナンス・リース取引を指す。リース会計基準ではファイナンス・リース取引を次のように定義しており、リース会計基準における「リース取引」は一般的な経済用語として使われている「リース取引」、つまりファイナンス・リース取引よりも範囲が広い。

　ファイナンス・リース取引以外のリース取引はオペレーティング・リース取引になる。

> **【ファイナンス・リース取引の定義】**
> 　リース契約に基づくリース期間の中途において、①当該契約を解除することができないリース取引またはこれに準ずるリース取引で、借手が、当該契約に基づき使用する物件からもたらされる②経済的利益を実質的に享受することができ、かつ、当該リース物件の使用に伴って生じるコストを実質的に負担することとなるリース取引

　あるリース取引がファイナンス・リース取引に該当するか否かの判断に当たり、解約不能の要件（下線部①）と、フルペイアウトの要件（下線部②）、つまり経済的利益の実質的享受およびコストの実質的負担が具体的にどのような

事実を指すのかが問題となる。なお、リース会計基準におけるリースの分類は以下のとおりである。

図表 1-1　リース会計基準の分類

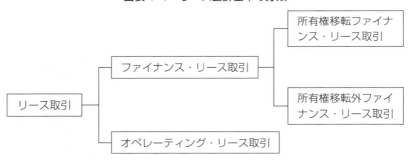

2
ファイナンス・リースの要件

　ファイナンス・リースの要件、つまり、解約不能の要件（【ファイナンス・リース取引の定義】下線部①）と、フルペイアウトの要件（同下線部②）を具体的にみていこう。

Ⅰ　解約不能の要件

　リースの標準契約書（リース契約書（参考））では、借手の都合で契約を解除することを禁じる解約不能条項が盛り込まれている。解約を認める場合でも、解約時以後の残リース料とほぼ見合う規定損害金を借手が負担することを約していることが一般的である。この場合、借手は当初の契約に定められたリース料総額をほぼ全額負担することとなるため、経済的には解約不能と同様の効果がある。

Ⅱ　フルペイアウトの要件

　この要件は、リース会計基準上極めて重要な判断基準である。本要件に抵触し、あるリース取引がファイナンス・リース取引に該当すれば、リース取引の借手は原則として煩雑な「売買処理」の会計処理を強制されるからである。一方、本要件に引っかからず、オペレーティング・リース取引と認定されれば、貸借対照表上オフバランス取引が認められ、リース料を費用計上するだけの極めて簡便な「賃貸借処理」ができる。会計処理の詳細は「4　リース会計基準の全体像と会計処理の分類」でふれるが、本要件に基づく判断結果次第で会計

129

処理が大きく異なるため、借手側にとって最大の関心事となる。

　具体的に、フルペイアウトの要件とは、リース取引により借手が、物件の購入価額の大部分をまかなうリース料を支払うかにより判断する。具体的には、次の2つの要件のいずれかに該当する取引を、フルペイアウトのリース取引と判定する。

> Ⅰ　現在価値基準
> 　解約不能リース期間中のリース料総額の現在価値が、リース物件の見積現金購入価額のおおむね90％以上の場合
> Ⅱ　経済的耐用年数基準
> 　解約不能のリース期間が、リース物件の経済的耐用年数のおおむね75％以上の場合

　当該判定は現在価値基準（Ⅰ）によって行うことが原則だが、判定のために割引計算を必要とするなど実務的に煩雑さを伴うため、簡便に判定する方法として経済的耐用年数基準（Ⅱ）が設けられた。実務上は、現在価値基準（Ⅰ）の閾値（90％）を大きく下回るのであれば、経済的耐用年数基準（Ⅱ）については判定しない。また、経済的耐用年数基準（Ⅱ）の閾値（75％）を大きく下回る場合は、現在価値基準（Ⅰ）に準拠して判断する。

　いずれの基準も「明確な数値基準」ではなく「おおむね」として、実態を踏まえた慎重な判断を求めている。「おおむね」としているのは、厳密に90％（Ⅰ）や75％（Ⅱ）という数値基準を強制すると、当該数値基準を僅かに下回る契約条件を設定することで、実質的にはファイナンス・リースとなるべき取引をオペレーティング・リース取引と判定させることが可能になるからである。これにより煩雑な売買処理ではなく、簡便な賃貸借処理を誘導できる。

　したがって、90％（Ⅰ）や75％（Ⅱ）という数値を少々下回る場合でも、リース取引の実態や商慣行等を総合的に勘案し、実質的な判断をする必要がある。

　現在価値基準のイメージは（図表2-1）のとおりであり、実際の判定に当たっての留意点は以下のとおりである。

【割引率の設定】

　貸手の計算利子率（貸手が適用する内部利益率）を借手が知り得ることは稀なので、通常、借手の追加借入利子率を割引率として適用する。追加借入利子率は、借手がリース期間と同一期間の新規の長期借入を行う場合に適用される利率等を用いて算定する。また、過去の融資実績等から、例えば長期プライムレートに一定のプレミアムを上乗せした利率が適用される場合には、当該利率を参照する方法も考えられる。

【見積現金購入価額の見積もり】

　貸手の現金購入価額または借手に対する現金販売価額を用いる。借手に当該金額がわからない場合は、借手がメーカー等から入手した見積金額やメーカー等のカタログに記載された金額にメーカー等との取引実績に基づく値引きを考慮した金額、同種物件の取引事例価額等をもとに合理的に見積もる。

　なお、1つのリース契約が多数のリース物件から構成される場合は、個々の物件ごとに現在価値基準の判定をするのではなく、リース契約全体で判定することができるため、この場合は、当該契約に含まれるすべてのリース物件に係る見積現金購入価額を合算する。

【リース料総額の算定】

　リース料には、通常、物件価額や貸手の資金調達原価、手数料の他、物件の固定資産税や動産保険料などの維持管理費用相当額が含まれている。また通常

図表2-1　現在価値基準の判定

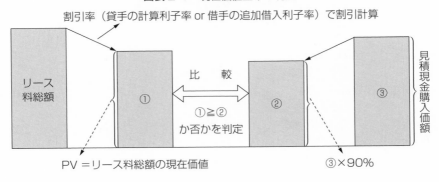

の保守等の役務提供相当額が含まれる場合もある。判定に当たっては、原則として維持管理費用相当額や役務提供相当額をリース料総額から控除する（特にカーリース取引などでは影響が大きいと思われる）が、重要性が乏しい場合はリース料総額から控除しないこともできる。

　なお、残価保証がある場合は当該保証額を、また、再リースがあらかじめ見込まれる場合は当該再リース料を、リース料総額に含める。

　ここで、**設例1**を用いて、現在価値基準の判定を行ってみよう。

設例1	リース契約の内容

　　リース料総額　　　60,000
　　解約不能のリース期間　　5年
　　リース料年額（期末一括払）　　12,000
　　リース物件の購入価額　　50,000
　　割引利子率　　年利7％

【キャッシュ・フローの推移】

第1年度末　第2年度末　第3年度末　第4年度末　第5年度末

12,000　　12,000　　12,000　　12,000　　12,000　　支払合計
　　　　　　　　　　　　　　　　　　　　　　　　　　　　60,000

【リース料総額の割引計算】

$$\boxed{\begin{array}{c}\text{リース料総額}\\\text{の現在価値}\end{array}} = \frac{12,000}{(1+0.07)} + \frac{12,000}{(1+0.07)^2} + \cdots\cdots + \frac{12,000}{(1+0.07)^5}$$

　　　≒ 49,202

【物件購入価額との比較】
　　　　リース料総額の現在価値　　　物件の購入価額 × 90％
　　　　　　　　49,202　　　＞　　　50,000 × 90％ = 45,000

【結論】
　　　ファイナンス・リース取引に該当する。

3
所有権移転に基づくファイナンス・リース取引の分類

　図表 1-1 に示すように、ファイナンス・リース取引は、リース物件の所有権が借手に移転するとみなされるファイナンス・リース取引（所有権移転ファイナンス・リース取引）と、リース物件の所有権が移転しないファイナンス・リース取引（所有権移転外ファイナンス・リース取引）とに分けられ、ともに売買処理を行うことを義務づけられている。

　ここで、所有権移転外ファイナンス・リース取引であれば、会計処理に当たり、「簡便な売買処理」や「例外的な賃貸借処理」が認められるが、所有権移転ファイナンス・リース取引には実質的にこれらが認められない。このため両者の区分は、会計処理の煩雑さ、簡便さを分ける重要なポイントとなる。

　所有権が移転するリース取引とは、原則として以下のⅠからⅢのいずれかに該当するファイナンス・リース取引で、いずれにも該当しないファイナンス・リース取引は所有権移転外ファイナンス・リース取引になる。

Ⅰ　**譲渡条件付リース**
　リース契約上、リース期間終了後またはリース期間の中途で、リース物件の所有権が借手に移転することとされているリース取引
Ⅱ　**割安購入選択権付リース**
　リース契約上、借手に対して、リース期間終了後またはリース期間の中途で、名目的な価額またはその行使時点のリース物件の価額に比べて著しく有利な価額で買い取る権利が与えられており、その行使が確実に予想されるリース取引
Ⅲ　**特定（特別仕様）物件リース**
　リース物件が、借手の用途等に合わせて特別の仕様により製作または建設されたもので、当該リース物件の返還後、貸手が第三者に再びリースまたは売却することが困難なため、その使用可能期間を通じて借手によってのみ使用されることが明らかなリース取引

I　譲渡条件付リース

　　譲渡条件付リースは、ユーザーがリース物件を取得することが明らかなため所有権移転ファイナンス・リースとなる。また、無償と変わらない名目的な再リース料の定めのあるリース取引も該当するが、これは、資産の賃貸借としての取引の性質が失われていると認められるためである。

II　割安購入選択権付リース

　　割安とは著しく有利な価額を指す。割安購入選択権付リースは、権利を行使することが明らかであり、事実上リース資産の返還がされないと考えられるため、所有権移転ファイナンス・リースとなる。では、「割安でない購入価額」とはどのように考えればよいか。時価のある資産の場合「時価金額以上」、時価のない資産の場合「定率法（減価償却）未償却簿価以上」がひとつの目安となろう。　また、時価のない資産の場合の下限の金額として取得価額の５％程度という考え方もある。

III　特定（特別仕様）物件リース

　　個々の機械装置等について、その汎用性の有無を厳密に判定することは難しい場合があるが、特定のユーザーにおいてのみ使用され、他のユーザーへ再び賃貸できない「実態」があるか否かを実質判断することになる。

　　特別仕様物件に該当すれば、当該物件は特定のユーザーにおいてのみ使用され、他のユーザーへ再び賃貸することはできないため、所有権移転ファイナンス・リースとなる。このため、例えば、「工事等の簡易建物、広告用構築物等で移設が容易なもの」、「パンフレットに記載のある物件、一部を特別仕様にした物件」、「リース期間終了後に資産を貸手に返すことが明らかなもの」などは、通常、特別仕様物件には当たらない。

　　なお、不動産を対象とするリース取引も、通常、所有権移転ファイナンス・

リースとなる。不動産は一般的には事業目的遂行に必須の資産であり、リース取組み時から返還が想定されていないからである。不動産につきフルペイアウトした後に返却するということはあまり考えられない。ただし展示用建物など移設が容易に可能なものや、事業定期借地権付きの建物リースなどリース期間終了後リース会社に返還されることが明らかなものはこの限りではない。

　法人税法でも「所有権移転」に関してⅠ、Ⅱ、Ⅲと同じ定めがある。会計基準の規定は以上のⅠ、Ⅱ、Ⅲのみだが、法人税法ではこれに次の取扱いが追加される。

Ⅳ　特定（特別仕様）物件リースに関する形式的対象外要件

　リース期間が法定耐用年数の80％以上である場合、形式的判断（実質は問わない）として特定（特別仕様）物件リースに該当しないとする取扱いである。これは、リース期間が耐用年数に比べて一定程度（80％に相当する年数）よりも短くない場合には、借手に生じる課税上の弊害が少ないことから認められた法人税法特有の規定である。

Ⅴ　識別困難な物件（特定不可能物件）

　野ざらしになっている仮設材などは、事実上リース資産の特定が不可能である。分別管理されていないため、自社所有物件かリース物件か特定できないからである。リース資産の特定ができないものを返却することはできない。したがって、リース資産が合理的な方法によって特定可能になっている場合は、通常、識別困難な物件には該当しない。

VI リース期間が法定耐用年数に比し相当の差異があり課税上弊害があるリース取引

　リース期間が法定耐用年数に比し相当の差異があると、物件を購入した場合と比べ、リース取引のほうが著しく有利になるケースがあるので、課税の公平性を確保するためこの規定が置かれた。

　具体的には、ユーザーのリース期間定額法による減価償却が過度に早期になることを防ぐことが主な目的となる。

　ここで、「相当の差異」に当たらないものは、法定耐用年数の 70 ％以上（法定耐用年数が 10 年以上のものは 60 ％以上）との定めがある。

　以上、リース会計基準の取扱いに基づき、リース取引を分類し、ファイナンス・リース取引の判定を行うフローをまとめたのが下図である。

図表 3-1　リース取引の分類とファイナンス・リース取引の判定

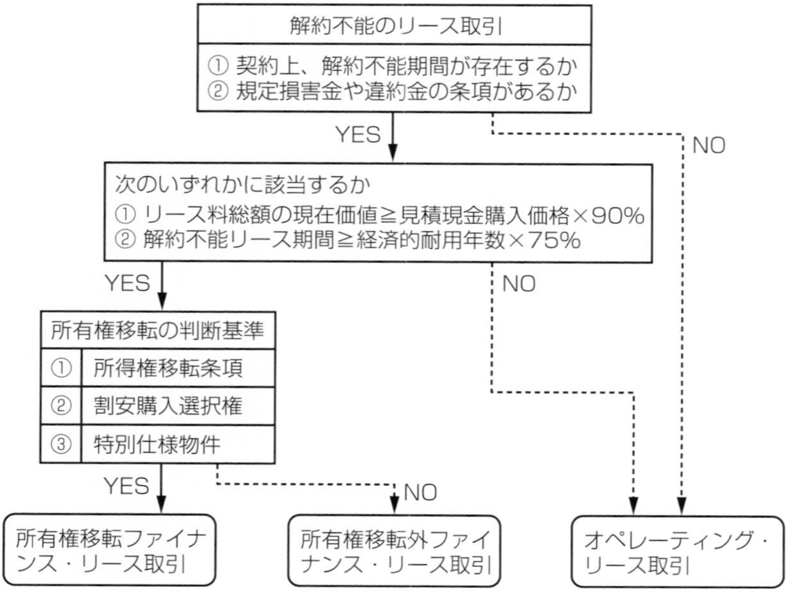

4

リース会計基準の全体像と会計処理の分類

　リース取引の分類や、ファイナンス・リース取引の判定を行うフローを踏まえたうえで、リース会計基準が規定する会計処理および開示の全体像を理解しよう。リース会計基準が規定する会計処理、開示の全体像は、**図表4-1**のとおりである。

　同図のとおり、ファイナンス・リース取引に該当すれば、リース取引の借手は原則として煩雑な「売買処理」という会計処理を強制されるが、オペレーティング・リース取引と認定されれば、貸借対照表上に資産や負債を計上しないオフバランス処理が認められ、リース料を費用計上するだけの極めて簡便な「賃貸借処理」が適用できる。

　「売買処理（ファイナンス・リース取引）」と「賃貸借処理（オペレーティング・リース取引）」について、借手の貸借対照表上のイメージ図を**図表4-2**に、また、借手の損益計算書上のイメージ図を**図表4-3**に示した。借手はファイナンス・リース取引について、リース資産を貸借対照表に計上し減価償却計算を行うとともに、同額のリース債務を貸借対照表に計上し元本返済と支払利息計上の計算を行う。なお、減価償却計算は会計上、定率法等も認められるが、法人税法が「リース期間定額法」に準拠することを定めているため、**図表4-3**では定額法による減価償却を前提としている。

　ここで算定する支払利息は逓減する。これは、原則として利息法（実効金利法）という住宅ローン返済（固定利率による）の計算に近似した複雑な計算手法により算定するため、売買処理により借手は煩雑な会計処理を強いられる。

　一方、フルペイアウトの判定によりオペレーティング・リース取引と判定されれば、賃貸借処理が適用できる。当処理では貸借対照表に計上する資産・負

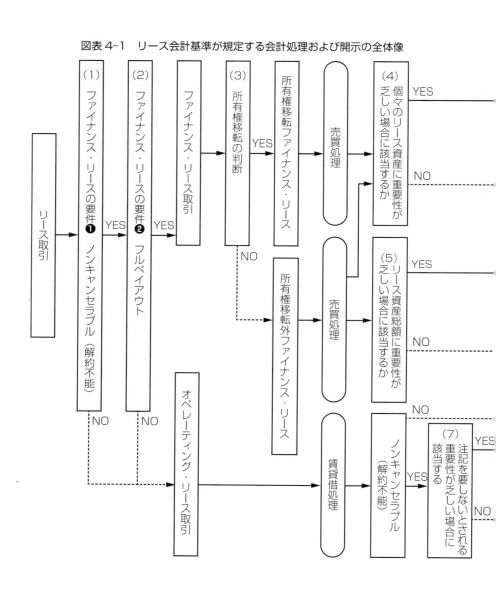

図表 4-1　リース会計基準が規定する会計処理および開示の全体像

賃貸借処理	**（1）ファイナンス・リースの要件❶：ノンキャンセラブル（解約不能）** ・契約上、解約不能期間が存在するか ・契約上、規定損害金の条項が存在するか
売買処理	**（2）ファイナンス・リースの要件❷：フルペイアウト** 次のいずれに該当するか （ⅰ）現在価値基準 $$\frac{解約不能のリース期間中のリース料総額の現在価値}{見積現金購入価額} \geqq 90\%$$ （ⅱ）経済的耐用年数基準 $$\frac{解約不能のリース期間}{経済的耐用年数} \geqq 75\%$$
（6）簡便的な売買処理	**（3）所有権移転の判断** 次のいずれに該当するか ①譲渡条件付リース　②割安購入選択権付リース　③特別仕様リース
売買処理	**（4）個々のリース資産に重要性が乏しい場合**（所有権移転ファイナンス・リースは③が存在しない） ①重要性の乏しい減価償却資産を購入時に費用処理する方法を採用し、リース料総額が当該費用処理する基準額以下のリース取引 ②リース期間が１年以内のリース取引 ③事業内容に照らし重要性が乏しく、リース契約１件当たりのリース料総額が３００万円以下のリース取引 （所有権移転外ファイナンス・リース取引のみ）
注記開示不要 ＋ 賃貸借処理	
注記開示 ＋ 賃貸借処理	

（5）リース資産総額に重要性が乏しい場合とは 未経過リース料の期末残高の、当該期末残高と有形固定資産および無形固定資産の期末残高との合計額に占める割合が１０％未満である場合
（6）リース資産総額に重要性が乏しい場合の簡便的な売買処理（所有権移転外ファイナンス・リース取引のみ） ①リース料総額から利息相当額の合理的な見積額を控除しない方法 ②利息相当額の各期への配分を定額法による方法
（7）注記を要しないとされる重要性が乏しい場合 ①重要性の乏しい減価償却資産を購入時に費用処理する方法を採用し、リース料総額が当該費用処理する基準額以下のリース取引 ②リース期間が１年以内のリース取引 ③事前予告解約の定めがあり、事前解約予告期間に係る部分のリース料 ④事業内容に照らし重要性が乏しく、リース契約１件当たりのリース料総額が３００万円以下のリース取引

債はなく、毎月定額でリース料を損益計算書に計上するだけである。

図表 4-2　借手の貸借対照表上のイメージ図

（ファイナンス・リース）

貸借対照表

（オペレーティング・リース）

貸借対照表

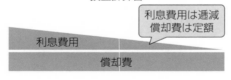

図表 4-3　借手の損益計算書上のイメージ図

（ファイナンス・リース）

損益計算書

（オペレーティング・リース）

損益計算書

5

簡便的な売買処理と例外的な賃貸借処理の容認

　借手にとって、売買処理を行うこと、つまり、利息法を適用して元利分解を行い支払利息の期間配分計算を行うことは極めて煩雑である。

　そこで、リース会計基準は、リース取引残高（未経過リース料期末残高）の、当該残高及び固定資産残高の合計額に対する比率（リース比率）が 10 ％未満であること（リース資産総額に重要性が乏しいこと）を条件に、「簡便な売買処理」を行うことを認めている。

　さらに、借手について、「個々のリース資産に重要性が乏しい場合」や「金融商品取引法の適用を受ける連結子会社等に該当しない中小会社」は、売買処理でなく、オペレーティング・リース取引に準じて簡便な会計処理となる賃貸借処理を認めている。

　これらの借手の簡便的な取扱いをまとめると、下図のとおりである。

図表 5-1　所有権移転外ファイナンス・リース取引に関する借手の簡便的な取扱い

【原則的な取扱い】	リース料総額から利息相当額の合理的な見積額を控除し、利息法により各期の支払利息を計算する
【簡便な売買処理】 リース資産総額に重要性が乏しい場合の取扱い（a） 所有権移転外ファイナンス・リース取引のみ	以下のいずれかを適用できる Ⅰ　リース料総額から利息相当額の合理的な見積額を控除しない方法 Ⅱ　利息相当額を利息法ではなく定額法で費用配分する方法
【例外的な賃貸借処理】 個々のリース資産に重要性が乏しい場合の取扱い（b）	オペレーティング・リース取引に準じ、通常の賃貸借取引に係る方法に準じて会計処理を行うことができる

図表中（a）の「リース資産総額に重要性が乏しい場合」とは、以下の算式で算定されるリース比率が10％未満になる場合をいう。

$$\text{リース比率} = \frac{\text{未経過リース料期末残高}}{\text{未経過リース料期末残高＋有形固定資産期末残高＋無形固定資産期末残高}}$$

　ただし、個々のリース資産に重要性が乏しい場合に通常の賃貸借処理に係る方法に準じて会計処理を行うもの、利息相当額を利息法により各期に配分しているリース資産に係るものを除く。

　（a）の「リース資産総額に重要性が乏しい場合」のイメージ図が**図表 5-2**である。

図表 5-2　リース資産総額に重要性が乏しい場合

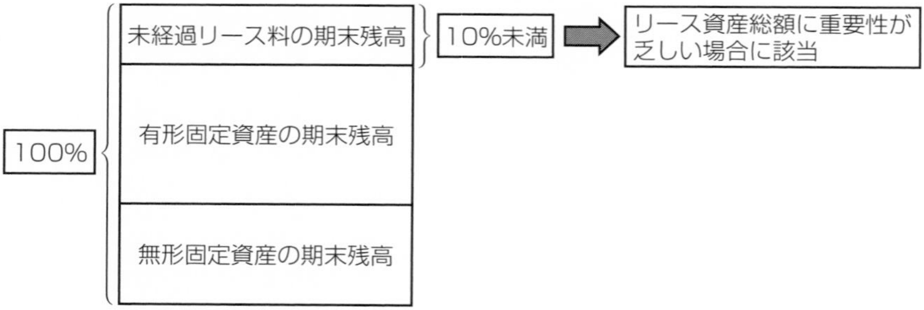

　図表中（b）の「個々のリース資産に重要性が乏しい場合」とは、次の①～③のいずれかに該当する場合である。

所有権移転ファイナンス・リース取引	所有権移転外ファイナンス・リース取引
①購入時に費用処理する方法を採用しリース料総額が当該基準額に満たない取引 ②リース期間が1年以内の取引	①購入時に費用処理する方法を採用し、リース料総額が当該費用処理する基準額に満たない取引 ②リース期間が1年以内の取引 ③事業内容に照らし重要性が乏しく契約1件当たりのリース料総額が300万円以下の取引

なお、「個々のリース資産に重要性が乏しい場合」の判断に当たっての実務上の留意点は次のとおりである。

・所有権移転ファイナンス・リース取引には、実務上最も効果がある③の適用がないため、当該取扱いの実質上のメリットは少ない。

・①の基準額は、通常取引される単位ごとに適用されるため、リース契約に複数の単位のリース物件が含まれる場合は、当該契約に含まれる物件の単位ごとに適用できる。

・②は金額の多寡にかかわらず適用できる。

・③については、１つのリース契約に科目の異なる有形固定資産または無形固定資産が含まれている場合は、異なる科目ごとに、その合計金額により判定を行うことができる。

オペレーティング・リース取引については賃貸借処理を行うが、解約不能期間があり、かつ、リース取引に一定の重要性がある場合は、未経過リース料期末残高を注記する。

なお、中小企業の取扱いについては、中小企業の会計処理を定めた指針（「中小企業の会計に関する指針」）が公表されている。この指針の中で所有権移転外ファイナンス・リース取引につき、原則は売買処理を適用するが賃貸借処理も認めている。この指針の適用対象は、以下を除く株式会社とされている。

①　金融商品取引法の適用を受ける会社ならびにその子会社および関連会社

②　会計監査人を設置する会社（大会社以外で任意で会計監査人を設置する株式会社を含む）およびその子会社

このように、中小企業の特例の適用対象企業・団体は、所有権移転外ファイナンス・リース取引について、賃貸借処理を行うことができるが、未経過リース料の注記を要する。

6
ファイナンス・リース取引に係る借手の会計処理

　中途解約不能で、かつフルペイアウトであるかどうか判定によりファイナンス・リース取引と判定された場合は、借手は煩雑な売買処理を行わなければならない。つまり、リース取引を実質的なリース資産の売買取引とみなし、リース期間の開始時にリース資産が貸手から借手に譲渡され、リース資産の譲渡代金をリース料として割賦払い（分割払い）により借手から貸手に支払うものとみなして会計処理することになる。

　具体的には、車両・機械装置などの固定資産を購入し、貸借対照表に計上するのと同様にリース資産を貸借対照表に計上する。固定資産と同様に、リース資産についても減価償却計算を行い、減価償却費を計上する。また、固定資産の購入代金の未払額を貸借対照表に計上するのと同様、将来のリース料の支払額をリース債務として貸借対照表に計上する。これに伴い、リース債務に係る利息相当額をリース期間にわたり支払利息として計上する。

　以下で、ファイナンス・リース取引に係る借手の主たる会計処理を時系列に仕訳とともに示す。

I　リース資産およびリース債務の計上価額

　ファイナンス・リース取引と判定され売買処理を行うに当たり、リース開始時に行う最初の処理はリース資産およびリース債務の計上価額を算定することである。

　イメージは下図のとおりである。

貸借対照表

（借方）	（貸方）
（資産の部）	（負債の部） 流動負債
固定資産	リース債務　　××× 固定負債
リース資産　　×××	リース債務　　×××

　具体的には、**図表6-1**に示す方法でリース資産及びリース債務の価額を算定し貸借対照表に計上する。所有権移転外ファイナンス・リース取引では、貸手の購入価額等（「等」は借手に対する販売価額）は通常借手には分からないため、「リース料総額の現在価値（a)」か「見積現金購入価額（b)」のいずれか低い価額で計上する。

【仕訳】

(借) リ ー ス 資 産　×××　　(貸) リ ー ス 債 務　×××

図表 6-1　ファイナンス・リース取引におけるリース資産およびリース債務の計上方法

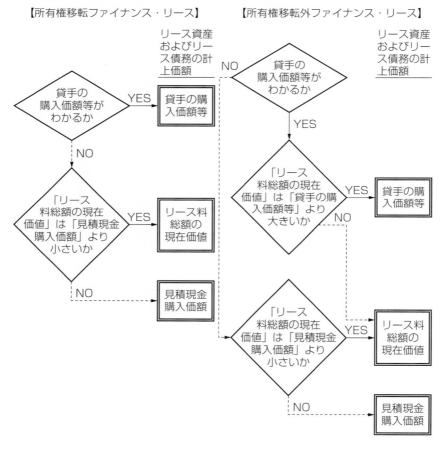

	所有権移転 ファイナンス・リース	所有権移転外 ファイナンス・リース
リース物件の貸手の 購入価額が明らかな 場合	貸手の購入価額等（c）	以下の価額のいずれか低い額 ・リース料総額の現在価値（a） ・貸手の購入価額等（c）
リース物件の貸手の 購入価額が明らかで ない場合	以下の価額のいずれか低い額 ・リース料総額の現在価値（a） ・見積現金購入価額（b）	

　(a)（b）とも、現在価値基準を適用してファイナンス・リースの判定を行った際にすでに計算、見積もり済みなので、実務上はそれを使うことができる。

Ⅱ　利息相当額の算定と利息法による利息相当額の期間配分

　所有権移転ファイナンス・リース取引、所有権移転外ファイナンス・リース取引とも、リース資産およびリース債務の計上価額を算定したら、次に、リース料相当額を支払利息の計上とリース債務元本返済とに配分する。借手は、リース契約で定められた支払方法に従いリース料の支払を行う。例えば、リース期間にわたり、毎月末に一定額のリース料を支払う契約などが一般的である。こうして支払われるリース料は、原則として、利息相当額部分とリース債務の元本返済額部分とに区分し、利息相当額部分は支払利息として処理する。これは、元利均等返済の借入金につき、毎月の返済額を利息部分と元本返済額部分に区分して会計処理するのと同様である。支払利息は、原則として煩雑な利息法（実効金利法）によりリース期間中の各期に配分し、逓減する費用として損益計算書に計上する。

　ここで、利息法とは、各期の支払利息について、リース債務の未返済残高に一定の利率を乗じて算定する方法である。「一定の利率」とは、リース料総額（割安購入選択権の行使金額を含む）を内部利益率を求める算式によって割り引いた現在価値がリース開始時のリース資産の計上価額と等しくなる利率で、次式で計算される利率をいう。

$$I = p_0 + \frac{p_1}{(1+r)} + \frac{p_2}{(1+r)^2} + \frac{p_3}{(1+r)^3} + \cdots\cdots + \frac{p_{n-1}}{(1+r)^{n-1}} + \frac{p_n}{(1+r)^n}$$

※ I はリース資産計上価額、$p_0 \sim p_n$ はリース料総額の毎期（月）の支払額（割安購入選択権の行使価額や残価保証額も含む）で前払リース料がある場合を前提とする。

　定額法とは、利息相当額の総額をリース期間中の各期に定額で配分する方法である。利息法による期間配分と、定額法による期間配分のイメージを**図表6-2** に示した。

図表 6-2　利息法による期間配分と定額法による期間配分のイメージ

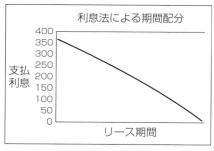

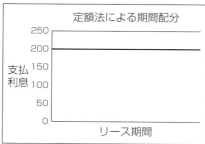

　利息法によるとリース期間の前半に支払利息が多額に計上される一方、後半
に計上される支払利息は小さくなる。これは、元利均等返済の借入金、例えば
住宅ローンなどで、借入期間の前半において、毎月の返済額のうちの多くが利
息の支払に充てられるため元金がなかなか減らない、といったケースと同じで
ある。

　リース債務の残高が多額であるリース期間の前半において支払利息が多く計
上される利息法は、ファイナンス・リース取引の金融的側面を重視するリース
会計基準における原則的な処理方法である。一方、定額法によると利息が各期
に定額で配分されるため、リース期間のどの時点においても計上される支払利
息の額は一定となる。リース会計基準では、定額法はリース資産総額に重要性
が乏しい場合の簡便法（「簡便な売買処理」）として、所有権移転外ファイナン
ス・リース取引においてのみ認められている。

　以下で会計処理のポイントをまとめる。

・まず利息法で適用する「一定の利率」を計算した後、期首元本に当該利率
　を乗じて毎月の利息相当額を算定し支払利息を計上する。利息相当額には
　純粋な支払利息以外に維持管理費用等も含まれる。

・この利息相当額の総額は、リース料総額から（Ⅰ）で求めたリース資産
　（リース債務）計上額を控除した額となる。

・次に月々の支払リース料から当該利息相当額を控除した金額が月々の元本

返済額となり、当該額だけリース債務が月々減少していく。

以上を仕訳で示すと次のとおりである。

(借)　リ　ー　ス　債　務　×××　　(貸)　現　金　預　金　×××

　　　支　払　利　息　×××

　　　維　持　管　理　費(*)　　×××

(＊)区分して会計処理する場合に計上する。維持管理費用の額に重要性が乏しければリース料総額から区分しなくてよい。

Ⅲ　リース資産の減価償却

　建物や機械装置などのように時の経過等によってその価値が減っていく資産を減価償却資産という。減価償却資産の取得価額については、取得したときに全額費用計上するのではなく、減価償却という手続きを通じてその資産の使用可能期間（「耐用年数」）にわたり分割して費用計上していく。また、固定資産が使用や時の経過により劣化、陳腐化すると考えると、その劣化や陳腐化を反映するために、固定資産を規則的に評価減していくことが望ましい。経済状況等によっては固定資産の時価が一時的に取得原価を上回ることはあり得るが、長期的に見ると劣化・陳腐化により時価は下落していく。この時価の下落傾向を表すためにも、規則的に減価償却を行い、固定資産の帳簿価額を減額していく。これが減価償却の考え方である。

　法人税法における減価償却の規定は、国内設備投資の促進等を目的として過去何度か改定されており、一口に定額法、定率法といっても複数の方法が存在する（図表6-3参照）。

　会計処理も原則として当該規定に準拠するが、現行の規定で主要な方法は、定額法と200％定率法である。

図表 6-3　法人税法における減価償却方法

	通称	減価償却費の計算式	対象資産の取得時期
定額法 （償却費が 毎期定額）	旧定額法	（取得価額－残存価額）÷耐用年数	平成 19 年 3 月 31 日以前
	定額法	取得価額÷耐用年数	平成 19 年 4 月 1 日以後
定率法 （償却費が トップヘ ビー）	旧定率法	未償却残高×旧定率法償却率	平成 19 年 3 月 31 日以前
	250 % 定率法	未償却残高×償却率（定額法の償却率（1÷耐用年数）×250 %）	平成 19 年 4 月 1 日～ 平成 24 年 3 月 31 日
	200 % 定率法	未償却残高×償却率（定額法の償却率（1÷耐用年数）×200 %）	平成 24 年 4 月 1 日以後

［参考］　減価償却について（ここでは残存価額を考慮している）

1．減価償却とは

　減価償却とは、機械や自動車のように、使用することによって消耗したり、古くなると陳腐化して価値が減少するような固定資産について、その価値の減少額を算定し、費用として認識する会計手続である。

2．減価償却計算の 3 要素

　減価償却計算は、取得価額（物件の購入価額）、残存価額、耐用年数の3つの計算要素を決めて実施する。残存価額とは残存価値と同じ意味であり、耐用年数とは、物件の寿命のことで、その物件が何年使えるかという年数である。

（償却の概念図＝定額法）

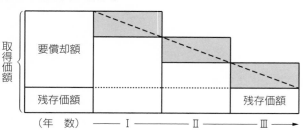

> 　耐用年数を３年とする旧定額法による償却のイメージは上図のとおりである。
>
> 　３年後に残存価額が残るように、要償却額（取得価額－残存価額）を各年度毎に同額ずつ費用処理する。

　リース取引は、固定資産をファイナンスする手段でもあるが、ファイナンス・リース取引により貸借対照表に計上されるリース資産の減価償却方法は以下のとおりである。

（1）所有権移転ファイナンス・リース取引

　自己が所有する同種の固定資産と同様の方法で減価償却を行う。耐用年数は経済的使用可能予測期間によるが、耐用年数や残存価額は自己所有資産との整合性を保つように定める。

（2）所有権移転外ファイナンス・リース取引

　リース期間を耐用年数（ファイナンス・リースの判定において再リース期間を含めている場合は再リース期間も含む）、残存価額をゼロ（リース期間満了時に貸手に返還されるため。ただし、残価保証の取決めがあれば当該金額を残存価額とする）として減価償却する。

　減価償却方法は、定額法、級数法、生産高比例法等から企業の実態に応じた方法を選択でき、自己所有の固定資産と異なる償却方法を選択できる。この点、リース期間定額法に限られる法人税の取扱いと異なる（**図表 6-4** 参照）。

図表 6-4　リース資産の減価償却方法

	所有権移転外 ファイナンス・リース取引	所有権移転 ファイナンス・リース取引
耐用年数	原則、リース期間。 ただし、ファイナンス・リースの判定において再リース期間を含めている場合は再リース期間も含む。	自己所有の固定資産に適用する減価償却方法と同一の方法による。 耐用年数は、経済的使用可能予測期間とする。
残存価額	原則、ゼロ。 ただし、リース契約上、残価保証の取決めがある場合は、当該残価保証の額。	
償却方法	定額法、級数法、生産高比例法等の中から企業の実態に応じたものを選択適用。 この場合、自己所有の固定資産と同一の方法である必要はない。	

以上を仕訳で示すと次のとおりである。

（借）　減　価　償　却　費　　×××　　　（貸）　減　価　償　却　累　計　額　　×××

Ⅳ　リース期間終了時の処理

（1）所有権移転ファイナンス・リース取引

　リース期間の中途またはリース期間終了時に所有権を移転した場合、自己所有の固定資産に振り替え、減価償却を継続する。

（2）所有権移転外ファイナンス・リース取引

■1　残価保証がない場合

　リース期間終了時には通常、リース資産の減価償却は完了し、リース債務も完済している。つまり、リース資産の未償却残高やリース債務残高がないため、リース物件返還時の除却処理（下記仕訳）を除き、会計処理は生じない。

（借）　減　価　償　却　累　計　額　　×××　　（貸）　リ　ー　ス　資　産　×××

2　残価保証がある場合

　借手が残価保証の義務を負っている場合、残価保証額をリース料に含めてファイナンス・リースの判定を行い、残価保証額をリース料に含めてリース資産およびリース債務を計上する。また、残価保証額を残存価額としてリース資産の減価償却を行う。

　リース期間終了時にリース物件の処分額が残価保証額を下回った場合は、貸手に対する支払額、つまり、リース資産の処分価額が残価保証額に満たなかった額が確定した時に、残価保証による支払額をリース資産売却損として処理する。

　（注）　残価保証額とは、リース期間終了時にリース資産の処分価額が当該残価保証契約における保証金額に満たない場合にその満たない部分の金額を当該リース取引に係る賃借人その他の者がその賃貸人に支払うこととされる当該保証額をいう。残価保証がある場合はリース料総額に残価保証額を含める。

（借）　リース資産売却損　　×××　　（貸）　未　　払　　金　×××

Ｖ　再リースの処理

　当初のリース期間が終了した際、多くの場合、ユーザーは当該リース物件について再リースを選択することができる。当初のリース期間が終了した場合、ユーザーは、「リース資産の使用を終了する」か「再リースする」かの選択が求められる。リース会社は、ユーザーの意思を確認するため、通常、リース期間終了前２〜３ヶ月の時期に、確認のための書類をユーザーに送付する。一方、ユーザーはいずれかを選択しリース会社に提示する。

　再リースを選択すると、一般的には、再リース期間１年、再リース料は、当初のリース料の12分の１から10分の１であることが多い。

リース期間終了後に再リース取引を行う場合、オペレーティング・リース取引として賃貸借処理を行い、再リース料を発生時の費用として会計処理する。ただし、リース契約時に借手が再リースを行う意思が明らかな場合など、ファイナンス・リースの判定において、再リース期間を解約不能のリース期間に含めている場合は、当初のリース期間に含めた再リース期間中もファイナンス・リース取引の会計処理を継続する。

VI　中途解約の処理

　中途解約とは、リース契約期間中にユーザーとリース会社の合意により、あるいは、リース会社が一方的にリース契約を解約することをいう。中途解約は、ユーザーとリース会社の合意に基づく中途解約と、リース会社による強制的な中途解約がある。ファイナンス・リース取引において、ユーザーによるリース契約の中途解約は原則として認められないが、ユーザーからリース会社に対して中途解約の申し入れがあり、両者で合意のうえ中途解約が行われる場合がある。

　具体的には、リース物件の陳腐化や事業内容の変更等の理由によってユーザーがリース物件を不要と判断した場合などがある。

　一方、リース会社はリース契約に基づいて強制的な中途解約を行うことができる。具体的には、ユーザーがリース料の支払を怠った等、リース契約に規定する契約違反等の一定の事項に該当した場合に、こうした貸手からの中途解約が可能である。

　中途解約が行われると、通常、期間満了の場合と同じようにリース会社はリース物件の回収や廃棄を行うが、期間満了の場合と異なりユーザーからの違約金（規定損害金）の回収が発生し、場合によってはリース物件の引き揚げを要する場合がある。

　以下に中途解約時のイメージ図を示した。

図表6-5　中途解約時のイメージ図

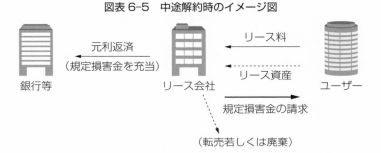

このように、ファイナンス・リース取引と判定されるリース契約を中途解約した場合、相当の違約金、すなわち規定損害金を支払う。この場合、会計処理は以下のようになる。

【リース資産除却損の確定時】

　中途解約時のリース資産の未償却残高をリース資産除却損として処理する。

（借）　減 価 償 却 累 計 額　×××　　（貸）リ ー ス 資 産　×××
リース資産除却損　×××

【リース債務解約損の認識】

　中途解約時のリース債務残高と中途解約によって生じる規定損害金との差額を「リース債務解約損」等の科目で計上する。

（借）リ ー ス 債 務　×××　　（貸）未　　払　　金　×××
リース債務解約損　×××

VII　維持管理費用相当額、通常の保守等の役務提供相当額の処理

　借手が支払うリース料には、通常、リース物件の固定資産税、保険料等の諸

費用（「維持管理費用相当額」）が含まれる。市区町村へのリース物件の固定資産税の納付、リース物件に付保された動産総合保険等の保険会社への保険料の支払は貸手が行うが、貸手はその分をリース料に含めて借手へ請求する。

　維持管理費用相当額は、現在価値基準の判定に当たり、原則としてリース料総額から控除する。また、現在価値基準の判定においてリース料総額から維持管理費用相当額を控除した場合、会計処理上もリース料総額から維持管理費用相当額を控除した額をリース料総額とする。当該額に基づきリース資産およびリース債務を計上し、維持管理費用相当額は、その内容を示す科目により費用計上する。

　ただし、維持管理費用相当額の重要性が乏しい場合は、現在価値基準の判定上も、会計処理上も、リース料総額から控除しないことができる。

　また、リース料総額に通常の保守等の役務提供相当額が含まれる場合、当該役務提供相当額について、現在価値基準の判定上も、会計処理上も、維持管理費用相当額に準じた取扱いを行う。この取扱いは貸手の場合も同様である。

　維持管理費用相当額および保守料等の役務提供相当額の取扱いを図表6-6に示した。

図表6-6　維持管理費用相当額、役務提供相当額の取扱い

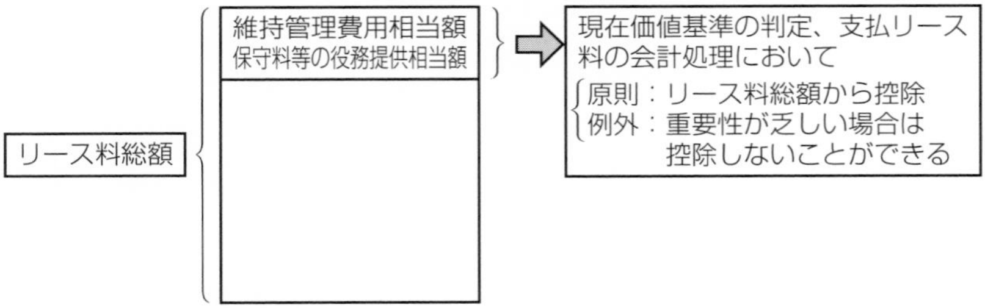

以上、「4　リース会計基準の全体像と会計処理の分類」、「5　簡便的な売買処理と例外的な賃貸借処理の容認」および「6　ファイナンス・リース取引に係る借手の会計処理」のⅠからⅦでファイナンス・リース取引に係る借手の会計処理を扱ってきた。扱った主な論点、会計処理を一覧表にまとめたのが図表6-7、図表6-8である。

図表 6-7　ファイナンス・リース取引の借手の会計処理の主な論点

【所有権移転外ファイナンス・リース取引】

	原則法	簡便法		例外 （重要性が乏しい場合/中小企業の特例）
	売買処理 （利息法）	売買処理 （定額法）	売買処理 （利子込法）	賃貸借処理
リース資産の取得価額	リース料総額－利息相当額	リース料総額－利息相当額	リース料総額	計上せず
利息相当額の配分方法	利息法	定額法	―	―
減価償却の方法	リース期間定額法・級数法・生産高比例法等			―

【所有権移転ファイナンス・リース取引】

	原則法	簡便法		例外 （重要性が乏しい場合 ※1※2）
	売買処理 （利息法）	売買処理 （定額法）	売買処理 （利子込法）	賃貸借処理
リース資産の取得価額	リース料総額－利息相当額	―	―	計上せず
利息相当額の配分方法	利息法	―	―	―
減価償却の方法	自己所有の固定資産と同一の方法	―	―	―

※１：リース料総額 300 万円以下のリース取引に係る簡便処理は認められない。
※２：中小企業の特例は認められない。

図表 6-8　ファイナンス・リース取引に係る借手の会計処理

項目	会計処理の方法	
	所有権移転ファイナンス・リース取引	所有権移転外ファイナンス・リース取引
（Ⅰ）リース資産およびリース債務の計上価額	①　貸手の購入価額等が分かれば当該価額で計上。 ②　貸手の購入価額等が不明ならリース料総額の現在価値（＊）と借手の見積現金購入価額とのいずれか低い額で計上。 ＊　割安購入選択権がある場合はその行使価額を支払リース料総額に含め現在価値を算定する。	①　貸手の購入価額等が分かればリース料総額の現在価値（＊）と貸手の購入価額等とのいずれか低い額で計上。 ②　貸手の購入価額等が不明ならリース料総額の現在価値と借手の見積現金購入価額のいずれか低い額で計上。 ＊　残価保証額がある場合はその額を支払リース料総額に含め現在価値を算定する。
（Ⅱ）支払リース料の処理	リース料総額を原則として利息相当額とリース債務の元本返済額とに区分し、前者を支払利息、後者をリース債務の元本返済として処理する。 　ここで、利息相当額とは、リース開始時のリース料総額とリース資産計上額との差額を指す。	同　　　　左
（Ⅲ）利息相当額の期間配分	原則として利息法により各期へ利息相当額を配分する（場合により級数法も認められる）。 　ここで、利息法とは、支払利息の算定に当たりリース債務の未返済元本残高に一定の利率に乗じて算定する方法である。当該利率は、リース料の現在価値が、リース取引開始時におけるリース資産（リース債務）計上額と等しくなる利率である。 　なお、割安購入選択権行使価額がある場合は、リース料総額に含め利率を算定する。	同　　　　左 ただし、なお以下の割安購入選択権行使価額がある場合の記載はない。

（Ⅳ）リース資産総額に重要性が乏しい場合の取り扱い	該　当　な　し	リース資産総額に重要性が乏しい場合（＊）は①②のいずれかを適用できる。 ①　Ⅱによらず、リース料総額から利息相当額の合理的な見積額を控除しない方法によることができる。この場合、リース資産（リース債務）はリース料総額で計上され、支払利息は計上されず減価償却費のみ計上する。 ②　Ⅲによらず、利息相当額の総額をリース期間中の各期に配分する方法として定額法を採れる。 ＊　未経過リース料の期末残高の、当該期末残高および有形無形固定資産期末残高の合計額に占める割合が１０％未満の場合
（Ⅵ）リース資産の減価償却	①　減価償却の方法 自己所有の同種の固定資産と同じ方法で行う。 ②　耐用年数 経済的使用可能予測期間による。 ③　残存価額 自己所有の同種の固定資産と同じ方法による。	①　減価償却の方法 定額法、級数法、生産高比例法等の中から企業の実態に合致するものを選択する。自己所有の固定資産と異なる方法も可能。 ②　耐用年数 リース期間による。再リース期間をファイナンス・リースの判定に含めた場合は再リース期間を耐用年数に加算する。 ③　残存価額 原則としてゼロとする。残価保証の取り決めがあれば原則として当該残価保証額を残存価額とする。

（Ⅶ）リース期間終了時および再リースの処理	リース期間の中途またはリース期間終了時に所有権が移転した場合、自己所有の固定資産に振り替え減価償却を継続する。 　再リースの処理は生じない。	物件を貸手に返却する処理を除きリース期間終了時に会計処理は要しない。残価保証がある場合は貸手に対する不足額の確定時にリース資産売却損等として処理する。 　再リース期間を耐用年数に含めない場合は再リース料を発生時の費用として処理する。
（Ⅷ）中途解約の処理	リース資産の未償却残高をリース資産除却損等として処理する。貸手に中途解約による規定損害金を支払う場合は、リース債務未払残高（未払利息を含む）と規定損害金との差額を支払額の確定時に損益へ計上する。	同　　　　　左
（Ⅸ）少額リース資産および短期のリース取引に関する簡便的な取り扱い	個々のリース資産に重要性が乏しい場合は通常の賃貸借処理ができる。重要性が乏しい場合とは次の①②のいずれかを満たす場合をいう。 ①　購入時に費用処理する方法を採用する場合でリース料総額が当該費用処理する基準額に満たないリース取引（利息相当額分は基準額を高く設定できる）。 ②　リース期間が１年以内のリース取引。	個々のリース資産に重要性が乏しい場合は通常の賃貸借処理ができる。重要性が乏しい場合とは次の①②③のいずれかを満たす場合をいう。 ①　購入時に費用処理する方法を採用する場合でリース料総額が当該費用処理する基準額に満たないリース取引（利息相当額分は基準額を高く設定できる）。 ②　リース期間が１年以内のリース取引。 ③　事業内容に照らして重要性の乏しいリース取引で契約１件当たりのリース料総額が300万円以下のリース取引。

Ⅷ　セール・アンド・リースバック取引

(1) セール・アンド・リースバック取引とは

セール・アンド・リースバック取引とは、所有する物件を貸手（譲受人）に売却し、貸手から当該物件のリース（リースバック）を受ける取引をいう（下図参照）。

図表6-9　リースバック取引の仕組み

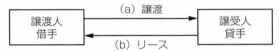

リースバック取引は法人税法に詳細な規定があり、取引の実態を踏まえた会計処理を行うに当たり、当該法人税法の取扱いにも留意を要する。

リースバックとは、ユーザー自身が調達した物件をリース会社に譲渡し、これを再びリース契約により賃借する取引である。ユーザーは、自己所有物件を売却することで売却代金相当の資金調達が可能となる。売却価格が物件の帳簿価額を超えれば売却益相当の利益計上も可能となる。法人税法では、所有物件を担保にして融資を受ける、いわゆる「譲渡担保による借入」に類似したリースバックの取引実態に鑑み、ユーザー自身が物件を調達すること、物件をリースバックすることについての「合理的理由」を求めている。この「合理的理由」が認められない場合は、「売買」を取り消し、「金融」として処理する。

例えば、ユーザーに当該物件の購入に当たり価格交渉力があり、より安価に調達できる場合や、調達する物件の組合せに独自のノウハウがある場合などが「合理的理由」として想定される。また、多数の物件管理に係る事務のアウトソーシングなども「合理的理由」として考えられる。

実例でいえば、商業施設のリースバックの例がある。店舗の新設に当たり各種の設備を必要とするが、ユーザーが設備購入に関する独自のノウハウを持っている場合が該当する。この場合、物件の調達をリース会社が行うよりも、自社ですべての設備をそろえてからリース会社に売却し、リースバックを受ける

ほうが効率的である。この場合「合理的理由」に当たる。

　また、車両の購入の例もある。大量の自社調達に伴う価格メリットをユーザーが得たうえで、車両保有に伴う税金・保険料の支払、車検・定期点検等のいっさいの管理事務をリース会社が代行する取引である。当取引は金融を目的としておらず、管理事務の省力化、アウトソーシングを目的とした取引で、経済合理性がある。

　セール・アンド・リースバック取引では**図表6-9**（b）のリース取引がファイナンス・リース取引と判定されるか否かにより、同表（a）の譲渡取引における売却損益の取扱いが異なる。（b）のリース取引の会計処理は通常のファイナンス・リース取引の会計処理と変わらない。

（2）セール・アンド・リースバック取引におけるファイナンス・リース取引の判定

　セール・アンド・リースバック取引におけるファイナンス・リース取引の判定は、通常のファイナンス・リース取引の判定と同様に行う。ただし、以下のようにセール・アンド・リースバック取引特有の取扱いがある。

① 　経済的耐用年数として、リースバック時におけるリース物件の性能、規格、陳腐化の状況等を考慮して見積もった経済的使用可能予測期間を用いる。

② 　見積現金購入価額として、譲渡取引における実際売却価額を用いる。

（3）ファイナンス・リース取引に該当した場合の会計処理

　ファイナンス・リース取引と判定された場合、原則として、譲渡取引に伴う売却損益は長期前受収益（売却益の場合）または長期前払費用（売却損の場合）等の科目により繰延処理する。長期前受収益または長期前払費用等は、各事業年度のリース資産の減価償却費の割合に応じて費用化し、費用化した金額はリース資産の減価償却費に加減する。

Ⅸ　表示および注記

（1）表示

① 　リース資産は、原則として、有形固定資産、無形固定資産の別に、一括し
　てリース資産として表示する（有形固定資産、無形固定資産に属する各科目
　に含めることもできる）。

② 　リース債務は、ワン・イヤー・ルールにより、貸借対照表日後１年以内
　に支払期限が到来するものは流動負債に、１年を超えて到来するものは固定
　負債に表示する。

> （注）　ワン・イヤー・ルールとは、資産及び負債をそれぞれ流動、固定の各勘定科目
> 　　に区分する基準のひとつで一年基準ともいう。貸借対照表日翌日から起算して１
> 　　年以内に受取や支払の期限が到来する資産及び負債をそれぞれ流動資産、流動負
> 　　債とし、１年を超えるものを固定資産、固定負債とするルールである。

（2）注記

　　リース資産についてその内容（主な資産の種類等）及び減価償却の方法を注
記する。

　　ただし、重要性が乏しい場合には当該注記は不要である。「重要性が乏しい
場合」とは、以下の算式で算定されるリース比率が 10 ％未満になる場合であ
る。

$$\text{リース比率} = \frac{\text{未経過リース料期末残高}}{\text{未経過リース料期末残高} + \text{有形固定資産期末残高} + \text{無形固定資産期末残高}}$$

　　借手の表示および注記のイメージは以下のとおりである。

【表示例】

貸借対照表　　　　　　（単位：千円）

固定資産		流動負債	
有形固定資産		リース債務	×××
リース資産	×××		
減価償却累計額	△×××	固定負債	
		リース債務	×××

【注記例】

重要な会計方針

4. 固定資産の減価償却の方法
  （1）有形固定資産（リース資産を除く）
  　　　………
  （2）無形固定資産（リース資産を除く）
  　　　………
  （3）リース資産
  　　　所有権移転ファイナンス・リース取引に係るリース資産
  　　　　自己所有の固定資産に適用する減価償却方法と同一の方法を採用して
  　　　おります。
  　　　所有権移転外ファイナンス・リース取引に係るリース資産
  　　　　リース期間を耐用年数とし、残存価額を零とする定額法を採用してお
  　　　ります。

（リース取引関係）

1．ファイナンス・リース取引
　（1）所有権移転ファイナンス・リース取引
　　①　リース資産の内容
　　　有形固定資産
　　　　××事業における生産設備（機械装置及び運搬具）であります。
　　②　リース資産の減価償却の方法
　　　　重要な会計方針「4．固定資産の減価償却の方法」に記載のとおりであります。
　（2）所有権移転外ファイナンス・リース取引
　　①　リース資産の内容
　　　（イ）有形固定資産
　　　　主として、○○事業における工場及び生産設備、ホストコンピュータ及びコンピュータ端末機（機械装置及び運搬具）であります。
　　　（ロ）無形固定資産
　　　　ソフトウェアであります。
　　②　リース資産の減価償却の方法
　　　　重要な会計方針「4．固定資産の減価償却の方法」に記載のとおりであります。

　………
　（3）リース資産
　　　所有権移転ファイナンス・リース取引に係るリース資産
　　　　自己所有の固定資産に適用する減価償却方法と同一の方法を採用しております。
　　　所有権移転外ファイナンス・リース取引に係るリース資産
　　　　リース期間を耐用年数とし、残存価額を零とする定額法を採用しております。
2．オペレーティング・リース取引
　　　オペレーティング・リース取引のうち解約不能のものに係る未経過リース料

1年内	XXX百万円
1年超	X,XXX百万円
合計	X,XXX百万円

7
ファイナンス・リース取引に係る貸手の会計処理

　貸手も借手と同様に、リース取引が解約不能・フルペイアウトの要件に基づいてファイナンス・リース取引と判定されれば、リース物件を売却したかのように売買処理を行う。

　賃貸借処理では、貸手が固定資産であるリース資産を計上し減価償却を行うが、売買処理では、金銭債権であるリース投資資産（リース債権）を計上し、利息法により各期に利息相当額を期間配分する。これは、割賦販売を行った売手が割賦金の未回収額を金銭債権として貸借対照表に計上するのと同じ処理である。

I　ファイナンス・リース取引における利息相当額の総額の算定

　貸手は、リース物件への投下資本を、リース料および物件の残存価額から回収する。つまり、受取リース料でリース期間中に月々回収する額と、リース期間終了後に売却や再リースにより回収する額とがある。一方、貸手における利息相当額の総額は、リース契約に定められたリース料の総額および見積残存価額の合計額から、これに対応するリース資産の取得価額、つまり、貸手によるリース物件の購入金額を控除して求める。ここで、見積残存価額とは、リース期間終了時に見積もられる残存価額で残価保証額以外の額をいう。

　リース料総額、残存価額と利息相当額の関係を**図表 7-1** に示した。

図表 7-1　リース料総額、残存価額と利息相当額の関係（貸手）

Ⅱ　利息相当額の期間配分と貸手の計算利子率

　利息相当額の総額は、原則として、リース期間にわたり利息法により期間配分を行う。

　ここで、利息法とは、各期の受取利息相当額を、リース投資資産またはリース債権の未回収残高に「一定の利率」を乗じて算定する方法である。

　貸手が利息法の計算に用いる「一定の利率」は「貸手の計算利子率」といい、リース料総額と見積残存価額の合計額の現在価値が、当該リース物件の購入価額等と等しくなる利率である。これは貸手における「内部利益率（IRR）」に該当する。

　貸手の計算利子率の算定に当たっては、リース料総額に見積残存価額を加算して計算する。これは、リース料の回収に加えてリース物件の価値（見積残存価額）の回収により、投資額の回収を図るからである。

　「一定の利率」つまり「貸手の計算利子率（内部利益率）」は以下の算式で算定する。

$$I = p_0 + \frac{p_1}{(1+r)} + \frac{p_2}{(1+r)^2} + \frac{p_3}{(1+r)^3} + \cdots + \frac{p_{n-1}}{(1+r)^{n-1}} + \frac{p_2 + Q}{(1+r)^n}$$

※　Iは貸手の購入価額等、$p_0 \sim p_n$：リース料総額の毎期（月）の支払額（割安購入選択権の行使価額や残価保証額も含む）で前払リース料がある場合を前提とし、Q

は見積残存価額とする。

　以下の数値例を用いて具体的に貸手の計算利子率を算定する。

設例2	リース契約の内容

■リース資産の取得価額は 6,000
■リース料は毎年 1,400 で年末支払
■リース期間は 5 年
■見積残存価額は 500

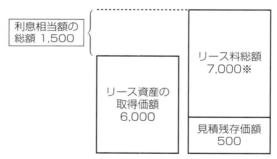

※リース料総額＝1,400×5＝7,000

　リース会計基準によると、以下の算式を満たすrが貸手の計算利子率となる。

$$6,000 = \frac{1,400}{(1+r)} + \frac{1,400}{(1+r)^2} + \frac{1,400}{(1+r)^3} + \frac{1,400}{(1+r)^4} + \frac{1,400+500}{(1+r)^5}$$

この結果、r＝7.58 ％　が導かれる。

　貸手の計算利子率の算定の際に用いる利息相当額の総額を算出するに当たっては、リース料総額 7,000 に見積残存価額 500 を加算して計算していることに注意が必要である。これは、貸手がリース料の回収に加えてリース物件の見積残存価額の回収により、投資額の回収を図るためである。

Ⅲ　売上高および売上原価の会計処理

　貸手の計算利子率（内部利益率）を算定したら、リース業に係る会計処理を行う。貸手のファイナンス・リース取引の会計処理は、以下の３つの方法のいずれかを選択し、継続的に適用する。どの方法を選択しても各期の利息相当額は同額となる。

> Ⅰ　リース取引開始日に売上高と売上原価を計上する方法〈第１法〉
> Ⅱ　リース料受取時に売上高と売上原価を計上する方法〈第２法〉
> Ⅲ　売上高を計上せずに利息相当額を各期へ配分する方法〈第３法〉

Ⅰ　〈第１法〉による損益計算書のイメージ

【第１期】

損益計算書

リース売上高	×××
リース売上原価	×××
繰延リース利益	×××
売上総利益	×××

【第２期】（参考）

損益計算書

リース売上高	－
リース売上原価	－
繰延リース利益	×××
売上総利益	×××

Ⅱ　〈第２法〉による損益計算書のイメージ

【第１期】

損益計算書

リース売上高	×××
リース売上原価	×××
繰延リース利益	－
売上総利益	×××

Ⅲ 〈第3法〉による損益計算書のイメージ

【第1期】

損益計算書

リース売上高（受取利息）	×××
リース売上原価	―
繰延リース利益	―
売上総利益	×××

　以下、**設例3**の条件に基づいて、〈第1法〉～〈第3法〉の方法について会計処理をみていこう。

　ここでは、所有権移転外ファイナンス・リース取引を前提に説明する。所有権移転ファイナンス・リース取引も同じだが、リース投資資産がリース債権になる。

設例3	リース契約の内容

■リース期間5年　60回のリース契約でリース料は月末払
■リース料 1,000／月　リース料総額は 60,000
■リース物件の購入価額　48,000

（1）リース取引開始日に売上高と売上原価を計上する方法〈第1法〉

　リース取引開始日に、リース料総額で売上高を計上し、売上高と同額でリース投資資産を計上する。リース物件の購入価額により売上原価を計上する。見積残存価額がある場合、リース投資資産はリース料総額と見積残存価額の合計額で計上し、売上原価はリース物件の購入価額から見積残存価額を控除して算出する。リース取引開始日に計上された売上高と売上原価の差額は、利息相当額の総額になる。リース期間中の各期末日において、リース取引開始日に計上された利息相当額の総額のうち、各期末日後に対応する利益は繰り延べ、繰り延べた金額は貸借対照表上でリース投資資産と相殺する。この方法は、主とし

て製造業、卸売業等を営む企業が製品または商品を販売する手法としてリース取引を利用する場合が想定される。

【リース取引開始日】

| （借） | リ ー ス 投 資 資 産 | 60,000 | （貸） | 売 上 高 | 60,000 |
| （借） | 売 上 原 価 | 48,000 | （貸） | 買 掛 金 | 48,000 |

【第１回リース料収受日】

| （借） | 現 金 | 1,000 | （貸） | リ ー ス 投 資 資 産 | 1,000 |

【最初の第１四半期決算日】

| （借） | 繰延リース利益繰入
（P/L) | 10,916 | （貸） | 繰延リース利益（＊）
（B/S) | 10,916 |

（＊）　繰延リース利益は、リース投資資産と相殺して表示する。

（2）リース料受取時に売上高と売上原価を計上する方法〈第２法〉

　リース取引開始日に、リース物件の購入価額により、リース投資資産を計上する。リース物件を借手の使用に供するために支払う付随費用がある場合はこれを購入価額に含める。リース期間中の各期に受け取るリース料を各期において売上高として計上し、売上高の金額からリース期間中の各期に配分された利息相当額を差し引いた額、つまり元本回収額をリース物件の売上原価として計上する。この方法は、リース会社で従来から行われてきた割賦販売の処理と整合した会計処理を行うことが想定される。

【リース取引開始日】

| （借） | リ ー ス 投 資 資 産 | 48,000 | （貸） | 買 掛 金 | 48,000 |

【第１回リース料収受日】

| （借） | 現 金 | 1,000 | （貸） | 売 上 高 | 1,000 |
| （借） | 売 上 原 価 | 634 | （貸） | リ ー ス 投 資 資 産 | 634 |

（3）売上高を計上せずに利息相当額を各期へ配分する方法〈第３法〉

　リース取引開始日に、リース物件の購入価額により、リース投資資産を計上

する。各期に受け取るリース料を利息相当額とリース投資資産の元本回収とに区分し、前者を各期の損益として処理し、後者をリース投資資産の元本回収額として処理する。この方法は、売上高を計上しないで損益の配分のみを行う方法であり、金融取引の性格が強い場合が想定されている。

【リース取引開始日】

（借）　リ ー ス 投 資 資 産　48,000　　（貸）　買　　　掛　　　金　48,000

【第1回リース料収受日】

（借）　現　　　　　　　金　　1,000　　（貸）　リ ー ス 投 資 資 産　　　634
　　　　　　　　　　　　　　　　　　　　　　　リース売上高（受取利息）　366

　貸手は取引実態に応じて〈第1法〉～〈第3法〉から選択するが、受取利息相当額の金額は3つとも同額で、各期の利益及び各期のリース投資資産の期末残高（①の場合は繰延リース利益相殺後）は同額になる。

　なお、リース契約において、借手または第三者による残価保証の取り決めがある場合は、残価保証額をリース料総額または受取リース料に含める。また、借手による残価保証額は見積残存価額には含まれない。第三者による残価保証も同様の取扱いになる。

　以下、もうひとつ別の数値例を用いて、〈第1法〉～〈第3法〉までの会計処理を詳細に検討していく。

設例4	リース契約の内容

■リース資産の取得価額は6,000
■リース料は毎年1,400で年末支払
■リース期間は5年
■見積残存価額は500

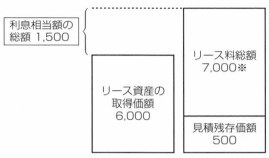

※リース料総額＝1,400×5＝7,000

（回収スケジュール）

回数	返済日	前期末元本	返済合計	元本分	利息分	期末元本
1	第1期末	6,000	1,400	945	455	5,055
2	第2期末	5,055	1,400	1,017	383	4,038
3	第3期末	4,038	1,400	1,094	306	2,944
4	第4期末	2,944	1,400	1,177	223	1,767
5	第5期末	1,767	1,900	1,767	133	—
	合計	—	7,500	6,000	1,500	—

（注1）貸手の計算利子率は 7.58 ％。
（注2）第5期末の返済合計は、リース料 1,400 と見積残存価額 500 の合計である。

（1）リース取引開始日に売上高と売上原価を計上する方法〈第1法〉

1 会計処理方法の説明

【リース取引開始時】

　売上高をリース料総額で計上するとともに、売上高と同額をリース資産として計上する。また、売上原価はリース物件の購入価額により計上する。

　見積残存価額がある場合は、リース投資資産はリース料総額と見積残存価額の合計で算出し、売上原価はリース物件の購入価額から見積残存価額を控除して算出する。

【決算日】

　リース取引開始日に計上された売上高と売上原価の差額は、利息相当額の総額になる。このため、リース期間中の各期末日において、リース取引開始日に計上された利息相当額のうち、各期末後に対応する利益は繰り延べられる。この繰り延べられた金額は貸借対照表上はリース資産と相殺される。

2　仕訳例

【リース取引開始日】

（借）　リ ー ス 投 資 資 産	7,000	（貸）　リ ー ス 売 上 高	7,000
（借）　リ ー ス 売 上 原 価	6,000	（貸）　買　　　掛　　　金	6,000
（借）　リ ー ス 投 資 資 産	500	（貸）　リ ー ス 売 上 原 価	500

【リース料受取時】

| （借）　現　　金　　預　　金 | 1,400 | （貸）　リ ー ス 投 資 資 産 | 1,400 |

【第 1 期の決算日】

| （借）　繰延リース利益繰入
（P/L） | 1,045 | （貸）　繰 延 リ ー ス 利 益
（B/S） | 1,045 |

　（注）第 2 期から第 5 期までの利息分：383＋306＋223＋133＝1,045

【参考：第 2 期の決算日】

| （借）　繰 延 リ ー ス 利 益
（B/S） | 383 | （貸）　繰 延 リ ー ス 利 益 戻 入
（P/L） | 383 |

3　損益計算書の例示

（第1期）

損益計算書

リース売上高	7,000
リース売上原価	5,500
繰延リース利益	△ 1,045
売上総利益	455
…	

（参考：第2期）

損益計算書

リース売上高	―
リース売上原価	―
繰延リース利益	383
売上総利益	383
…	

4　想定されるケース

　この会計処理は、主に製造業、卸売業等を営む企業が製品または商品を販売

する手法としてリース取引を利用する場合が想定されている。

（2）リース料受取時に売上高と売上原価を計上する方法〈第２法〉

1　会計処理方法の説明

【リース取引開始時】

　リース取引開始時にリース物件の購入価額によりリース資産を計上する。

【リース料受取時】

　リース期間中の各期に受け取るリース料を各期において売上高として計上するとともに、リース期間中の各期に配分された利息相当額を売上高の金額から控除した額をリース物件の売上原価として計上する。

2　仕訳例

【リース取引開始日】

（借）リ ー ス 投 資 資 産　6,000　（貸）買　　掛　　金　6,000

【第１回目のリース料受取時】

（借）現　金　預　金　1,400　（貸）リ ー ス 売 上 高　1,400

（借）リ ー ス 売 上 原 価　945　（貸）リ ー ス 投 資 資 産　945

3　損益計算書の例示

（第1期）

損益計算書

リース売上高	1,400
リース売上原価	945
繰延リース利益	―
売上総利益	455
	…

4　想定されるケース

　この方法は、リース会社で従来から行われてきた割賦販売の処理と整合した会計処理を行うことが想定されている。

（3）売上高を計上せずに利息相当額を各期へ配分する方法〈第3法〉

1 会計処理方法の説明

【リース取引開始時】

リース取引開始時にリース物件の購入価額によりリース資産を計上する。

【リース料受取時】

リース期間中の各期に受け取るリース料を利息相当額とリース投資資産の元本回収とに区分し、前者を各期の損益として処理するとともに、後者をリース投資資産の元本回収額として処理する。

2 仕訳例

【リース取引開始日】

（借）リ ー ス 投 資 資 産　6,000　　（貸）買　　掛　　金　6,000

【第1回目のリース料受取時】

（借）現　金　預　金　1,400　　（貸）リ ー ス 投 資 資 産　945

　　　　　　　　　　　　　　　　　　（貸）リ ー ス 売 上 高　455
　　　　　　　　　　　　　　　　　　　　　（受取利息）

3 損益計算書の例示

損益計算書

リース売上高（受取利息）	455
リース売上原価	―
繰延リース利益	―
売上総利益	455
	…

4 想定されるケース

この方法は、特にリース取引の金融的な側面が強い場合が想定される。

以上、所有権移転外ファイナンス・リース取引の会計処理として〈第1法〉から〈第3法〉の3つの方法を説明したが、所有権移転ファイナンス・リース取引も同様にこれらの方法で会計処理する。ただし、以下の点で会計処理が異なる。

① 所有権移転外ファイナンス・リース取引では資産として「リース投資資産」を計上するが、所有権移転ファイナンス・リース取引では資産として「リース債権」を計上する。

② 所有権移転ファイナンス・リース取引の場合で、割安購入選択権が付与されている場合には、割安購入選択権の行使価額をリース料総額または受取リース料に含めて計上額を算定する。

Ⅳ　リース期間終了時および再リースの会計処理

ここでは所有権移転外ファイナンス・リースを取り扱う。所有権移転ファイナンス・リースでは、リース期間満了時に残存する資産および負債はなく、通常、リース物件の所有権も借手に移転してしまうため、会計処理を行う必要がないからである。

（1）リース物件の返還を受けた場合

リース期間終了時に借手からリース物件の返還を受けた場合、貸手は、リース物件の見積残存価額でリース投資資産から貯蔵品または固定資産等、その後の保有目的に応じた適切な勘定科目に振り替える。残価保証契約が付されている場合は、残価保証契約における残価保証額を取得価額とする。

（2）リース物件を処分した場合

リース期間終了後にリース物件を処分した場合、リース物件の処分価額と当該リース物件の帳簿価額との差額を処分損益として計上する。リース物件の帳簿価額は、（1）で貯蔵品等の勘定科目に振り替えられているケースが多い。なお、借手または借手以外の第三者による残価保証がある場合は、借手または第三者による残価保証額をリース料総額に含めてファイナンス・リース取引の判定およびリース投資資産の計上を行う。この場合、リース期間終了後の残価保証による受取額により処分損が補填されることになる。

(3) 再リースを行う場合

　通常、リース期間1年、当初のリース料の12分の1から10分の1の条件で、再リース取引は行われている。リース期間終了後に当該再リース取引を行う場合、貸手は見積残存価額によりリース投資資産から固定資産への振り替えを行い、振り替えた固定資産について再リース期間開始時点から見積再リース期間にわたり減価償却を行う。

　再リース期間において借手から回収した再リース料は、オペレーティング・リース取引として賃貸借処理を行うため、発生時の収益として計上する。なお、リース契約時において借手が再リースを行う意思が明らかな場合など、ファイナンス・リース取引の判定において再リース期間を解約不能なリース期間に含めている場合は、当初のリース期間に含めた再リース期間中もファイナンス・リース取引の会計処理を継続する。

(4) 借手等が買い取る場合

　リース開始時に残存価額を設定していた場合を除き、帳簿価額の費用化が終了しているため、借手の買取価額から買取りに係る付随費用を控除した金額を収益として認識する。

Ⅴ　中途解約の会計処理

　ファイナンス・リース取引が中途解約された場合、貸手は規定損害金を受け取る。この規定損害金につき、「Ⅲ　売上高および売上原価の会計処理」で示した〈第1法〉から〈第3法〉のいずれを選択しているかに応じて、以下の会計処理を行う。

(1) 〈第1法〉または〈第3法〉を採る場合

　規定損害金と中途解約時のリース投資資産残高との差額を収益として計上する。リース投資資産残高は中途解約時点での見積残存価額を控除した金額とな

る。また、〈第１法〉を採る場合、併せて繰延リース利益の取り崩しも行う。

(2)〈第２法〉を採る場合

　規定損害金を売上高として計上し、中途解約時のリース投資資産残高を売上原価として計上する。

Ⅵ　貸手としてのリース取引に重要性が乏しい場合の会計処理

　リース取引の重要性が乏しい場合、借手には簡便的な会計処理が認められたが、貸手としてのリース取引に重要性が乏しい場合、貸手にも簡便的な会計処理が認められる。

　貸手としてのリース取引に重要性が乏しい場合とは、未経過リース料および見積残存価額の合計額の期末残高が、当該期末残高および営業債権の期末残高の合計額に占める割合が 10 ％未満である場合をいう（**図表 7-2** 参照）。

　貸手としてのリース取引に重要性が乏しい場合、貸手は利息相当額の総額をリース期間中の各期に定額法により配分することができる。ただし、リース取引を主たる事業としている企業は、この簡便的な取扱いを適用できない。

図表 7-2　貸手としてのリース取引に重要性が乏しい場合

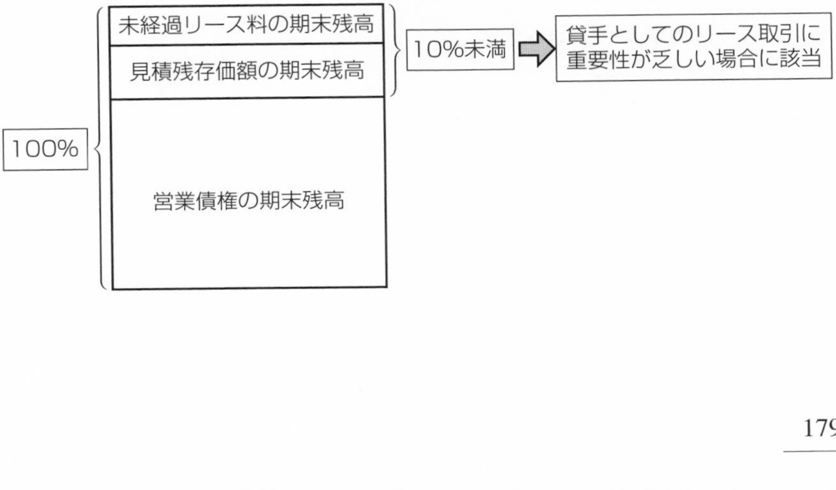

Ⅶ　借手の信用リスクに対する貸手の処理

（1）ファイナンス・リース取引における信用リスクに対する処理

■1　貸手の信用リスク対応の基本的な考え方

　貸手は、ファイナンス・リース取引につき売買処理を行い、ユーザーから収受するリース料により、リース債権（リース投資資産）の大部分を回収する。つまり、リース債権（リース投資資産）はユーザーの信用リスクにさらされており、「金融商品に関する会計基準」に準拠して貸倒引当金を計上する。

　貸手は、営業債権等につき、以下の区分、貸倒引当金の設定を行う。

- ・債務者を正常先、要注意先、破綻懸念先、実質破綻先、破綻先の五つの債務者区分に区分する。
- ・正常先および要注意先には、債務者区分ごとの貸倒実績率により一般貸倒引当金を計上する。
- ・破綻懸念先、実質破綻先および破綻先には、必要な個別貸倒引当金を計上する。
- ・リース投資資産は、将来のリース料を収受する権利（債権部分）と、残価から構成される複合的な資産であり、債権部分は貸倒引当金の設定対象となる。残価部分は、売却または再リースによる回収の不確実性がリスクになるものと、保証人の信用リスクになるものがあり、それぞれ取り扱いが異なる。

■2　残価の種類と会計上の取扱い

①　残価とは

　残価とは、リース契約満了時にけるリース物件の残存価額であり、リース物件価額のうち、リース料で回収せず、売却や再リースにより回収する部分をいう。

　貸手が自らの責任において回収する残価を「自己責任残価」という。自己責任残価に係る留意点は以下のとおりである。

- ・残価は借手から回収するのではなく、売却や再リースにより回収する。

- リース契約満了後にリース料以外の方法で物件の回収を見込むことができる場合、残価を設定しない場合に比べて貸手の価格競争力が増大する。これは、物件価額のうちリース料で回収すべき額が小さくなり、借手に対して少ないリース料でリース契約を締結できるためである。
- 貸手が残価からの回収リスクを自らの責任で負うため、自己責任残価を多額に設定することは、契約終了時に多くの回収リスクを負うことにつながる。

② **保証残価**

　自己責任残価残価を設定する場合、貸手が負担する回収リスクに伴う損失の発生を回避するため、貸手が残価からの損失を他者に保証してもらう場合がある。このように他者に保証してもらう残価を「保証残価」といい、以下の2種類がある。

【ユーザー残価保証】

　ユーザーがユーザー保証を引き受ける取引である。ユーザーが、貸手が負担すべき残価の回収リスクを負担することで、リース契約期間中のリース料を軽減できるメリットを受ける。

【第三者残価保証】

　第三者が、貸手が負担すべき残価の回収リスクと貸手から受け取る保証料とを比較し、リスクに見合う保証料を収受できる場合、第三者保証を引き受ける取引である。

　いずれの保証残価も、保証相当額を保証人から回収することから、残価の回収リスクは、保証人の信用力に依存することになり、リース契約のうちリース料により回収する部分と同様に債権として回収可能性を評価する。

③ **残価の会計処理**

　残価に係る会計上の取り扱いは以下のとおりである。

- 自己責任残価を設定して借手から回収するリース料を算定している場合、これを会計上残価として取り扱い、リース契約満了時に当該金額が簿価となるように資産を減額する。ただし、残価が適切に見積もられていること

が前提となる。

・貸手は、リース料を回収する都度、リース投資資産の帳簿価額を残価まで元本充当していく。

・賃貸資産は、帳簿価額を残価までリース期間にわたり減価償却していく。

④ **自己責任残価の見積もりかた**

自己責任残価を設定する場合、リース物件を売却または再リースすることにより収益を獲得できれば、設定した残価が見合いの原価として計上され、費用収益が対応する。

一方、リース物件を売却または再リースすることにより収益を獲得できなければ、原価の計上が遅れる。このため、自己責任残価を設定するか否かについては、収益をどの程度獲得できるかを適切に見積もる必要がある。

自己責任残価を見積もる場合、リース契約満了後の物件売却、または再リースに伴う収益獲得等の実績数値や統計データを用いて推計することが多い。

3 残価種類ごとの会計処理

① **自己責任残価がある場合**

自己責任残価はユーザーから回収せず、ユーザーの信用リスクを負っていないため、貸倒引当金の計上対象にはならない。

自己責任残価は、売却または再リースに伴う回収の不確実性がリスクとなり、必要に応じて評価減を行う。ユーザーの信用状に応じて以下のように取り扱う。

【ユーザーに信用不安がない場合】

具体的には、ユーザーの債務者区分が正常先、要注意先に該当する場合である。この場合、債権部分には一般貸倒引当金を計上し、残価部分は評価減を検討する。

【ユーザーに信用不安がある場合】

具体的には、ユーザーの債務者区分が破綻懸念先、実質破綻先、破綻先に該当する場合である。この場合、債権部分には回収可能額を見積もったうえで個別貸倒引当金を計上する。今後経営破綻に陥る可能性も少なくないため、評価

時点でのリース物件からの回収可能額を見積もる。

②　保証残価がある場合

　ユーザー保証残価や第三者保証残価についてもリース契約満了後の回収部分となる。保証残価があるファイナンス・リース取引の場合、残価部分は保証があるため、貸手が負うリスクは保証人に対する信用リスクになる。このため、保証残価については貸倒引当金の計上の対象となる。

(2) オペレーティング・リース取引における信用リスクに対する処理

　オペレーティング・リース取引における貸手は、賃貸借処理を行い、リース物件を賃貸資産として固定資産に計上する。このため、賃貸資産につき貸手は固定資産の減損リスクにさらされていることから、必要に応じて減損損失を計上する。

　賃貸資産は、ユーザーからのリース料回収部分と残価部分とで構成される。

1　リース料回収部分

　ユーザーが延滞しない限り投資を回収できるため、ユーザーに信用不安がない場合は減損処理の必要はない。そのため、ユーザーが破綻懸念先以下に相当する状況にない場合には、リース料回収部分について減損は要しないとすることが一般的である。

2　残価部分

　現時点で、リース物件から回収可能な価額を見積もった際、含み損が生じている場合には、残価部分の評価減を検討する必要がある。これは、固定資産の残存価額の見直しと同じ取り扱いである。

　なお、ユーザーが破綻懸念先以下に相当する状況になった場合には、今後経営破綻に陥る可能性も少なくない。また、リース料回収部分および残価部分のいずれもリース物件の処分により回収することになる。このため、両者を区別せず評価時点のリース物件からの回収可能価額を見積もったうえで、減損処理を検討する。

Ⅷ　表示および注記

リース取引が貸手の財務諸表でどのように開示されるかについてみていこう。

（1）表示

　所有権移転ファイナンス・リース取引における「リース債権」および、所有権移転外ファイナンス・リース取引における「リース投資資産」は、発生原因別に貸借対照表において以下のように表示する。

発生原因	貸借対照表の表示
企業の主目的たる営業取引により発生した場合	流動資産として表示する。
企業の営業の主目的以外の取引により発生した場合	以下のとおりワン・イヤー・ルールにより表示を行う。 （a）貸借対照表日の翌日から起算して1年以内に入金の期限が到来するもの 　　　流動資産 （b）入金の期限が1年を超えて到来するもの 　　　固定資産

貸借対照表

（資産の部） 流動資産 　リース投資資産　　　　　×××	（負債の部）

（2）注記

　貸手は、財務諸表において以下を注記するが、②および③は重要性が乏しい場合に、当該注記を省略することができる。「重要性が乏しい場合」とは、「Ⅵ　貸手としてのリース取引に重要性が乏しい場合の会計処理」で説明した判断基準と同じである。

　①　重要な会計方針として、「Ⅲ　売上高および売上原価の会計処理」における〈第1法〉から〈第3法〉のいずれの方法を採用したか

② リース投資資産に関して、将来のリース料を収受する権利（以下「リース料債権」という）部分及び見積残存価額部分の金額ならびに受取利息相当額

③ リース債権およびリース投資資産に係るリース料債権部分について、貸借対照表日（決算日）後５年以内における１年ごとの回収予定額および５年超の回収予定額

【注記例】

① リース取引開始日に売上高と売上原価を計上する方法〈第１法〉

重要な会計方針

7. 収益及び費用の計上基準
　（1）ファイナンス・リース取引に係る収益の計上基準
　　リース取引開始日に売上高と売上原価を計上する方法によっております。

---

② リース料受取時に売上高と売上原価を計上する方法〈第２法〉

重要な会計方針

7. 収益及び費用の計上基準
　（1）ファイナンス・リース取引に係る収益の計上基準
　　リース料受取時に売上高と売上原価を計上する方法によっております。

---

③ 売上高を計上せずに利息相当額を各期へ配分する方法〈第３法〉

重要な会計方針

7. 収益及び費用の計上基準
　（1）ファイナンス・リース取引に係る収益の計上基準
　　売上高を計上せずに利息相当額を各期へ配分する方法によっております。

（リース取引関係）

1. リース投資資産の内訳
   リース料債権部分　　　　X,XXX 百万円
   見積残存価額部分　　　　　XXX 百万円
   受取利息相当額　　△　　XXX 百万円
   リース投資資産　　　　　X,XXX 百万円

2. リース債権及びリース投資資産に係るリース料債権部分の決算日後の回収予定額

（単位：百万円）

	リース債権	リース投資資産
1 年以内	XXX	XXX
1 年超 2 年以内	XXX	XXX
2 年超 3 年以内	XXX	XXX
3 年超 4 年以内	XXX	XXX
4 年超 5 年以内	XXX	XXX
5 年超	XXX	XXX

3. オペレーティング・リース取引のうち解約不能のものに係る未経過リース料

   1 年内　　　　XXX 百万円
   1 年超　　　X,XXX 百万円
   合計　　　　X,XXX 百万円

ファイナンス・リース取引に係る貸手の会計処理を下図表にまとめた。

図表 7-3　ファイナンス・リース取引に係る貸手の会計処理

項目	会計処理の方法	
	所有権移転ファイナンス・リース取引	所有権移転外ファイナンス・リース取引
Ⅰ　利息相当額の総額の算定	リース取引開始時に合意したリース料総額および見積残存価額の合計額から、これに対応するリース資産の取得価額を控除して算定する。	同　　　左
Ⅱ　売上および売上原価に係る会計処理の方法（基本となる会計処理）	以下の（a）、（b）、（c）のいずれかの方法で会計処理する。 　残価保証がある場合は残価保証額をリース料総額または受取リース料に含める。 （a）リース取引開始時に売上高と売上原価を計上する方法 リース料総額で売上高およびリース債権を計上し、リース物件の現金購入価額で売上原価を計上する。売上高と売上原価との差額である利益相当額のうち代金回収未済の部分は利益を繰り延べ、当該金額をリース債権と相殺して表示する。 （b）リース料受取時に売上高と売上原価を計上する方法 各期の受取リース料を各期の売上高として計上し、これに対応する利息相当額を差し引いた額（元本回収額）をリース物件の売上原価として計上する。リース物件の現金購入価額でリース債権を計上する。 （c）売上高を計上せず利息相当額を各期へ配分する方法 各期の利息相当額を損益として処理し、リース物件の現金購入価額でリース債権を計上する。 　割安購入選択権がある場合の行使価額をリース料総額に含める。	同　　　左 ただし、リース債権ではなく、リース投資資産として表示する。 ただし、割安購入選択権がある場合の取扱いはない。

Ⅲ　利息相当額の期間配分	原則として利息法によりリース期間中の各期に配分する。 受取利息相当額＝未返済元本残高×利率 ＊　利率は貸手の計算利子率	同　　左
Ⅳ　貸手としてのリース取引に重要性が乏しい場合の取扱い	該　当　な　し	貸手としてのリース取引に重要性が乏しい場合（＊）、リース期間にわたり定額で配分することができる。 　ただしリース取引を主たる事業としている企業は適用できない。 ＊　未経過リース料および見積残存価額の合計額の期末残高÷（未経過リース料及び見積残存価額の合計額の期末残高＋営業債権の期末残高）＜10％
Ⅴ　維持管理費用相当額および役務提供相当額の処理	現在価値基準の判定上原則としてリース料総額から区分するが、リース料に占める割合が重要でない場合はリース料総額と区分しないことができる。 　リース料総額に通常の保守等の役務提供相当額が含まれる場合も役務提供相当額は原則としてリース料総額から区分する。	同　　左
Ⅵ　貸手製作価額または現金購入価額と借手に対する現金販売価額に差額がある場合の処理	当該差額は物件の販売益とする。当該販売益は販売基準または割賦基準により処理する（割賦基準による場合、販売益を利息相当額に含めることが可能）。 　当該差額がリース料に占める割合に重要性が乏しい場合は販売益を利息相当額に含めて処理できる。	同　　左

Ⅶ　リース期間終了時及び再リースの処理	【リース期間終了時の処理】 　　　該　当　な　し 【再リースの処理】 再リース期間を耐用年数に含めていない場合、再リース料は発生時の収益に計上する。	【リース期間終了時の処理】 ①リース物件の返還を受けた場合 見積残存価額でリース投資資産からその後の保有目的に応じ貯蔵品または固定資産勘定に振り替える。 ②リース物件を処分した場合 帳簿価額と処分価額の差額を処分損益に計上する。 【再リースの処理】 　再リース期間を耐用年数に含めていない場合、再リース料は発生時の収益に計上する。リース投資資産から振り替えた固定資産は再リース期間にわたり減価償却する。
Ⅷ　中途解約の処理	中途解約に伴う規程損害金は次のように処理する。 ①　Ⅱで(a)または(c)を採った場合 中途解約により受け取る規程損害金と中途解約時のリース投資資産残高（中途解約時の見積残存価額控除後）との差額を収益に計上する。 ②　Ⅱで(b)を採った場合 中途解約により受け取る規程損害金を売上高に計上する。中途解約時のリース投資資産残高（中途解約時の見積残存価額控除後）を売上原価に計上する。	同　　　　左

8
リース会計のその他の論点
——他の会計基準との関係など

I　不動産のリース

　リース会計基準では、不動産もその適用範囲に含むことが明定されている。契約の名目がリース契約であるか否かは問題ではなく、たとえ、契約上「賃貸借契約」となっていてもリース会計基準の適用対象となる。

　不動産リースを会計処理するうえでの主たる留意点は次のとおりである。

・土地、建物等の不動産のリース取引についても、動産と同様、ファイナンス・リース取引に該当するか、オペレーティング・リース取引に該当するかを判定する。

・土地は、無限の経済的耐用年数を有するので、所有権移転条項付リース、割安購入選択権条項付リースに該当しない限り、オペレーティング・リース取引に該当する。

・土地と建物等を一括したリース取引は、原則として、リース料総額を合理的な方法で土地の部分と建物等の部分に分割したあとに、現在価値基準を適用する。

　三点目について、具体的には、リース料総額を土地部分と建物部分とに合理的に分割する方法として次の方法がある。

①　契約書等で土地賃借料が明示されていればリース料総額から土地賃借料を控除して建物等のリース料総額とする方法

②　全体のリース料総額から土地の見積賃借料（近隣水準等を考慮）を控除して建物等のリース料総額とする方法

③　全体のリース料総額から土地の時価に借手の追加借入利子率を乗じた額を控除した額を建物等のリース料総額とする方法

このように、リース会計基準では、リース料総額を合理的な方法で土地の部分と建物等の部分に分割することが原則であるが、例外的な取扱いも認めている。

それは、土地の賃借料相当額を算定することが困難な場合は、土地と建物等を区分しないで現在価値基準を適用できるとする取扱いである。

この取扱いは、契約書で土地の賃借料が明示されている等の場合を除き、リース料に含まれる土地の賃借料相当額を算定することが、実務上、困難な場合があることを考慮したものである。

ただし、土地と建物等を一括したリース取引がセールアンドリースバック取引に該当する場合は、リース料総額を上記①から③ののうち合理的な方法により、土地部分と建物等の部分とに分割したうえで現在価値基準を適用する。

これは、セールアンドリースバック取引においては、ファイナンス・リースに該当するか否かが売却損益に影響を与えるからである。

不動産のリース取引に係るその他のテーマとして、資産除去債務と、保有する不動産の時価開示の論点がある。

【資産除去債務】

不動産のリース取引については、契約で借手に原状回復が求められることが多い。借手は、当該将来の支払相当額を資産除去債務として負債に計上しなければならない。

こうした契約上の義務がある場合、原状回復費用の支払が将来の事象であっても、原状回復に係る支払は不可避に生じるからである。一方、貸手も、借地に建物を建設し一括してリースする場合等では、原状回復義務を負う場合がある。

【保有する不動産の時価開示】

時価開示の観点から以下の点に留意を要する。

・貸手における不動産のリース取引がファイナンス・リースであれば、貸借

対照表上、金銭債権として計上され、金融商品の時価開示の対象となる。

・貸手における不動産リース取引がオペレーティング・リース取引に該当し、貸借対照表上、固定資産として計上され、かつ金額的に重要性がある場合、当該不動産の時価を注記として開示する。

・借手が、不動産をファイナンス・リース取引により賃借し固定資産に計上するケースで、当該不動産を転貸して収益を獲得する場合には、当該不動産の時価を注記して開示する。

Ⅱ　リース債権（リース投資資産）の評価

　ファイナンス・リース取引に係る貸手の会計処理は次のとおりである。

【所有権移転ファイナンス・リース取引】

　リース債権を計上する。貸手は借手からのリース料と割安購入選択権の行使価額で投資額を回収する。

【所有権移転外ファイナンス・リース取引】

　リース投資資産を計上する。貸手は借手からのリース料と見積残存価額の価値により投資額を回収する。

　リース投資資産は、将来のリース料を収受する権利と見積残存価額から構成される複合的な資産といえる。

　リース債権は金融商品であり、またリース投資資産のうち将来のリース料を収受する権利に係る部分は金融商品的な内容を有する。このため、両者は貸倒見積高の算定において、金融商品会計基準の定めに従い、借手の信用リスクの程度をリース債権またはリース投資資産の評価に反映させるため、必要な貸倒引当金を計上する。

Ⅲ　リース債権流動化の会計処理

（1）資産の流動化とは

　流動化とは、債権等資産を保有する会社が第三者に資産を転売・分離し、その分離された資産を裏付けとして資金調達を行うことをいう。特徴、方法を簡潔にまとめると次のとおりである。債権が増大すると資金の固定化を招き経営の自由度を損なう。また、貸出債権よりも高い収益が見込める投資機会が生じても身動きできない、などのデメリットがあり、債権の流動化のニーズが高まった。流動化とは、資産を保有している会社の信用力ではなく、当該資産の信用力による調達を可能とするファイナンス手法である。

　具体的な流動化の方法としては、以下の３つがある。
① 　SPC（Special Purpose Company：特別目的会社）に譲渡した債権を小口化して投資家に売る「譲渡方式」
② 　信託銀行に債権を信託し、受益権証書を投資家に売る「信託方式」
③ 　投資家が SPC に資金を拠出し債権からの金利を受け取る契約を結ぶ「匿名組合方式」

　リース料債権は、リース契約に基づき借手からリース料を受け取る権利であり、ファイナンス・リース取引に分類されるリース契約のほか、オペレーティング・リース取引に分類されるリース契約も含む。

　リース料債権の流動化は、金融機関からの借入やコマーシャルペーパー、社債の発行など自社の信用力に依拠した資金調達手段と異なり、流動化するリース料債権の信用力に依拠した資金調達手段である。リース料債権については、将来キャッシュ・フロー予測がしやすいため、流動化しやすい債権といえる。

（2）流動化のスキーム

　SPE（Special Purpose Entity：特定目的事業体）に対してリース料債権を譲渡し、その対価として資金を得ることによりリース料債権の流動化が行われ（※1）

ることが一般的である。

リース債権流動化に関するSPEの特徴は次のとおりである。

・「会社」、「信託」など様々な形態を選択することができる。

・スキームに従い、譲渡人や流動化関係者からの倒産隔離を行い、流動化関係者に対し非連結の事業体とするなどの方式が決まる。_{（※2）}

・譲り受けたリース料債権を裏付けとして資金調達を行い、調達した資金は譲渡代金の支払にあてる。

流動化スキームにおけるSPEとして会社が選択された場合、当該会社はSPCという。設立したSPCは、一般的に特定出資信託（資産の流動化に関する法律第33条）やチャリタブル・トラストの仕組みにより倒産隔離を行う。_{（※3）}

リース債権流動化のイメージフローを**図表8-1**に示した。

図表8-1　リース債権流動化のイメージフロー

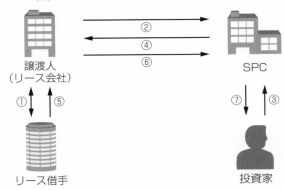

① リース契約の締結
　　譲渡人（リース会社）がリース物件の借手と契約締結する。
② リース債権の譲渡
　　譲渡人がSPCに対してリース料債権を譲渡する。
③ SPCの資金調達
　　SPCが投資家から対象資産を裏付けとした資金調達を行う。SPCは、
　　譲渡対象資産を担保とした証券・コマーシャルペーパーの発行やノン
　　リコースローンにより資金調達する。
④ 譲渡金の支払い
　　SPCから譲渡人に対し譲渡代金を支払う。
⑤ リース料の回収
　　サービサーとして譲渡人がリース料を借手から回収する。
⑥ リース料の支払
　　SPCに対し譲渡人は借手から回収したリース料を支払う。
⑦ 投資家への還元
　　回収したリース料から、SPCから投資家に対する利払い・収益分
　　配・ローン償還等を行う。

（3）流動化の会計処理

　リース債権は金融商品である。また、リース投資資産のうち将来のリース料
を収受する権利に係る部分は金融商品の性格を有する。このため、金融商品会
計基準に準拠して会計処理を行う。リース料債権流動化は以下の点に従い会計
処理が決まる。

　・譲渡の対象となるリース料債権が譲渡人の貸借対照表に金融資産として計

上されているか

・譲渡取引が金融資産の消滅要件を満たしているかどうか_(※4)

> **（※4）金融資産の消滅要件**
>
> 　金融資産の契約上の権利に対する支配が他に移転した際、金融資産の消滅を認識する。当該移転は、次の3要件がすべて満たされる場合に成立する。
> (a) 譲渡された金融資産に対する譲受人の契約上の権利が譲渡人およびその債権者から法的に保全されていること
> (b) 譲受人が譲渡された金融資産の契約上の権利を直接または間接に通常の方法で享受できること
> (c) 譲渡人が譲渡した金融資産を当該金融資産の満期日前に買い戻す権利および義務を実質的に有していないこと

　金融資産の譲渡に係る会計処理は、財務構成要素アプローチによるため、流動化に当たり次の処理も考えられる。_(※5)

・金融資産を優先劣後に区分し優先部分だけを譲渡する。この場合、劣後部分は留保される。

・金融資産を譲渡した後も回収サービス業務を引き受ける。この場合、回収サービス業務が留保される。

> **（※5）財務構成要素アプローチ**
>
> 　財務構成要素アプローチとは、金融資産の消滅の認識に関する基本的な考え方のひとつである。
> 　金融資産の譲渡について、金融資産を構成する財務的要素（財務構成要素）に対する支配が他に移転した場合に当該移転した財務構成要素の消滅を認識し、留保される財務構成要素の存続を認識する方法をいう。金融商品会計基準では、金融資産の譲渡に係る消滅の認識は財務構成要素アプローチによることとされている。

　上記の点を踏まえた会計処理は以下のとおりである。

【リース料債権を金融資産として計上し金融資産の消滅要件を満たす場合】

・リース取引がファイナンス・リース取引に該当すれば、譲渡の対象となるリース料債権をリース債権（リース投資資産）として貸借対照表に計上する。なお、リース債権およびリース投資資産のうち将来のリース料を収受する権利部分は金融資産として扱う。

- リース料債権の譲渡が金融資産の消滅要件を満たせば、リース料債権は売買処理され、貸借対照表上オフバランスする。
- 帳簿価額とその対価としての受払額との差額を当期の損益として処理する。
- リース債権（リース投資資産）のうち将来のリース料を収受する権利に係る部分を優先劣後構造に区分して優先部分のみを譲渡する場合、譲渡が消滅の要件を満たしていれば優先部分の消滅を認識し、「優先部分の帳簿価額」と「その対価としての受払額」との差額を当期の損益として処理する。
- この際、「優先部分の帳簿価額」は、リース債権（リース投資資産）のうち将来のリース料を収受する権利に係る部分全体の時価に対する、優先部分と劣後部分の時価の比率により、リース債権（リース投資資産）のうち将来のリース料を収受する権利に係る部分全体の帳簿価額を按分して計算する。

【リース料債権を金融資産として計上しない場合、または、金融資産の消滅要件を満たさない場合】

- リース取引がオペレーティング・リースに該当する場合、賃貸借処理を行い、リース物件を固定資産として計上する。
- 譲渡対象となったリース料債権を貸借対照表に計上しないため、流動化取引は、将来受け取るリース料を裏づけとした金融取引を擬制した会計処理となる。
- 流動化取引が金融資産の消滅要件を満たさない場合も、金融資産の売買処理とすることはできず、将来受け取るリース料を裏づけとした金融取引を擬制した会計処理となる。

Ⅳ　特別目的会社を利用した不動産を対象とするセール・アンド・リースバック取引

（1）不動産を対象とするセール・アンド・リースバック取引とは

　　所有していた不動産を売却した後、購入した第三者より当該物件を借り受ける取引をいう。当該取引により、不動産を保有している会社が、バランスシートにおける資産圧縮等の目的で不動産を売却し、その後も引き続きその物件を借り受けて使用を続けることができる。

　　近年、民間企業では、ROA（総資本利益率）やROE（株主資本利益率）など資産効率を重視する傾向にある。不動産市況の不透明感や、地価下落で企業の不動産の含み益は減少しており、不動産を保有するリスクを回避するため、保有する不動産を売却するケースが増加している。実務上は、収益をもたらさない本社ビルなどをペーパーカンパニーであるSPCに売却して、そのまま賃借して使用するセール・アンド・リースバック等が考えられる。企業は本業との関連でコアとノンコア部分を区分し、できるだけ資産を持たない経営に転換しており、調達した資金は企業のコア部分につぎ込む傾向にある。この手法は民間企業にとどまらず、税収不足で財源難の地方公共団体も県営住宅や工業団地などについて当該手法による公有地の売却を検討している。

（2）会計上の論点

　　会計上の主たる論点は以下のとおりである。

・不動産のセール・アンド・リースバック取引により保有不動産をオフバランス化するためには、不動産の売却処理が認められなければならない。売却処理が認められなければ会計上は借入処理になる。

・不動産の売却処理が認められるには当該取引がオペレーティング・リース取引として扱われ、かつ、借手（譲渡人）が適正な賃料を支払っていることを要する。

・譲渡人の継続的関与や、買い戻し条件つき売買の有無など特有の留意点を

クリアしてはじめて売却処理が認められる。

　セール・アンド・リースバック取引では、不動産の売買後に売手が不動産の賃借人として継続使用することが多い。また、流動化に当たり、リースバックや優先買取交渉権付与等の条件を組み合わせることで、将来的に物件を買い戻したり、使用を継続可能とすることも多い。さらには、買手が第三者に物件を売る場合に売手が売却を拒否できる、という条件がついている場合がある。

　売却を認定する根拠となるのは、不動産価格の下落による損失リスクが実質的に売手から買手に移転したとの判断である。売却処理をするには、売手に残る経済的リスクのほとんどすべてが譲受人（貸手）に移転すると認定できなければならない。

（3）会計処理と留意事項

　SPC を利用した不動産を対象とするセール・アンド・リースバック取引を行う場合、譲渡人は譲受人に対して一定のキャッシュ・フローを保証することになる。

　このため、不動産のオフバランス、つまり売却処理が認められるのは次の要件をともに満たす場合に限られる。

　①　リースバック取引がオペレーティング・リース取引であること

　②　借手（譲渡人）が適正な賃料を支払っていること

　いずれかを（または両方）満たさない場合は、借入処理を行う。

　なお、会計処理を行うに当たり、公認会計士協会会計制度委員会報告第 15号「特別目的会社を活用した不動産の流動化に係る譲渡人の会計処理に関する実務指針」の定めを踏襲する必要がある。

　会計処理に当たり、実務上は、以下の点に留意を要する。

【譲渡人（借手）による継続的関与がある場合】

　オペレーティング・リース取引で適正な賃料を支払うこと以外の継続的関与

がある場合、継続的関与に伴い生じるリスク負担により対象不動産に関するリスクと経済価値のほとんどすべてが譲受人（貸手）に移転したと認められるときに限り売却処理できる。

　ここで、リスクと経済価値のほとんどすべてが譲受人（貸手）に移転したと認めるには、対象不動産の譲渡時の適正な価額（時価）に対して、譲渡人がおおむね５％未満のリスク負担しか負わないことを要する（５％ルール）。^{（※6）}

【譲渡人（借手）がリースバック取引を通じて他の者に転貸している場合】

　譲受人への支払賃料が固定支払で解約不能である一方、転借人からの受取賃料が変動受けである場合、譲渡人が譲受人へのキャッシュ・フローを保証している可能性がある。

　このため、転貸が譲渡人の事業目的に適っている場合に限り売却処理を認める。

（※6）５％ルール

　特別目的会社に不動産を譲渡することにより当該不動産を資金化する場合に、会計処理に当たって、その取引が不動産の売買か、金融取引かを判断するためのルールであり、日本公認会計士協会が定めた。

　これによると、流動化する不動産の譲渡時の適正な価額（時価）に対するリスク負担の金額（劣後部分）の割合がおおむね５％程度以内ならば、リスクと経済価値のほとんどが移転していると判断して、売買取引（真正売買）として扱うとされている。

　このようなルールが必要となるのは、不動産の譲渡後も譲渡人が当該不動産に継続的に関与し続けるような場合には、その実態は資金の供与を受ける取引（譲渡担保）と変わらず、当該不動産を譲渡人の倒産等から隔離できないからである。このルールは平成12（2000）年７月に公表され、これによって、会計処理上不動産の売却と認められるためには、リスクと経済的価値の大部分が投資家に移転する必要があることが明確となった。

　また、譲渡人の子会社である特別目的会社を譲受人として流動化する場合には売却取引として会計処理することはできない。一方、いったん特別目的会社に不動産を売却し、改めて当該不動産を賃借する場合には、適正な賃借料を支払うという条件を満たせば真正の売却として取り扱われる。

V　建設協力金が差し入れられている場合の会計処理

(1) 建設協力金とは

　賃貸用建物等の建設において、借手（入居予定者）から貸手（土地所有者）に拠出される建設資金を建設協力金という。低利の金利を付し、一定期間据え置き後に賃借期間内の一定期間にわたり分割返済する。

　建設協力金は預託保証金として取り扱われる。この契約は、定めた期日に預託金を受入れた会社等が現金を返還し、これを差し入れた会社等が受け取るため、会計処理上は「金融商品」として取り扱う。例えば、当初無利息にて10年経過すると低利の金利がつき、その後10年にわたり現金で返済されるケース等が考えられる。

　長期間の預託契約であり、貸手にとっては受け取る建設協力金が借入金でなく保証金であるため、金利がかからないことや、借手にとっては、将来支払うリース料と相殺されるため、相場より賃料が廉価になるというメリットがある。

　なお、ファイナンス・リース取引と判定される不動産リース取引について、借手が建設協力金を差し入れている場合の取り扱いは、リース会計基準に明示されていない。

(2) ファイナンス・リース取引、および所有権移転の判定

■1　ファイナンス・リース取引の判定

　他のリース取引と同様に、フルペイアウトの要件を満たすか否かを「現在価値基準」または「経済的耐用年数基準」により判定する。

　建設協力金の当初支払額と、将来返還される差入預託保証金部分の当初認識時の時価との差額は、将来の家賃に充当する部分として、長期前払家賃として会計処理する。

　一方、当該部分だけ将来の家賃が安く抑えられているため、建設協力金として負担している将来の家賃相当額を合理的に按分して、リース取引の判定を行う。

建設協力金の時価は、将来返還される建設協力金のうち差入預託保証金部分について返済期日までのキャッシュフローを割引いた現在価値となり、当該額により当初認識を行う。これらのいずれかの条件を満たせばファイナンス・リース取引、満たさなければオペレーティング・リース取引となる。

なお、中途解約時に建設協力金が返済されない場合や、または将来の家賃相当額が実質的に解約不能と判断される場合は、フルペイアウトの判定において留意する。

2 所有権移転の判定

リース期間終了時に、建設協力金は返済が終了するスキームが組まれて物件は返還されるため、この場合は、所有権移転ファイナンス・リースには該当しない。

一方、建設協力金を差し入れた物件が特別仕様の物件である場合や、割安購入選択権が付与されているなどの所有権移転条項が付与されている場合は、所有権移転ファイナンス・リースとなる。フルペイアウトの判定に当たり、建設協力金の差入額とその割引現在価値との差額である長期前払家賃は、リース料総額の現在価値に含めて判定する。

（3）会計処理

ファイナンス・リース取引と判定した不動産リース取引につき、借手が建設協力金を差し入れている場合、以下の会計処理となる。なお、建設協力金とリース債務は金融商品会計基準の適用対象となる。

① 通常のファイナンス・リース取引と同様にリース資産・リース債務を計上し、拠出した建設協力金を資産計上する。

また、建設協力金の当初支払額と時価との差額を長期前払家賃に計上する。建設協力金等の差入預託保証金は返済期日に回収されるため、当初時価と返済金額との差額を償却原価法により配分して受取利息として処理する。

② 貸借対照表上の相殺表示は、通常の金銭債権・金銭債務と同様、次の3

要件をすべて満たす場合に限り認められる（金融商品会計に関する実務指針第 140 項）。

（ⅰ）同一の宛先に対する金銭債権、金銭債務であること

（ⅱ）相殺が法的に有効で企業が相殺する能力を有すること

　　　当事者の債務不履行等がない場合でも、金銭債権の相殺により会社の有する金銭債務の一部または全部を決済することは法律上問題ない。

（ⅲ）企業が相殺して決済する意思を有すること

　　　実際に金銭債務の決済時に金銭債権と相殺して純額決済する意思を有する必要がある。

　よって、建設協力金とリース債務を相殺表示するには、次の２つを満たす必要がある。

①　契約書で賃料の支払を建設協力金の償還と相殺することが明記されていること

②　実際に相殺して受払いしていること

Ⅵ　固定資産の減損会計とリース会計

（1）固定資産の減損とは

　固定資産の収益性の低下により、投資額の回収が見込めなくなった場合、一定の条件のもとで回収可能性を反映させるよう帳簿価額を減額する処理をいう。

　リース会計との関係では、**図表 8-2** のように整理できる。

図表 8-2　固定資産の減損会計とリース会計の適用関係

	借手		貸手	
リース取引の会計処理	売買処理	賃貸借処理	売買処理	賃貸借処理
減損会計の適用	適用	適用	適用しない	適用
貸借対照表への計上	リース資産	オフバランス	リース債権 または リース投資資産	リース資産

(注)　固定資産の減損会計については、「固定資産の減損に係る会計基準（企業会計審議会）」（以下「減損会計基準」）、「固定資産の減損に係る会計基準の適用指針（企業会計基準委員会）」（以下「減損適用指針」）が公表され実務上の取扱いが示されている。

(2) 借手における会計処理〜売買処理を行う場合

　ファイナンス・リース取引は売買処理を行うため、借手はリース資産を固定資産に計上し、固定資産の減損会計を適用する。会計処理のポイントは次のとおりである。

　　・所有権移転外ファイナンス・リース取引では、リース資産総額に重要性が乏しい場合、リース料総額から利息相当額の合理的な見積額を控除しない方法を採れる。当該方法を採っている場合でも、リース資産または当該リース資産を含む資産グループに関する減損損失の認識および減損損失の測定に当たり、当該時点における利息相当額の合理的な見積額をリース資産から控除して行うことができる。

　　・上記取扱いにより、リース資産に関する減損損失を計上する一方、リース資産から利息相当額の合理的な見積額を控除する場合、同額をリース債務から控除する。

　　・当該リース債務から控除された利息相当額は、残存リース期間にわたり利息法により配分するが、定額配分もできる。

(3) 借手における会計処理〜賃貸借処理を行う場合

　個々のリース資産に重要性が乏しい場合、借手は賃貸借処理を行うことがで

きる。

　会計処理のポイントは次のとおりである。

- ・リース資産または当該リース資産を含む資産グループの減損処理を行うに
当たり、当該リース資産の未経過リース料の現在価値を当該リース資産の
帳簿価額とみなし、減損会計を適用する。
- ・ただし、リース資産の重要性が乏しい場合、つまりリース資産総額に重要
性が乏しい場合、未経過リース料の現在価値に代えて、割引前の未経過
リース料をリース資産の帳簿価額とみなすことができる。
- ・上記処理の結果、リース資産に配分された減損損失は、重要性がある場合
は、負債の部に「リース資産減損勘定」等の適切な科目で計上する。
- ・「リース資産減損勘定」等は、リース契約の残存期間にわたり定額法によ
り取り崩し、当該取崩額は各事業年度の支払リース料と相殺する。
- ・個々のリース資産に重要性が乏しい場合は、当該リース資産につき減損会
計の適用対象としないことができる。

(4) 貸手における会計処理～売買処理を行う場合

　ファイナンス・リース取引は売買処理を行うため、リース資産は借手の固定
資産として計上され、貸手はリース債権またはリース投資資産を計上する。

　リース債権は金融資産であり、リース投資資産のうち将来のリース料を収受
する権利に係る部分は金融商品的な性格を有する。このため、これらについ
て、貸倒見積高の算定などにおいて金融商品会計基準の定めに従い会計処理を
行う。

(5) 貸手における会計処理～賃貸借処理を行う場合

　リース会計基準適用初年度開始前の所有権移転外ファイナンス・リース取引
が存在すれば、賃貸借処理を行う。この場合は、リース資産が貸手の固定資産
に計上されるため、固定資産の減損会計を適用する。

VII　転リースの会計処理

　転リース取引の内容や意義については、第1部3Iで扱ったので、ここでは、転リース取引の会計的側面に焦点をあてる。

　転リース取引では、借手としてのリース取引および貸手としてのリース取引の双方がファイナンス・リースに該当する場合、原則として以下の取扱いとなる。

（1）貸借対照表上の取扱い

　所有権移転外ファイナンス・リース取引では「リース投資資産」、所有権移転ファイナンス・リース取引では「リース債権」とリース債務の双方を利息相当額控除後の金額で計上する。ただし、利息相当額控除前の金額で計上する場合は、貸借対照表に含まれる当該リース投資資産（リース債権）とリース債務の金額を注記する。

　注記のイメージは次のとおりである。

《転リース取引》

　転リースに係る債権等および債務のうち利息相当額を控除する前の金額で貸借対照表に計上している金額は次のとおりである。

リース債権	×××百万円
リース投資資産	×××百万円
リース債務	×××百万円

（2）損益計算書上の取扱い

　貸手として受け取るリース料総額と借手として支払うリース料総額の差額を手数料収入として各期に配分し、「転リース差益」等の科目で損益計算書に計上する。

　このため、損益計算書上、減価償却費、支払利息、売上高、売上原価等の科目では計上しない。改正前の会計基準では、損益の純額表示は容認規定とされ

ていたが、リース会計基準では、純額表示を例外なく適用することとしている。

　この取扱いは、例えば、受取リース料と支払リース料の差額として僅少な手数料が生じるだけの転リース取引があった場合、損益の総額表示を認めると、売上および売上原価が過大に表示される可能性があるため、これを防止する狙いがある。

（3）法人税法の取扱い

・借手としてのリース取引および貸手としてのリース取引の双方が法人税法上のリース取引に該当する場合、元受会社から借り受けるリース取引については、元受会社から購入したものとして所得計算を行う。

・同一物件をエンドユーザーに対して貸し付けるリース取引は、エンドユーザーに売却したものとして所得計算を行う。

・延払基準の適用に際して、エンドユーザーからリース期間中に収受するリース料の合計額を長期割賦販売等の対価の額として、元受会社に支払うリース料の合計額を長期割賦販売等の原価の額として取り扱うことができる。この際、所得計算の結果と、会計基準に準拠した会計処理に差異がない場合、会計基準に準拠した処理を延払基準の方法により経理したものとして取り扱うことができる。

Ⅷ　連結財務諸表における会計処理と留意事項

（1）借手、貸手とも所有権移転外ファイナンス・リース取引を売買処理する場合

１　会計処理の基本的な考え方

　連結会社間でリース取引は、通常の連結手続きに従い内部取引の消去等を行う。

2　借手の資産計上額と貸手の購入価額が異なる場合の取扱い

　借手は「リース料総額の現在価値」と「見積現金購入価額（または貸手の購入価額等）」のどちらか低い額をリース資産およびリース債務として計上する。このため、借手の資産計上額は貸手の購入価額等とは通常一致しない。連結財務諸表上の資産の計上価額は外部調達価額なので、原則として貸手の購入価額等をもとに固定資産を計上しこれを基礎に減価償却を行う。ただし、借手の資産計上額と貸手の購入価額等との差額が重要でない場合は、修正を要しない。

3　連結会社間で利息相当額の取扱いが異なる場合の処理

　利息相当額は利息法により期間配分することが原則だが、リース資産総額に重要性が乏しい場合、リース料総額から利息相当額の合理的な見積額を控除しない方法によることができる。このため、連結会社間でリース取引を行う場合、次のケースもあり得る。

・借手はリース料総額から利息相当額の合理的な見積額を控除しない方法を採る
・貸手は利息相当額をリース期間にわたり利息法により期間配分する方法を採る
　この場合の会計処理は次のとおりである。ただし、借手の資産計上額と貸手の購入価額との差額が重要でない場合は、修正を要しない。
・個別財務諸表上は、借手は利息相当額を含むリース料総額でリース資産を計上し毎期減価償却を行う。
・連結財務諸表上は、貸手の購入価額等で固定資産を計上し、毎期減価償却を行う。

（2）借手、貸手とも所有権移転外ファイナンス・リース取引を賃貸借処理する場合

　リース会計基準適用初年度開始前の所有権移転外ファイナンス・リース取引については、引き続き賃貸借処理を適用できる。連結会社間でリース取引を行う場合、貸手のリース資産を自社用資産に振り替えるとともに、借手および貸

手のリース取引に係る注記金額から当該取引分を控除する。

(3) 連結会社間で販売益が生じている物件を第三者にリースした場合の取扱い

　製品または商品を販売することを主たる事業としている会社であり、同時に貸手として同一製品または商品をリース取引の対象物件としている場合で、貸手における製作価額または現金購入価額と借手に対する現金販売価額とに差があるときは、当該差額をリース物件の販売益とし、販売基準または割賦基準により会計処理する。

　連結財務諸表において、親会社が製品を製作し子会社に当該製品を販売したうえで子会社が第三者に当該製品をリースした場合、会計処理は以下のとおりである。

　　・親会社の個別財務諸表上で計上する製品の売却益は、連結財務諸表上はリース物件の販売益として取り扱う。

　　・当該販売益は、販売基準または割賦基準により処理する。

　　・販売益の金額に重要性が乏しい場合は特に処理を要しない。

(4) 連結上の現在価値基準の適用

　連結財務諸表で現在価値基準に基づく判定をする際に、必要に応じて、親会社のリース料総額と連結子会社のリース料総額とを合算した金額に基づき判定を行う。

　つまり、親会社および連結子会社の個別財務諸表における結果の修正を要する場合があるので留意を要する。ただし、重要性が乏しい場合は当該修正を要しないとされており、重要性の判断が問題となるが、具体的な判断基準は特に示されていない。

Ⅸ　新たなサービス提供型リースへの展望

　ユーザー（事業者）は様々な事業プロセスを通じて事業活動を行っている。例えば、原材料・部品を仕入れる、倉庫で保管・管理する、機械・設備を使用して製造・加工する、取引先に販売し資金を回収するなどといったプロセスがある。

　今後のリース取引に期待される取引として例えば次のようなものが想定される。

- ・資産のリスクをとり、資産に関連するサービスを提供するなど、単に資金決済のための立替資金を提供するだけに留まらない取引
- ・資金の供給者と需要者という二者間のサービスに留まらず、物件を介して第三者も巻き込んだ複合的なサービス
- ・各事業工程で発生する役務サービスを融合させた付加価値のある複合金融サービス

　以下、具体的に、新たなサービス提供型のリース取引の例をあげ、新たなサービス提供型リースを展望していく。

（1）在庫に関する価値を提供するサービス

■1　在庫保有サービス

　事業を行ううえで在庫の保管や管理は不可欠な機能である。調達資金、保管・管理用の倉庫、管理担当者、管理システム、輸送（ロジスティック）など「人・物・金」の経営資源を活用して在庫の管理に当たる。これらの資源配分に当たり必要最大処理能力を想定して設計することも多い。最大処理能力を維持するため、当該コストを固定費として負担することになり、事業目的にとって無駄なコストが生じる可能性がある。

　事業者は、在庫切れによるビジネス機会の喪失を回避するための保険料として無駄なコストを負担している。

　事業者の立場からは、より効率的で、収益性の高いビジネス展開をするため、必要なときに必要な数量だけ利用したい。つまり、必要な在庫を必要な

ときに必要な数量だけ迅速に供給してくれるサービスを望む。こうしたサービスは、事業価値を高める使い勝手のいい複合金融サービスとなる。例えば、在庫保有に関係する金融業者、倉庫業者または運送業者が提携して在庫の保管や管理に特化した専門会社を立ち上げ、広く一般事業者に対して在庫保有サービスを提供するビジネスが考えられる。サービス提供に伴い、関連事業者にとっても自社の専門事業の新規顧客開拓にもなり、ビジネス機会の拡大が期待できる。

２　在庫リース

在庫リースとは、借手が事業活動をするうえで保有すべき商製品等の在庫を貸手に保有させ、使用した後に同じ種類、内容の在庫の返却を受ける仕組みを指す。借手は在庫保有をせず、必要なタイミングや数量を使用できるリース取引であり、リース料は貸手が在庫保有に伴う費用に充てる。つまり、在庫リースは借手のために貸手が在庫を保有するリースで、借手にとっては在庫資金の調達を行うことに等しい取引となる。

借手は倉庫から在庫を持ち出し、自由に使用、販売できる。使用後はリース期間中に返却するか、販売した場合はリース期間中に同種、同等の部品を返却する。

契約上、在庫を保有することに伴い生じる毀損や盗難等のリスクを貸手が負うため、借手は運転資金が要らず、余剰資金を他の投資に向けることができる。

在庫管理のアウトソーシングによる事務の効率化または関連費用の固定化という経済的効果も期待される。

借手の会計処理は、当該権利を貸借対照表に計上しないケースも想定される。

米国では、こうした在庫リースはファイナンス・リースに該当しないと判断し、レンタル契約と類似するものととらえ、オペレーティング・リースとして取り扱うケースもある。

在庫リスクを実質的に貸手が引受け、借手の会計処理上、在庫の計上が求められない場合はオフバランスシート・ファイナンスのひとつとなる。

在庫リースではリース資産の所有権は貸手に属することが明確であり、物理

的毀損や盗難等のリスクは貸手が負う。リース資産の保有に伴うその他のリスクも貸手が負い、借手が負うリスクは、原則として自ら申し出る期日前解約時における卸価格の低下リスクに限定される。

期日の選択権の中で買取りオプションを選択した場合、購入時の卸価格の公正価値で買い取るため、経済的陳腐化リスクも原則として貸手が負う。

（2）オペレーティング・リースの活用

１ オペレーティング・リース活用の可能性

企業が事業をするあたり取得した資産について必要な権能は使用権に集約される。所有権があると当該対象物の使用、収益および処分の権能を有する一方、収益や処分をすることは事業者にとって本質的に必要な権能ではない。ここに、使用権のみを譲渡するリース取引に対するニーズがある。所有権移転外ファイナンス・リースは使用権をすべて譲渡するイメージだが、オペレーティング・リースは使用権の一部の譲渡とみなすことができる。商製品のライフサイクルが一層短くなった現在の経営環境下では、機械設備等の使用権について、生産能力すべてを発揮する全期間の使用権の確保を事業者は求めていない。

オペレーティング・リースの活用することで、例えば以下のような方法でユーザーニーズに応えることができる。

- ・残価を高めに設定し残価保証を残価の一部に留めることで、リース会社が一定のリスク負担をする等の方法により、事業設備の保有に伴うリスクを外部に移転できる。
- ・必要なときに必要な期間だけ使用できる使用権をオペレーティング・リース取引として設定し、事業リスクをヘッジする。
- ・返還物件の修繕や転売のサポートなどリース取引全般に関わる商品設計を工夫することで、リース取引に付加価値を付ける。

２ オペレーティング・リース活用に当たっての課題

オペレーティング・リースでは貸手が残価リスクを引き受け、リース物件の一部の使用権、収益権および処分権を留保する。確実に投資を回収するには、

複数の借手を取引相手としてリスク分散をする必要がある。

　オペレーティング・リース活用に当たっての課題を以下にあげる。

①　ネットワークの拡充

　リース物件に対するニーズの異なる顧客基盤の開発や中古市場または海外市場での処分能力など、ネットワークの拡充が欠かせない。この構築が進むことが前提となる。

②　スキーム構築に必要なスキル、知見の具備

　リース資産に関する知見、技術発展に関する知見、中古市場に関する知見、資産管理に関する知見等を具備する必要がある。特に資産管理については残価評価、資産追跡、残価保証、維持管理等の知見を有することが望ましい。フル・サービスを前提とすれば、維持管理のほか損害保険や修理・交換の情報、知見も必要となる。

(3) リース・スワップ取引

■1　リース・スワップ取引とは

　リース・スワップ取引とは、リース取引の借手の権利と義務を同時に他の個人に移転させる取引である。例えば、個人を借手とする既存のリース取引において借手の地位を譲渡することで、リース債務の引受と自動車等の使用権の譲渡を行う取引がある。

　リース取引を開始するときには想定していない出来事が発生し、リース取引を途中で解約せざるを得ない状況が発生することがある。このような場合は通常は高い解約違約金を払って解約するか、または解約金がほぼ未払いのリース料総額に等しいので、そのまま期日まで継続することを余儀なくされる。

　しかし、残りのリース債務を引受して支払ってくれる他のユーザーがいれば、違約金等の支払をせずにリース取引から解放される。リース取引契約における貸手の地位を自由に譲渡できるマーケットが存在すれば、貸手にとっては極めて有利で、使い勝手のいいリース取引となる。

　リース取引の解約は借手にとって費用負担が大きいため、借手は解約したく

ても自ら申し出ることは少ない。一方、貸手にとってリース取引の解約の収益性は高いが、頻繁に起こるものではなく、限定的な取扱いとなる。ここで、借手の潜在的ニーズに応じることで、1件当たりの収益性を落としても、それをカバーする以上に取扱件数を伸ばすことができれば、当該取引はサービスとして成立する。

　米国の例でいえば、すべてのリース取引がリース・スワップの対象になるわけではない。リース契約の中で債務の引受について容認する規定は、リース会社によっては手間やトラブル回避の観点から認めていないケースもあるし、州によっては禁止されている場合もある。常に利用できるわけではないが、リース会社の多くは容認しており、リース・スワップのマーケットが成立している。

　リース・スワップは借手の地位の譲渡を認め、解約による違約金を徴収する機会を放棄する代わりに、リース取引の魅力が増して、取扱件数の増加が期待される金融サービスである。

　リース・スワップ取引のイメージを下図に示した。

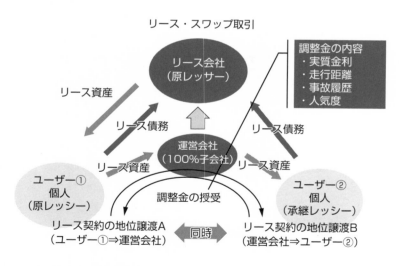

リース・スワップ取引

2　導入に当たっての検討課題

①　信用リスクに対する対応

　借手の信用状況が貸手の意とは別に随時変わり得ることは、信用を供与する貸手からみると違和感があり信用管理上も困難を伴う。ここで、貸手側のリース・ファイナンスに関する従来の認識を変え、仕組みを工夫することで信用リスクの増大や顕在化を抑制できる。例えば、リース債務を引き継ぐ新規借手に適格要件を設定する、あるいは個人信用事業を得意とするカード事業者との業務提携で個人の信用情報を活用するなどの工夫が考えられる。貸手にとって、個々の信用状況を個別に管理し信用事故の発生を防ぐことも大切だが、全体としてリスクの発生をコントロールできていることがより重要である。この際、ある程度貸倒リスクが生じたり、貸倒リスクが顕在化したりしても、ビジネス機会を得てより進展させるためには、それらは貸手が適正に負担すべき信用コストとして受容する必要がある。

　他に、管理システムを構築すること、調整金の基準を策定しファイナンスの可否を検討すること、運営会社の具体的な法律行為を確認することなどが、導入に当たっての課題となる。

② 　日本の制度に整合したスキームの構築

　我が国では、現状、リース・スワップ取引は行われておらず、当該市場もない。

　導入に当たり、肝要なのは、リース会社を通して地位の譲渡を行うことで貸手も受け入れやすい体制を構築することである。米国では、個人間で直接リース契約の権利・義務が移転しているが、我が国ではこのスキームは容易には受け入れられがたい可能性がある。瑕疵担保責任などのトラブルや、個人情報の開示などに対する否定的な見方があるからである。ここで、リース会社を通して地位の譲渡を行う場合、混同による債権の消滅の可能性を回避すべく、貸手が同時に借手になることを避けることが望ましい。そのため、貸手の100％子会社を設立し、当該子会社が運営会社となり、地位の譲渡もこの運営会社を通して行うことが一案となる。

　また、リース・スワップ取引の対象になるリース取引は貸手が借手の変更を許容することが前提となる。しかし、我が国では、債務者の変更に貸手自身が

関与しないことは、貸手が受け入れない可能性がある。当該スキームの運営主体について、当初は、既存のリース取引における貸手の100％子会社等があたることが考えられる。

(4) ソリューション提供型リース

ユーザーニーズに符合した価値あるサービスがリース資産に付加されれば、機械・設備等を販売するサプライヤーの販売が促進される。リース取引の貸手はリース資産に付随するサービスの提供者となり得るため、リース資産の利用価値を高めることができる。

設備投資が減少する厳しい経営環境においても、利用価値の差別化を図り、セールス・ソリューションを提供できるリース会社が求められている。ユーザーは、販売・生産計画、収益見込み、財務諸表へのインパクトなど固有の事情に合わせリースを利用する。

リース取引を通してユーザーの求めるサービスを提供できれば、サプライヤーの競争力を高め、ユーザー、サプライヤーの双方から需要が生じる。

(5) フリーレント

フリーレントとは、現在も取り扱われている賃貸借の形態のひとつで、入居後一定期間賃料を支払わずに賃借することである。オフィス等の業務用賃貸で活用されてきたが、最近では居住用賃貸としても利用されている。

1 フリーレントが活用される理由
・将来、物件を売却する際、高い賃借料を維持すれば利回りの表示がよくなり、物件を高く売却できる可能性が高まること
・テナント等を稼得するための手段として、例えば現在の空室だけ賃料を下げると、既存の入居者からの賃料下げ要求を受ける等の問題が生じるため

2 フリーレントの会計処理
・リース期間における会計処理について会計基準等では明確に規定されていないが、役務が提供されている以上、フリーレント期間も含めて収益計上

していくのが合理的である。

- ・リース取引がオペレーティング・リース取引に該当すれば、契約上の各期のリース金額に関わらず、フリーレント期間を含めた解約不能期間全体の総リース料を期間按分し、フリーレント期間も借手は費用計上し、貸手は収益計上する。

❸　法人税法および IFRS の取扱い

①　法人税法の取扱い

　法人税法では、賃貸借契約に基づき支払を受ける家賃等の収益計上時期は、契約または慣習により支払を受けるべき日の属する事業年度の益金に算入する。フリーレントについての規定がないため、契約の内容や取引の経緯、実態等を勘案して個別に判断することになる。

②　IFRS の取扱い

　IFRS では、オペレーティング・リース取引において、借手、貸手ともリース料をリース期間にわたって定額法により費用収益を計上する必要がある。このため、フリーレントの期間があれば、全期間に影響が生じる。借手は、インセンティブには借手のリース関連費用の負担、初期リース料の免除等の処理が生じる。オペレーティング・リースの借手に与えられたインセンティブについては、当該便益の総額を賃借料総額からの控除項目として、リース期間にわたり定額法で認識する。一方、貸手はリース期間にわたり収益を認識する。

9

ケーススタディーを用いたファイナンス・リース取引の会計処理

I　ファイナンス・リース取引の会計処理と決算書への反映

　ケーススタディーの**設例5**を用いてファイナンス・リース取引の会計処理を検討する。決算書への反映を確認し会計処理がどのような影響を及ぼすのかを理解する。

設例5

以下のような条件で、ファイナンス・リース取引を行う。
- ・リース期間　5年。X0年4月1日物件引渡し。
- ・リース物件の価額　2,000,000円
- ・適用金利　年4%
- ・リース料総額　2,246,270円。毎年の支払リース料　449,254円。
- ・リース期間満了時のリース物件の残存価値[注1]はないものとする。
- ・リース物件は、営業用車両（車両運搬具）とする。
- ・リース物件に係る税金・保険料等の維持管理費用[注2]については、説明の便宜上無視する。
- ・貸手の物品購入資金に係る支払利息を年40,000円とする。
  - （注1）残存価値とは、リース期間満了時における物件の処分可能価値のことで、例えば、中古市場で100,000円で売れる見込みがあれば、残存価値は100,000円となる。
  - （注2）実際のリース料には、リース物件に係る固定資産税、損害保険料、定期検査費用等の維持管理費用が含まれる。

【リース料支払（回収）予定表】
　借手・貸手とも3月決算会社、リース料は年度末一括後払とする。

リース料支払日	期首元本	支払額			期末元本
		元本償還額	利息相当額	支払合計額	
X1 年 3 月 31 日	2,000,000	369,254	80,000	449,254	1,630,746
X2 年 3 月 31 日	1,630,746	384,024	65,230	449,254	1,246,721
X3 年 3 月 31 日	1,246,721	399,385	49,869	449,254	847,336
X4 年 3 月 31 日	847,336	415,362	33,892	449,254	431,975
X5 年 3 月 31 日	431,975	431,975	17,279	449,254	―
	合　計	2,000,000	246,270	2,246,270	

（注）　利息相当額の配分は、利息法によっている。上表は、適用金利を 4 ％として計算したも
のである。利息法では、「当期の利息＝未返済元本残高×利子率」と計算する。
　　　　この設例では、利息総額の 246,270 円が期首の元本残高に比例して各期に配分されている。

（1）借手および貸手の会計処理

借手の会計処理

1　売買取引として会計処理する場合

　売買取引とみなすので、借手はリース物件を自分で購入した場合と同様に処理しなければならない。

【リース物件の受領時（車両運搬具を 2,000,000 円で購入した処理）】

（借）リ　ー　ス　資　産　　2,000,000　（貸）リ　ー　ス　債　務　2,000,000

【X1 年 3 月 31 日第 1 回リース料支払日（物件代金と利息の支払処理）】

（借）リ　ー　ス　債　務　　369,254　（貸）預　　　　　　金　449,254
　　　支　払　利　息　　　　80,000

【リース物件の減価償却処理】

（借）減　価　償　却　費　　400,000　（貸）リ　ー　ス　資　産　400,000

　（注）　通常、ファイナンス・リース物件の減価償却は、リース期間を耐用年数とみな
し、期間満了時の残存価額をゼロとして計算する。この設例においては、定額法
を適用し、車両運搬具の 1 年間の減価償却費は 400,000 円とした。

2 賃貸借取引として会計処理する場合

　個々のリース資産に重要性が乏しい場合や、金融商品取引法適用会社の連結子会社等以外の中小会社の会計処理として行われる。

　リース料支払時に次の会計処理を行うのみである。リース料の支払は銀行引落しとする。

　X1年3月31日からX5年3月31日まで毎年度、次のとおり会計処理する。

（借）　支 払 リ ー ス 料　449,254　（貸）　預　　　　　　金　449,254

貸手の会計処理

1 売買取引として会計処理する場合

　売買取引とみなすので、貸手はリース物件を購入したと同時に、物件を借手に売却する処理を行う。

【リース開始時】

　車両運搬具を2,000,000円で購入した処理をすると同時に、これを借手に売却する処理を行う。

（物件購入の処理）

（借）　リ ー ス 資 産　2,000,000（貸）買　　掛　　金 2,000,000

（物件売却の処理）

（借）　リース投資資産（リース債権）　2,000,000

　　　　　　　　　　　　　　　　（貸）　リ ー ス 資 産 2,000,000

> （注）　リース資産売却代金は、リース資産の取得価額と同額とする。リース期間を通じて回収されるので、売掛債権に類似した「リース投資資産（リース債権）」とする。割賦販売とよく似た処理となる。

【リース物件購入資金の借入時】

　借入資金は預金入金である。

（借）　預　　　　　　金　2,000,000（貸）借　　入　　金 2,000,000

【リース物件代金支払時（預金振替払)】

（借）　買　　掛　　金　2,000,000（貸）預　　　　　　金 2,000,000

【X1年3月31日第1回リース料受領日（預金振替入金）】

（借）預　　　　　金　449,254　（貸）リース売上高 449,254

（借）リース売上原価　369,254

　　　　　　　　　　（貸）リース投資資産（リース債権）369,254

（注）　上記処理は、受領したリース料を総額で売上計上する方法である。この場合、リース料のうち、元本相当額の回収分が売上原価処理される。この方法と別に、「リース取引開始日に売上高と売上原価を計上する方法」や「売上高を計上せずに利息相当額を各期に配分する方法」がある。後者の方法では以下の処理となる。

（借）預　　　　　金　449,254　（貸）リース投資資産(リース債権)　369,254

　　　　　　　　　　　　　　　　　　受取利息(リース売上高)　　80,000

　　この方法は、リース料入金額のうち、元本相当額の入金分を控除した純額を売上高とするものである。

【借入資金の利息支払（年一括後払）】

（借）資　金　原　価　40,000　（貸）預　　　　　金　40,000

（注）　一般の事業会社では、借入金利息は「支払利息」として営業外費用処理するが、リース会社におけるリース物件購入資金に係る支払利息は、資金原価として売上原価処理する。

　以上からわかるとおり、売買取引として処理すると、リース物件が貸借対照表に計上されないため、減価償却費も計上されない。

❷　賃貸借取引として会計処理する場合

　リース業を営む貸手は賃貸借処理として会計処理することはできない。

【リース物件の引渡し時】

　車両運搬具を2,000,000円で購入した。

（借）賃　貸　資　産　2,000,000（貸）未　　払　　金 2,000,000

【引渡しと同時にリース債権の備忘記録】

（借）リース売掛金　2,246,270（貸）未実現リース料収入 2,246,270

（注）　リース料債権の入金を管理する目的で、会計帳簿にリース料債権を備忘的に記録するためにこの仕訳を行う。あくまで賃貸借処理であるから、貸借対照表にはリース売掛金や未実現リース料収入は表示しない。

【リース物件購入資金の借入時】

借入資金は預金口座に入金した。

（借）　預　　　　　金　2,000,000　（貸）　借　　　入　　　金　2,000,000

【リース物件代金支払時（預金振替払）】

（借）　未　　払　　金　2,000,000　（貸）　預　　　　　　　金　2,000,000

【X1 年 3 月 31 日第 1 回リース料受領日（預金振替入金）】

（借）　預　　　　　金　449,254　（貸）　リ　ー　ス　料　収　入　449,254
　　　　　　　　　　　　　　　　　　　　　　（売上高）

（借）　未実現リース料収入　449,254　（貸）　リ　ー　ス　売　掛　金　449,254

　　（注）　引渡し時に行った備忘記録のうち、実際にリース料を回収した部分を取り消す
　　　　処理をする。

【リース物件の減価償却処理】

（借）　減　価　償　却　費　400,000　　（貸）　賃　貸　固　定　資　産　400,000

　　（注）　リース期間を耐用年数とした定額法（リース期間定額法）により、残存価額を
　　　　ゼロとして計算している。

【借入資金の利息支払（年一括後払）】

（借）　資　金　原　価　40,000　（貸）　預　　　　　　　金　40,000

（2）　売買処理および賃貸借処理における財務諸表への影響

　設例 5 により、ファイナンス・リース取引について、賃貸借処理を行う場合と売買処理を行う場合との違いを説明した。ここでは、賃貸借処理と売買処理のそれぞれについて、貸借対照表と損益計算書への影響を以下に示す。両者の差異を確認していただきたい。

　数字はすべて、X1 年 3 月 31 日決算におけるものとし、リース取引に関係する部分のみを抜き出して示す。

1 借手側の貸借対照表と損益計算書

図表 9-1　借手の貸借対照表

売買処理		賃貸借処理

借方	貸方
リース資産 （車両運搬具） 1,600,000	リース債務 1,630,746
（注）	

リース取引に関する項目は賃貸借処理には貸借対照表に計上されない。

（注）　リース資産とリース債務の金額は、リース開始時点においては同じだが、期末残高に差が生じている。これは、リース資産の減少額である減価償却費とリース債務の減少額である元本支払額とに差があるからである。すなわち、リース資産は定額法によって償却されるため、毎年定額（400,000）ずつ減少していくが、リース債務は金利負担が重い当初の支払が少なく、その後年々支払が多くなるからである。

図表 9-2　借手の損益計算書

	売買処理		賃貸借処理	
販売費および一般管理費	減価償却費	400,000	リース料	449,254
営業外費用	支払利息	80,000	なし	－
リース関係費用合計		480,000（注）		449,254

（注）　リース関係費用の金額に差が生じている。これは、賃貸借処理によればリース料の支払額をそのまま費用計上すればよかったが、売買処理をすると、資産の減価償却費と支払利息の計上が必要になるからである。この場合には、初年度末なので、金利の支払額が大きいため、売買処理を行うほうが費用負担が大きくなっているが、X4年3月31日の決算からは、金利が少なくなるので、賃貸借処理の方が費用負担が大きくなる。

以上のとおり、ファイナンス・リース取引について、売買処理を行うか賃貸借処理を行うかによって、借手の決算書に大きな違いが生じる。売買処理を適用することで、借手企業に及ぼす影響の主たるものは次のとおりである。

①　リース資産およびリース債務が貸借対照表に計上されることにより、賃貸借処理を行った場合に比べて、資産総額および負債総額が増加するた

め、自己資本比率や総資産利益率（ROA）といった企業の安全性や収益性を表す財務指標の悪化要因となる。

② リース資産について減価償却計算や債務の受払い計算を行う必要が生じるとともに、原則としてリース料総額を元利区分したうえで支払利息を計上する必要が生じ、借手企業の事務管理上の負担が増す。

（注） 自己資本比率とは、次の算式で計算される。負債が少ないほど自己資本比率が高くなり、安全性が高い企業とみなされる。

$$自己資本率 = \frac{自己資本}{自己資本＋負債}（\%）$$

総資産利益率（ROA）とは、次の算式で計算される。同じ利益を計上している場合には、総資産が少ないほどROAが高くなり、資産の利用効率が高い、すなわち収益性が高い企業とみなされる。

$$総資産利益率 = \frac{利益}{総資産}（\%）$$

❷ 貸手側の貸借対照表と損益計算書

図表9-3　貸手の貸借対照表

売買処理	
借方	貸方
リース投資資産 1,630,746	借入金 2,000,000
（注）	

賃貸借処理	
借方	貸方
賃貸資産 1,600,000	借入金 2,000,000
（注）	

（注） 物件購入のための借入金は、期末にまだ返済されていないものと仮定した。賃貸資産とリース投資資産の期末残高の相違の原因については、図表9-1の（注）を参照のこと。

図表 9-4　貸手の損益計算書

	売買処理		賃貸借処理	
売上高				
	リース売上高	449,254	リース収入	449,254
営業外費用				
	リース売上原価	369,254　(注1)	減価償却費	400,000
	資金原価	40,000	資金原価	40,000
	リース関係原価計	409,254		440,000
	リース関係利益	40,000　(注2)		9,254

（注1）　売買処理する場合、リース物件売上高とリース物件売上原価を相殺して、受取利息（売上高）80,000、売上原価0として表示することも認められている。

（注2）　賃貸借処理する場合よりも利益が大きいのは、金利収入を利息法によって認識するためである。利息部分の総額は5年間で246,270円であり同額だが、賃貸借処理によるとこれを毎期均等額ずつ収益認識することになる。売買処理の場合には、リース売上原価（すなわち、リース投資資産元本回収額）が毎期逓増し、結果として毎期の利益認識額が逓減する。

　以上から、貸手にとっては売買処理を行うことで、賃貸資産に代わりリース投資資産（リース債権）が貸借対照表に計上される。また、損益面でも、従来の定額収益認識から、利息相当分について逓減型の収益認識に変化する。

Ⅱ　売買処理の原則法、簡便法、例外処理

　次に、設例6を用いて、売買処理の原則法、簡便法（利子込法、利子抜き定額法）、例外処理（賃貸借処理）の計算方法を確認しておく。

設例6	計算例の契約上の前提条件

- ■リース料は毎年 1,400 で年末支払
- ■リース期間は 5 年
- ■リース料総額は 7,000 （1,400×5 年）
- ■リース資産の取得価額は 6,000
- ■リース資産の減価償却方法は定額法
- ■計算利子率は 5.37 ％

原則処理（利息法）

	期首 リース債務 残高	元本分	利息分	支払 合計	期末 リース債務 残高	期首 リース資産 残高	減価 償却費	期末 リース資産 残高
1 年目	6,000	1,078	322	1,400	4,922	6,000	1,200	4,800
2 年目	4,922	1,136	264	1,400	3,786	4,800	1,200	3,600
3 年目	3,786	1,197	203	1,400	2,589	3,600	1,200	2,400
4 年目	2,589	1,261	139	1,400	1,328	2,400	1,200	1,200
5 年目	1,328	1,328	72	1,400	—	1,200	1,200	—
合計	—	6,000	1,000	7,000	—	—	6,000	—

【リース開始時】

（借）リ ー ス 資 産　6,000　（貸）リ ー ス 債 務　6,000

【期中処理（1 年目）】

（借）支 払 利 息　322　（貸）現 金 預 金　1,400
　　　リ ー ス 債 務　1,078

（借）減 価 償 却 費　1,200　（貸）リ ー ス 資 産　1,200

　（注）　支払利息　　6,000×5.37 ％＝322
　　　　　リース債務　1,400－322＝1,078
　　　　　減価償却費　6,000÷5＝1,200

【貸借対照表期末残高（1 年目）】

リース資産　　4,800	リース債務　　4,922

【期中処理（2 年目）】

（借）支　払　利　息　　　264　　（貸）現　金　預　金　1,400
　　　リ　ー　ス　債　務　1,136
（借）減　価　償　却　費　1,200　　（貸）リ　ー　ス　資　産　1,200

【貸借対照表期末残高（2 年目）】

リース資産　　3,600	リース債務　　3,786

簡便処理（利子抜き定額法）

	期首リース債務残高	元本分	利息分（注）	支払合計	期末リース債務残高	期首リース資産残高	減価償却費	期末リース資産残高
1 年目	6,000	1,200	200	1,400	4,800	6,000	1,200	4,800
2 年目	4,800	1,200	200	1,400	3,600	4,800	1,200	3,600
3 年目	3,600	1,200	200	1,400	2,400	3,600	1,200	2,400
4 年目	2,400	1,200	200	1,400	1,200	2,400	1,200	1,200
5 年目	1,200	1,200	200	1,400	—	1,200	1,200	—
合計	—	6,000	1,000	7,000	—	—	6,000	—

（注）　支払利息は利息総額をリース期間で除して算出される（1,000÷5＝200）。

【リース開始時】

（借）リ　ー　ス　資　産　6,000　　（貸）リ　ー　ス　債　務　6,000

【期中処理（1 年目）】

（借）支　払　利　息　　　200　　（貸）現　金　預　金　1,400
　　　リ　ー　ス　債　務　1,200
（借）減　価　償　却　費　1,200　　（貸）リ　ー　ス　資　産　1,200

【貸借対照表期末残高（1年目）】

リース資産　　4,800	リース債務　　4,800

【期中処理（2年目）】

（借）支　払　利　息　　　200　　　（貸）現　金　預　金　　1,400
　　　リ　ー　ス　債　務　1,200
（借）減　価　償　却　費　1,200　　　（貸）リ　ー　ス　資　産　1,200

【貸借対照表期末残高（2年目）】

リース資産　　3,600	リース債務　　3,600

簡便処理（利子込法）

	期首 リース債務 残高	元本分	支払合計	期末 リース債務 残高	期首 リース資産 残高	減価 償却費	期末 リース資産 残高
1年目	7,000	1,400	1,400	5,600	7,000	1,400	5,600
2年目	5,600	1,400	1,400	4,200	5,600	1,400	4,200
3年目	4,200	1,400	1,400	2,800	4,200	1,400	2,800
4年目	2,800	1,400	1,400	1,400	2,800	1,400	1,400
5年目	1,400	1,400	1,400	—	1,400	1,400	—
合計	—	7,000	7,000	—	—	7,000	—

（注）　リース資産、リース債務は利息を含んだリース料総額で計上されるので、減価償却費もリース料総額をリース期間で割って算定する（7,000÷5＝1,400）。

【リース開始時】

（借）リ　ー　ス　資　産　7,000　　　（貸）リ　ー　ス　債　務　7,000

【期中処理（1年目）】

（借）リ　ー　ス　債　務　1,400　　　（貸）現　金　預　金　　1,400
（借）減　価　償　却　費　1,400　　　（貸）リ　ー　ス　資　産　1,400

【貸借対照表期末残高（1年目）】

リース資産　　5,600	リース債務　　5,600

【期中処理（2年目）】

（借）リ ー ス 債 務　　1,400　　（貸）現　 金　 預　 金　　1,400
（借）減 価 償 却 費　　1,400　　（貸）リ ー ス 資 産　　1,400

【貸借対照表期末残高（2年目）】

リース資産　　4,200	リース債務　　4,200

少額リース取引等

【リース開始時】

仕訳なし

　（注）　資産・負債を計上しないため、リース取引開始時には仕訳処理を実施しない。

【期中処理（1年目）】

（借）支 払 リ ー ス 料　　1,400　　（貸）現　 金　 預　 金　　1,400

　（注）　減価償却費、支払利息は発生せず、支払ったリース料を費用として計上する。

【期中処理（2年目）】

（借）支 払 リ ー ス 料　　1,400　　（貸）現　 金　 預　 金　　1,400

Ⅲ　借手および貸手のファイナンス・リース取引の会計処理（総合計算例）

（1）所有権移転ファイナンスリース取引の計算例

　最後に、所有権移転ファイナンス・リース取引、所有権移転外ファイナンス・リース取引のそれぞれにつき、借手、貸手それぞれの立場からファイナンス・リース取引の計算例を示した（設例7）。

設例 7

　以下の条件で、借手と貸手それぞれの会計処理を検討する。

1. リース期間終了後に借手がリース物件（機械装置）を割安価額 800 千円で購入可能な選択権を付与し借手は当該選択権を行使する予定
2. 決算日は 3 月 31 日で×1 年 4 月 1 日からリースを開始、解約不能のリース期間 5 年
3. リース料は月額 600 千円で年度末に 1 年分を一括で払う。リース料総額は 36,000 千円
4. リース資産（機械装置）の経済的耐用年数 8 年
5. 借手の見積現金購入価額 32,000 千円（貸手の物件購入価額はこれと等しいが借手には当該価額は不明）、借手の追加借入利子率 年 4 ％（借手には貸手の計算利子率は不明）
6. 借手の減価償却方法は定額法で残存価額 10 ％
7. 維持管理費用相当額に重要性はない。

借手の会計処理

１　ファイナンス・リース取引の判定

①　現在価値基準による判定

　リース料総額（割安購入選択権の行使価額を含む）36,800 千円を借手の追加借入利子率年 4 ％で現在価値に割り引くと、

$$\frac{7,200}{(1+0.04)}+\frac{7,200}{(1+0.04)^2}+\frac{7,200}{(1+0.04)^3}+\frac{7,200}{(1+0.04)^4}+\frac{(7,200+800)}{(1+0.04)^5}$$

＝32,711 千円

　リース料総額の現在価値 32,711 千円

　　　　　　　÷借手の見積現金購入価額 32,000 千円＝102.2 ％＞90 ％

②　経済的耐用年数基準による判定

　リース期間 5 年÷経済的耐用年数 8 年＝62.5 ％＜75 ％

　経済的耐用年数基準には該当しないが、現在価値基準に該当するため、当該

取引はファイナンス・リース取引と判定される。

③　所有権移転ファイナンス・リース取引の判定

借手は割安購入選択権を有しその行使が契約時において確実に予想される
リース取引に該当する。

したがって、①～③により、所有権移転ファイナンス・リース取引に該当す
る。

２　会計処理

①　リース資産とリース債務の計上価額

割安購入選択権の行使価額 800 千円はリース料総額に含める。貸手の購入
価額等と計算利子率が不明のため、リース資産の取得価額の算定に当たり、
リース料総額（36,000＋800）千円を借手の追加利子率（4％）により現在価
値に割り引き、借手の見積現金購入価額 32,000 千円と比較する。リース料総
額の現在価値は以下の計算により 32,711 千円となる。

$$\frac{7,200}{(1+0.04)}+\frac{7,200}{(1+0.04)^2}+\frac{7,200}{(1+0.04)^3}+\frac{7,200}{(1+0.04)^4}+\frac{(7,200+800)}{(1+0.04)^5}$$

$$=32,711 \text{ 千円}$$

リース料総額の現在価値 32,711 千円＞借手の見積現金購入価額 32,000 千
円なので、低いほうの 32,000 千円がリース資産およびリース債務の計上価額
になる。

②　利息相当額の算定とリース債務の返済スケジュールの作成

【利息相当額の算定】

利息相当額＝リース料総額 36,800 千円

－リース資産取得価額 32,000 千円＝4,800 千円

【利息法による利息の期間配分のための利子率の算定】

$$\frac{7,200}{(1+r)}+\frac{7,200}{(1+r)^2}+\frac{7,200}{(1+r)^3}+\frac{7,200}{(1+r)^4}+\frac{(7,200+800)}{(1+r)^5}=32,000 \text{ 千円}$$

上式 r を求めると r＝4.7757 ％となる。なお、①でリース料総額の現在価値が借手の見積現金購入価額を下回れば、リース料総額の現在価値がリース資産等の計上価額になる。この場合、利息配分のための利子率 r は、借手の追加借入利子率になる。

　リース債務の返済スケジュールを図表 9-4 に示す。

図表 9-4　リース債務の返済スケジュール

（単位：千円）

| 返済日 | 期首元本 | 支払額 | | | 期末元本 |
		元本償還額	利息相当額	返済額合計	
x2 年 3 月 31 日	32,000	5,672	1,528	7,200	26,328
x3 年 3 月 31 日	26,328	5,942	1,258	7,200	20,386
x4 年 3 月 31 日	20,386	6,227	973	7,200	14,159
x5 年 3 月 31 日	14,159	6,524	676	7,200	7,635
x6 年 3 月 31 日	7,635	6,835	365	7,200	800
	800	800		800	―
合計	―	32,000	4,800	36,800	―

③　リース資産の減価償却

　取得価額 32,000 千円、経済的耐用年数 8 年を耐用年数、残存価額を 10 ％として定額法により償却する。年間減価償却費は（32,000－3,200）千円×1/8＝3,600 千円で、各年度の減価償却費は**図表 9-5** に示すとおりとなる。

図表 9-5　リース資産減価償却表

（単位：千円）

期日	当期減価償却費	リース資産残高
x1 年 4 月 1 日	—	32,000
x2 年 3 月 31 日	3,600	28,400
x3 年 3 月 31 日	3,600	24,800
x4 年 3 月 31 日	3,600	21,200
（中途期間の記載を省略）		
x9 年 3 月 31 日	3,600	3,200
合計	28,800	—

④　会計仕訳

【リース開始日（x1 年 4 月 1 日）】

（リース資産リース債務の計上）

（借）リ ー ス 資 産　32,000　　（貸）リ ー ス 債 務　32,000

【第 1 回支払日（x2 年 3 月 31 日）】

（リース料の支払）

（借）リ ー ス 債 務　5,672　　（貸）現 金 預 金　7,200
　　　支 払 利 息　1,528

（減価償却費の計上）

（借）減 価 償 却 費　3,600　　（貸）減 価 償 却 累 計 額　3,600

【第 2 回支払日（x3 年 3 月 31 日）】

（リース料の支払）

（借）リ ー ス 債 務　5,942　　（貸）現 金 預 金　7,200
　　　支 払 利 息　1,258

（減価償却費の計上）

（借）減 価 償 却 費　3,600　　（貸）減 価 償 却 累 計 額　3,600

【第 3 回第 4 回支払日（x4 年 3 月 31 日〜x5 年 3 月 31 日）】

　各期とも上記と同様の会計処理を行う。

【第5回支払日（x6年3月31日）】

（リース料の支払）

（借）リ ー ス 債 務　6,835　　（貸）現 金 預 金　7,200
　　　支 払 利 息　　　365

（減価償却費の計上）

（借）減 価 償 却 費　3,600　　（貸）減 価 償 却 累 計 額　3,600

（割安購入選択権行使）

（借）リ ー ス 債 務　　800　　（貸）現 金 預 金　　800

貸手の会計処理

■ ファイナンス・リース取引の判定

① **現在価値基準による判定**

貸手の計算利子率は以下のように算定される。

$$\frac{7,200}{(1+r)}+\frac{7,200}{(1+r)^2}+\frac{7,200}{(1+r)^3}+\frac{7,200}{(1+r)^4}+\frac{(7,200+800)}{(1+r)^5}=32,000 \text{千円}$$

上式 r を求めると r＝4.7757％となる。この計算利子率を用いてリース料総額を現在価値に割り引くと、

$$\frac{9,600}{(1+0.047757)}+\frac{9,600}{(1+0.047757)^2}+\frac{9,600}{(1+0.047757)^3}$$

$$+\frac{9,600}{(1+0.047757)^4}+\frac{(9,600+1,000)}{(1+0.047757)^5}=32,000 \text{千円}$$

リース料総額の現在価値 32,000 千円÷購入価額 32,000 千円

＝100％＞90％

② **経済的耐用年数基準による判定**

リース期間 5 年÷経済的耐用年数 8 年＝62.5％＜75％

経済的耐用年数基準には該当しないが、現在価値基準に該当するため、当該

取引はファイナンス・リース取引と判定される。

③　所有権移転ファイナンス・リース取引の判定

　借手は割安購入選択権を有しその行使が契約時において確実に予想される
リース取引に該当する。

　したがって、①～③により、所有権移転ファイナンス・リース取引に該当す
る。

2 　会計処理

　リース債権の回収スケジュールは**図表 9-4** と同じである。

　会計仕訳は以下のとおりである。なお、会計処理はリース料受取時に売上高
と売上原価を計上する方法による。

【リース開始日（x1 年 4 月 1 日)】

（リース債権の計上）

（借）リ ー ス 債 権　　32,000　　（貸）買　　　掛　　　金　　32,000

【第 1 回回収日（x2 年 3 月 31 日)】

（売上高の計上）

（借）現　金　預　金　　7,200　　（貸）売　　　上　　　高　　7,200

（売上原価の計上）

（借）売　上　原　価　　5,672　　（貸）リ ー ス 債 権　　5,672

【第 2 回～第 4 回回収日（x3 年 3 月 31 日～x5 年 3 月 31 日)】

　各期とも上記と同様の会計処理を行う。

【第 5 回回収日（x6 年 3 月 31 日)】

（売上高の計上）

（借）現　金　預　金　　7,200　　（貸）売　　　上　　　高　　7,200

（売上原価の計上）

（借）売　上　原　価　　6,835　　（貸）リ ー ス 債 権　　6,835

（割安購入選択権行使）

（借）現　金　預　金　　　800　　（貸）リ ー ス 債 権　　　800

（2）所有権移転外ファイナンス・リース取引の計算例

> ### 設例 8
>
> 　以下の条件で、借手と貸手それぞれの会計処理を検討する。
> 1. 所有権移転条項、割安購入選択権その他所有権移転に係る条件はない。
> 2. 決算日は 3 月 31 日で×1 年 4 月 1 日からリース開始解約不能のリース期間 5 年
> 3. リース料は月額 600 千円で年度末に 1 年分を一括で払うリース料総額は 36,000 千円
> 4. リース物件である機械装置の経済的耐用年数 8 年
> 5. 借手の見積現金購入価額 32,000 千円（貸手の物件購入価額等はこれと等しいが借手には不明）借手の追加借入利子率　年 4 ％（借手には貸手の計算利子率は不明）
> 6. 借手の減価償却方法は定額法、貸手の見積残存価額はゼロ。
> 7. 維持管理費用相当額に重要性はない。

借手の会計処理

■ ファイナンス・リース取引の判定

① 現在価値基準による判定

　貸手の計算利子率を知り得ないので、借手の追加借入利子率 4 ％でリース料総額を現在価値に割り引くと、

$$\frac{7,200}{(1+0.04)}+\frac{7,200}{(1+0.04)^2}+\frac{7,200}{(1+0.04)^3}+\frac{7,200}{(1+0.04)^4}+\frac{7,200}{(1+0.04)^5}$$

　＝32,053 千円

　現在価値 32,053 千円÷見積現金購入価額 32,000 千円＝100.2 ％＞90 ％

② 経済的耐用年数基準による判定

　リース期間 5 年÷経済的耐用年数 8 年＝62.5 ％＜75 ％

　経済的耐用年数基準には該当しないが、現在価値基準に該当するため、当該取引はファイナンス・リース取引と判定される。

③　所有権移転条項または割安購入選択権がなく、またその他の所有権移転に係る契約上の条件もないため、所有権移転ファイナンスリース取引には該当しない。

したがって、①～③により、所有権移転外ファイナンスリース取引に該当する。

2　会計処理

原則どおり利息相当額を利息法で会計処理する。

①　リース資産およびリース債務の計上価額

貸手の購入価額等は借手には不明なので借手の見積現金購入価額とリース料総額の現在価値とを比較する。リース料総額の現在価値 32,053 千円＞借手の見積現金購入価額 32,000 千円なので、低いほうの 32,000 千円がリース資産およびリース債務の計上額になる。

②　利息相当額の算定とリース債務の返済スケジュールの作成

【利息相当額の算定】

利息相当額＝リース料総額 36,000 千円

－リース資産取得価額 32,000 千円＝4,000 千円

【利息法による利息の期間配分のための利子率の算定】

$$\frac{7.200}{(1+r)}+\frac{7.200}{(1+r)^2}+\frac{7.200}{(1+r)^3}+\frac{7.200}{(1+r)^4}+\frac{7.200}{(1+r)^5}=32,000 \text{ 千円}$$

上式 r を求めると r＝4.0591 ％となる。また、リース債務の返済スケジュールを図表 9-6 に示した。利息相当額は期首元本に r を乗じた金額で、毎期の返済額 7,200 千円からこの利息相当額を控除した金額が元本償還額となる。

図表 9-6　リース債務の返済スケジュール

(単位：千円)

| 返済日 | 期首元本 | 支払額 | | | 期末元本 |
		元本償還額	利息相当額	返済額合計	
x2 年 3 月 31 日	32,000	5,901	1,299	7,200	26,099
x3 年 3 月 31 日	26,099	6,141	1,059	7,200	19,958
x4 年 3 月 31 日	19,958	6,390	810	7,200	13,568
x5 年 3 月 31 日	13,568	6,649	551	7,200	6,919
x6 年 3 月 31 日	6,919	6,919	281	7,200	―
合計	―	32,000	4,000	36,000	―

③　リース資産の減価償却

　取得価額 32,000 千円、リース期間 5 年を耐用年数、残存価額をゼロとして定額法により償却する。年間減価償却費は 32,000 千円×1/5＝6,400 千円で、各年度の減価償却費は**図表 9-7** に示すとおりである。

図表 9-7　リース資産減価償却表

(単位：千円)

期日	当期減価償却費	リース資産残高
x1 年 4 月 1 日	―	32,000
x2 年 3 月 31 日	6,400	25,600
x3 年 3 月 31 日	6,400	19,200
x4 年 3 月 31 日	6,400	12,800
x5 年 3 月 31 日	6,400	6,400
x6 年 3 月 31 日	6,400	―
合計	32,000	―

④　会計仕訳

【リース開始日（x1 年 4 月 1 日）】

（リース資産リース債務の計上）

（借）リ ー ス 資 産　32,000　　（貸）リ ー ス 債 務　32,000

【第 1 回支払日（x2 年 3 月 31 日）】

（リース料の支払）

（借）リ ー ス 債 務　 5,901　　（貸）現 金 預 金　 7,200

　　　支 払 利 息　 1,299

（減価償却費の計上）

（借）減 価 償 却 費　 6,400　　（貸）減 価 償 却 累 計 額　 6,400

【第 2 回支払日（x3 年 3 月 31 日）】

（リース料の支払）

（借）リ ー ス 債 務　 6,141　　（貸）現 金 預 金　 7,200

　　　支 払 利 息　 1,059

（減価償却費の計上）

（借）減 価 償 却 費　 6,400　　（貸）減 価 償 却 累 計 額　 6,400

【第 3 回第 4 回支払日（x4 年 3 月 31 日～x5 年 3 月 31 日）】

　各期とも上記と同様の会計処理を行う。

【第 5 回支払日（x6 年 3 月 31 日）】

（リース料の支払）

（借）リ ー ス 債 務　 6,919　　（貸）現 金 預 金　 7,200

　　　支 払 利 息　 281

（減価償却費の計上）

（借）減 価 償 却 費　 6,400　　（貸）減 価 償 却 累 計 額　 6,400

（リース資産の返却）

（借）減 価 償 却 累 計 額　32,000　　（貸）リ ー ス 資 産　32,000

貸手の会計処理

１ ファイナンス・リース取引の判定

① 現在価値基準による判定

リース料総額を現在価値に割り引く利率は、リース料総額と見積残存価額の合計額の現在価値がリース物件の購入価額と等しくなる貸手の計算利子率である。当設例では見積残存価額がゼロで購入価額が 42,000 千円なので、

$$\frac{7,200}{(1+r)}+\frac{7,200}{(1+r)^2}+\frac{7,200}{(1+r)^3}+\frac{7,200}{(1+r)^4}+\frac{7,200}{(1+r)^5}=32,000 \text{ 千円}$$

　となり、当利率（r）は 4.0591 ％になる。ここで、リース資産の見積残存価額がゼロのため、リース料総額を年 4.0591 ％で割り引いた現在価値は 32,000 千円で、貸手の購入価額と等しくなる。

　　現在価値 32,000 千円÷購入価額 32,000 千円＝100 ％＞90 ％
② **経済的耐用年数による判定**
　　リース期間 5 年÷経済的耐用年数 8 年＝62.5 ％＜75 ％
　経済的耐用年数基準には該当しないが、現在価値基準に該当するため、当該取引はファイナンス・リース取引と判定される。
③　所有権移転条項または割安購入選択権がなく、またその他の所有権移転に係る契約上の条件もないため、所有権移転ファイナンス・リース取引には該当しない。
　したがって、①～③により、所有権移転外ファイナンス・リース取引に該当する。

2　**会計処理**
　原則どおり利息相当額を利息法で会計処理する。リース投資資産の回収スケジュールは**図表 9-6** と同じである。会計処理の方法は 3 通りある。
①　〈第 1 法〉リース取引開始時に売上高と売上原価を計上する方法
【リース開始日（x1 年 4 月 1 日）】
（売上の計上）
（借）リース投資資産　　36,000　（貸）売　　　　　上　36,000(＊1)
（売上原価の計上）

（借）売 上 原 価　32,000　（貸）買　　掛　　金 32,000（＊2）

【第１回回収日（x2 年３月 31 日）】

（代金回収分）

（借）現 　金 　預 　金　7,200　（貸）リ ー ス 投 資 資 産　7,200

（代金未回収分繰延）

（借）繰延リース利益繰入　2,701　（貸）繰 延 リ ー ス 利 益　2,701（＊3）

【第２回回収日（x3 年３月 31 日）】

（代金回収分）

（借）現 　金 　預 　金　7,200　（貸）リ ー ス 投 資 資 産　7,200

（代金未回収分繰延）

（借）繰 延 リ ー ス 利 益　1,059　（貸）繰延リース利益戻入　1,059（＊4）

【第３回第４回回収日（x4 年３月 31 日～x5 年３月 31 日）】

　各期とも上記と同様の会計処理を行う。

【第５回回収日（x6 年３月 31 日）】

（代金回収分）

（借）現 　金 　預 　金　7,200　（貸）リ ー ス 投 資 資 産　7,200

（代金未回収分繰延）

（借）繰 延 リ ー ス 利 益　281　（貸）繰延リース利益戻入　281（＊5）

　（＊1）　売上高およびリース投資資産はリース料総額で計上する。
　（＊2）　売上原価はリース物件購入価額で計上する。
　（＊3）　リース取引開始時に計算した利息相当額の総額 4,000 千円のうち、代金未回
　　　　　収の部分 2,701 千円（利息相当額の総額 4,000 千円－当期に対応する利息相当
　　　　　額 1,299 千円）を繰り延べる。繰延リース利益はリース投資資産と相殺して表
　　　　　示する。
　（＊4）　当期に実現して回収した利息相当額 1,059 千円を戻し入れる。
　（＊5）　当期に実現して回収した利息相当額 281 千円を戻し入れる。

② 〈第２法〉リース料受取時に売上高と売上原価を計上する方法

【リース開始日（x1 年４月１日）】

（リース投資資産の計上）

（借）リ ー ス 投 資 資 産　32,000　（貸）買　　掛　　金　32,000

【第1回回収日（x2年3月31日）】

（売上高の計上）

（借）現　金　預　金　7,200　（貸）売　　　上　　　高　7,200

（売上原価の計上）

（借）売　上　原　価　5,901　（貸）リ ー ス 投 資 資 産　5,901

【第2回回収日（x3年3月31日）】

（売上高の計上）

（借）現　金　預　金　7,200　（貸）売　　　上　　　高　7,200

（売上原価の計上）

（借）売　上　原　価　6,141　（貸）リ ー ス 投 資 資 産　6,141

【第3回第4回回収日（x4年3月31日〜x5年3月31日）】

　各期とも上記と同様の会計処理を行う

【第5回回収日（x6年3月31日）】

（売上高の計上）

（借）現　金　預　金　7,200　（貸）売　　　上　　　高　7,200

（売上原価の計上）

（借）売　上　原　価　6,919　（貸）リ ー ス 投 資 資 産　6,919

③　〈第3法〉売上高を計上せず利息相当額を各期へ配分する方法

【リース開始日（x1年4月1日）】

（リース投資資産の計上）

（借）リ ー ス 投 資 資 産　32,000　（貸）買　　掛　　金　32,000

【第1回回収日（x2年3月31日）】

（受取利息の計上）

（借）現　金　預　金　7,200　（貸）リ ー ス 投 資 資 産　5,901

受　取　利　息　　1,299

【第 2 回回収日（x3 年 3 月 31 日）】

(受取利息の計上)

(借)　現　金　預　金　　7,200　　(貸)　リース投資資産　　6,141

受　取　利　息　　1,059

【第 3 回第 4 回回収日（x4 年 3 月 31 日～x5 年 3 月 31 日）】

　各期とも上記と同様の会計処理を行う。

【第 5 回回収日（x6 年 3 月 31 日）】

(受取利息の計上)

(借)　現　金　預　金　　7,200　　(貸)　リース投資資産　　6,919

受　取　利　息　　　281

10
IFRS 第 16 号「リース」

国際会計基準審議会（IASB）は、米国財務会計基準審議会（FASB）と共同での検討を経て、2016 年 1 月 13 日に IFRS 第 16 号「リース」（以下「IFRS16」）を公表した。

IFRS16 は、IAS 第 17 号「リース」を中心とするリース関連の基準書および解釈指針（以下「IAS17 等」）を廃止し、リース関連の基準を全面的に改訂して発出された。

IFRS16 は、リース会計に関する包括的な基準書であり、2019 年 1 月 1 日以降開始する事業年度から発効する。

ただし、IFRS 第 15 号「顧客との契約から生じる収益」を適用している場合に限り IFRS16 の早期適用が認められる。

I　IFRS16 の適用に伴う会計処理の特徴、影響および
　　その適用範囲

（1）IFRS16 における会計処理の特徴

IFRS16 では、すべてのリースの本質を「借入により使用権という資産を購入する取引」と捉える。これを「使用権モデル」という。借手は使用権モデルの考え方に基づき会計処理し、すべてのリース契約の借手に対し、リース料総額の現在価値によりリース資産の利用権を示す「使用権資産」およびリースの支払債務を示す「リース負債」を計上する。この結果、オペレーティング・リースをオンバランス化する。

　IFRS16 の使用権モデルでは、リースの対象となっている資産そのものではなく、リース対象期間における使用権について、その支配が借手に移転されることに着目する。

　このため、オンバランスされるのは、リース対象資産ではなく、当該資産をリースする限定的な期間において使用することができる「使用権という権利」だけである。

　使用権資産をリース期間にわたり定額法で費用化（減価償却）し、リース負債の残高に応じた利息費用を計上する。このため、リース負債残高の大きいリース期間の前半により多くの費用が配分される「逓減型」の費用計上となる。

　これは、リースにより借手は一定期間にわたり特定の資産を利用する権利を獲得している以上、オペレーティング・リース（不動産やレンタル等の賃貸借取引を含む）を含むすべてのリースに「使用権資産」を認識し、貸借対照表上に資産計上すべきとする考え方である。

　この考え方は、現行のリース会計基準（日本の会計基準、国際会計基準、米国会計基準）で行っているファイナンス・リースとオペレーティング・リースとの区分を廃止し、すべてのリースに単一の会計処理を求めることから「単一モデル」とも呼ばれる。

　図表 10-1 で IFRS16 における使用権モデルのイメージと貸借対照表のイメージを示した。

図表 10-1　使用権モデルのイメージと貸借対照表のイメージ

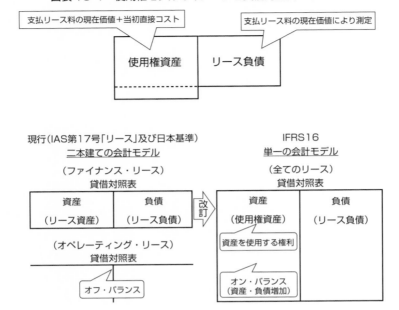

IAS17 号では、2 つの会計モデルのもと、ファイナンス・リースをオンバランス処理し、オペレーティング・リースをオフバランス処理してきた。ファイナンス・リースを、資産の所有に伴うリスクと経済価値のほとんどすべてが借手に移転するものと定義し、資金調達に伴いリース資産を購入する取引との類似性を前提としていた。

IFRS16 では、以下の点で IAS17 と大きく異なる。

・現行の 2 つの会計モデルを廃止し、単一会計モデルを採ったこと。

・IFRS16 において計上される使用権資産（リース負債）は、現行基準におけるファイナンス・リースと比べ、リース料総額の現在価値を資産（負債）計上する点では似ているものの、オンバランスする資産（負債）の概念は両者で大きく異なること。

(2)　IFRS16 の適用が財務諸表等に及ぼす影響

IFRS16 の適用に伴い財務諸表に及ぼす主たる影響として次の点がある。

①　オペレーティング・リースの借手はオンバランスされていないリースの大半につき資産および負債を認識するため、総資産、総負債ともに大きく増加する可能性がある。リース期間当初はリース負債の計上額が大きいため、支払利息が多く発生し、リース期間の初期に相対的に多くの費用を計上する逓減型の費用構造となる。

これは、借入により資産を取得した場合と同一の損益認識パターンであり、IFRS16 のもとではリースはオフバランスの資金調達手段ではなくなる。

リース料の支払は利息に多く充当され、リース負債の返済は当初少額にとどまり逓増型の構造となる。このため、資産の減少のほうが負債の減少より早期に進展し、リース期間にわたり利益剰余金や資本が圧迫される。

②　2013 年に公益社団法人リース事業協会が行った調査結果によれば、東証一部上場企業全体の総資産に対する未経過リース料残高の割合は約 1 ％で、1 ％以下の企業が約 8 割に達する。未経過リース料残高をオペレーティング・リースの残高とみなせば、オペレーティング・リースが占める金額ベースでの重要性はそれほど大きくないと想定される。

③　オペレーティング・リースとして賃貸借処理する場合に比べ、リース期間を通して発生する費用の総額は変わらないものの、各期の費用計上額は、当初の負担が大きくなる。このため、新規大型事業の立ち上げや新規大規模店舗の出店などリースを伴う大型投資を行う場合には、費用の負担額が相当程度増大する可能性がある。

④　IFRS16 では、借手は、使用権資産の減価償却費とリース負債から生じる利息費用を分けて把握する。このため、従来賃借料として計上してきたリース料の一部が支払利息として営業外費用の取扱いとなることで、財務費用を控除する前の段階損益として営業損益を開示する企業では、営業損益が改善し、財務費用が増加する。

また、従来、賃借料として計上してきた費用の一部が減価償却費となるため、営業損益の改善を超えて EBITDA（財務分析上のひとつの指標で、税引前利益に、特別損益、支払利息および減価償却費を加算した値）が改善する。

⑤　リース取引で調達した資産が製造プロセスに投入されている場合、IFRS 上も賃借料が製造原価に算入されている。一方、IFRS16 では、減価償却費だけが原価算入され、支払利息は金融費用となる。このため、費用負担の実態は変わっていないにもかかわらず、原価率が下がり、マージンが改善して収益力が増大した外観が生じる。

　従来、オペレーティング・リースに多く取り組んできた企業ほど、費用構造が大きく変化した外観が生じる。

⑥　借手は単一の会計モデルとなり、リースの定義につきリース資産に対する支配の有無を重視する「支配の概念」を導入するなど新規の取扱いがある。このため、それらの変更が内部統制や IT システムに及ぼす影響を検討する必要がある。

⑦　借手は、リース負債が日本基準より多額に計上され、また、リース負債を返済する支払額は財務キャッシュ・フローに区分するため、リース料支払に伴うリース負債の減少は、財務活動によるキャッシュ・フローの減少に大きく影響する。

支払利息を税務活動によるキャッシュ・フローに分類する会計方針を選択する場合には、さらに当該影響は増大する。

一方、賃借料の計上は抑制されるため、営業活動によるキャッシュ・フローが増加（改善）する傾向がある。

なお、借手の計上した使用権資産が減損処理の対象となるため、リース契約に伴う費用や損失を認識するパターンが変化する可能性がある。

(3) IFRS16 の適用対象

IFRS16 の適用対象は、資産を使用する権利の移転に係る取引である。この

うち、以下については明示的に IFRS16 の適用対象から除外している。

- 鉱物、石油、天然ガス及びこれらに類似する非再生資源の探査または使用のためのリース
- IAS 第 41 号「農業」の適用対象となる、借手が有する生物資産のリース
- サービス委譲契約（IFRIC 解釈指針第 12 号）の適用対象となる契約
- IFRS 第 15 号「顧客との契約から生じる収益」の適用対象となる貸手がライセンス供与した知的財産
- IAS 第 38 号「無形資産」の適用対象となる特許権、著作権その他のもののうちライセンス契約に基づく借手の権利。なお、この他の無形資産の使用権に関しては、借手は、IFRS16 を適用することも適用しないこともできる。

　上述のとおり、サービス委譲契約は IFRS16 の適用対象外となるため、リース部分と非リース部分（サービス）とは会計処理が大きく異なることとなる。このため、リースとサービスの区分が重要な論点となる（Ⅲ参照）。

　また、借手にとって、無形資産が IFRS16 の適用対象となるか否かが問題となる。

　IFRS16 の結論の根拠（BC71）によれば、次の考え方が示されている。

① 　無形資産の会計に関する包括的な検討が示される前段階において、無形資産について IFRS16 を借手の会計処理に適用することを強制すべきではない。

② 　IFRS の他の基準で取り扱われない以上、IFRS16 の適用範囲から完全に除外すべきではない。

　以上を踏まえ、借手における無形資産の結論として、すでに IAS38 上での取扱いが明確となっている一部の無形資産については IFRS16 の適用対象から除外するが、それ以外の無形資産については IFRS16 の適用を報告企業の任意としている。

Ⅱ　リースの定義

　IFRS16 ではリースとは「特定された資産の使用を支配する権利を一定期間にわたり対価と交換に移転する契約またはその一部」と定義している。企業は、契約の開始時に、契約がリースか否か、またリースを含んだものか否かの判定をする。

　オンバランス処理の要否は、リースの定義に該当するか否かにより判定するため、IFRS16 適用下では現行基準下に比べ、リースの定義に当てはまるか否かの判断がより重要になる。

　IAS17 では、リース部分の取引がオペレーティング・リースに分類される限り、リース取引を通じて得た権利が資産として認識されることはなかった。このため、資産を使用して提供されるサービスの会計処理と同様の会計処理となり、リースとサービスの区別は、実務上重要な論点にはなってこなかった。IFRS16 の適用に伴い、リースか否かの判断は会計処理の相違に繋がるため、リースの定義に該当するか否かの判断が重要になる。

　他の基準書が適用されるリースを除き、リースの定義を満たすすべての取引にIFRS16 が適用され、すべてのリースが借手によりオンバランス処理される。

　具体的な判定の方法であるが、契約がリースである、またはリースを含んだものと判定するには、顧客が使用期間にわたり次の①②をともに満たす必要がある。

①　「特定された資産」の使用からの「経済的便益のほとんどすべてを得る権利」
②　特定された資産の「使用を指図する権利」

　図表 10-2 に契約がリースであるか、またはリースを含むか否かを判定するフロー図を示した。資産の使用を支配するためには、資産の使用を指図する能力、パワーを有していることも必要とされている。つまり、支配の考え方が示されている。

　以下で、（1）「特定された資産」、（2）「経済的便益のほとんどすべてを得る

権利」、(3)「使用を指図する権利」について説明する。

図表 10-2　契約がリースであるかまたはリースを含むか否かを判定するフロー図

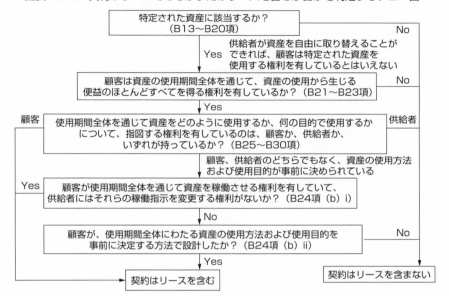

(1) 特定された資産

　リース資産は明示的にまたは黙示的に特定された資産であることを要する。

　資産の具体的な製造番号を特定できる必要はないが、特定の資産が契約を履行するのに必要か否かを判定する必要がある。資産が特定されているかの判定をするには、「供給者による実質的な入替権」と「資産の一部分」の考え方が重要である。

1　供給者による実質的な入替権

　供給者が使用期間にわたり資産を入れ替える実質的な能力を持っていれば、顧客が特定された資産を使用する権利を有しているとはいえない。

　次の2つの要件をともに満たす場合、供給者は実質的な入替権を有していると判断でき、契約にリースは含まないと判定できる。

【要件1】供給者が使用期間にわたり資産を入れ替える実際上の能力を有している

　例えば、一例として、供給者が利用可能な資産または調達可能な代替資産と入れ替えることを、顧客が差し止められない場合などがある。供給者が特定の日や事象の発生の後にのみ資産を入れ替える権利または義務を有するケースは、使用期間にわたり実際上の能力を有しているとはいえない。

【要件2】供給者が資産を入れ替える権利の行使により経済的に便益を得る

　つまり、資産の入れ替えに関連した経済的便益が、資産の入れ替えに関連したコストを上回ると見込まれることである。

② 資産の一部分

　資産の稼働能力の一部について、物理的に区分できない場合は特定された資産には該当しない。ただし、資産の一部分であっても、資産全体の稼働能力のほとんどすべてに該当し、顧客に資産全体の使用による経済的便益のほとんどすべてを得る権利を与えているケースは、特定された資産に該当する。

　使用する資産が特定されているか否かは、リースとサービスの識別に当たって重要なポイントになる。リースにおいては、特定された資産についてその使用権が移転するが、サービスにおいては、サービスの提供に使用される資産が特定されていないことが通常である。使用権の対象となる資産が特定されなければ使用権が移転することもない。資産が特定されない契約はリースとならないため、資産の特定はIFRS16の適用に当たり重要なテーマになる。

（2）経済的便益をほとんど得る権利

　顧客が、使用期間にわたり資産の使用から生じる経済的便益、主たるアウトプットや副産物のほとんどすべてを得る権利を有していれば、顧客は特定された資産の使用を支配している。当該権利を有しているか評価する際、契約で定めた範囲の中で行う。

　「ほとんどを得る権利」の判定に当たっては、定められた使用権の範囲で、

経済的便益のほぼすべてを享受するかを検討することになる。借手の使用権が制限される例として、貸手が保持し続ける権利を保護する、例えば残価の毀損を保護する、ために一定の条件を付すケースが考えられる。また、資産の最大使用量を定めたり、使用する場所や使用時間を制限する場合がある。

　貸手の権利を保護するため、契約上、借手の権利の内容に制限が設けられていたとしても、そのことをもって借手の経済的便益のほとんどすべてを享受することの妨げとはならない。したがって、契約上制限があっても、当該取引がリースと判定される可能性があることに留意を要する。

(3) 使用を指図する権利

■1　使用を指図する権利を有するための要件

　以下のいずれかの場合に限り、顧客は使用期間にわたり使用を指図する権利を有しているものと判断する。

① 顧客が資産の使用方法及び使用目的を指図する権利を有している場合

② 資産の使用方法及び使用目的についての関連性のある決定が事前に決められており、かつ次のいずれかに該当する場合

・顧客が使用期間を通じて資産を稼動させる権利、または自らが決める方法で他者に資産を稼動させるよう指示する権利を有していて、供給者にはその稼動指示を変更する権利がない場合

・顧客が、使用期間にわたる資産の使用方法および使用目的を事前に決める方法で資産または当該資産の具体的要素を設計する場合

■2　資産の使用方法および使用目的を指図する権利を顧客が有するケース

　■1の①で示したケースは、契約で定めた使用権の範囲内で、使用期間にわたり顧客が資産の使用方法および使用目的を変更できることを意味する。変更する権利を有するか否かの判断に当たり、当該変更に関連性の高い意思決定権を考慮する必要がある。

3 資産の使用方法および使用目的を指図する権利を顧客が有していないケース

　顧客が資産の使用方法および使用目的を変更できなくとも、資産の使用方法および使用目的について、関連性のある決定が事前に決められている場合、資産を稼動する権利を有することで「資産の使用を指図する権利」を得ることがある。

　1の②で示したとおり、顧客が事前に設計したケース以外では、顧客が資産の使用を指図する権利を有しているかの判断に当たり、使用期間中の資産の使用に関する決定を行う権利だけを考慮して行う。借手が使用を指図する権利を有しているか否かの判断に当たり、借手がデザインの設計に関与し資産の使用方法と使用目的を事前に決定する状況にない限り、使用期間にわたり使用を決定する権利だけを考慮する。

　つまり、借手がデザインの設計に関与することにより、資産の使用方法と使用目的が事前に決定されるケース以外は、使用期間に先立ってどのような決定がされたかは、判断に当たり考慮しない。

　この判断に当たり、例えば、以下のような事例が参考になると思われる。

- ・顧客がインプットやプロセスには関与せず、もっぱら数量や内容など資産のアウトプットを特定することに決定権を限定しているケースでは、顧客は資産の使用を指図する権利を有しているとはいえない。

- ・特定の製造機械等を使用して生産する製品の種類や内容につき、当該機械の使用開始前に決まっており、かつ、その決定に借手（顧客）が関与した場合でも、そのことだけをもって借手（顧客）が当該機械の使用を指図する権利を有していることにはならない。こうした借手（顧客）は、資産の使用に関する意思決定を行うその他の権利が伴わなければ、財やサービスを購入する他の顧客と同等の権利を有しているにすぎないからである。

- ・一方、借手（顧客）が、特定の製造機械等のデザインの設計に関与することで、当該機械等を使用してどのような製品を生産するかが事前に確定してしまうのであれば、借手（顧客）は製造機械の使用を指図する権利を有

していると判断する。

Ⅲ　リース部分と非リース（サービス）部分の区分

　リース契約はリース以外のサービス等を含む場合がある。支配の観点からは、使用する資産が特定されており顧客が資産の使用を支配している契約はリースであり、供給者が資産の使用を支配している契約はサービスである。

　リース部分と非リース部分（サービス）とは会計処理が大きく異なる。リースは資産・負債を貸借対照表に計上するが、サービスは資産・負債を貸借対照表に計上しない。リースとサービスとの区分と会計処理のイメージを図表10-3に示した。

図表10-3　リースと非リース（サービス）との区分と会計処理

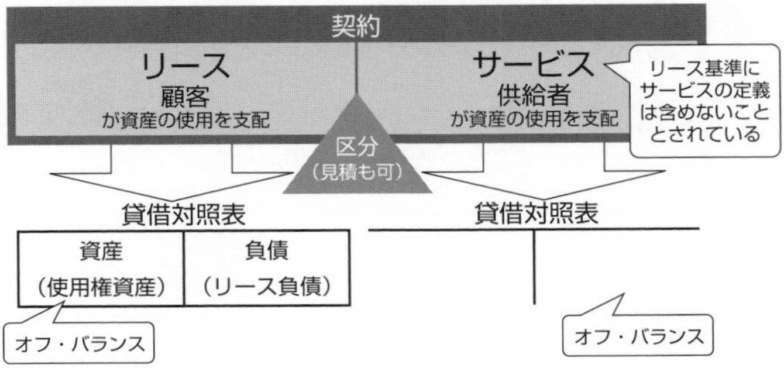

　IFRS16によれば、図表10-2をサマライズして再整理した図表10-4のフローにより、リースか非リース（サービス）かを判定する。

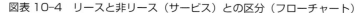

図表 10-4　リースと非リース（サービス）との区分（フローチャート）

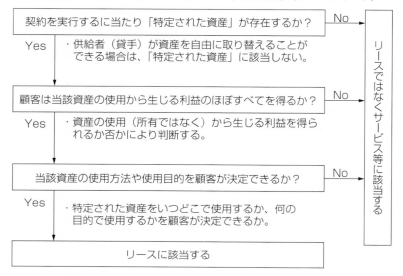

　リース部分は IFRS16 の対象となり使用権資産およびリース負債を計上するが、非リース部分は IFRS16 の対象外となる。サービスの場合は、サービス期間にわたり費用計上を行う。ただし、リース部分と非リース部分を分けずすべてをリース要素として処理することもできる。この場合、すべてリース要素として処理することを原資産の種類ごとに会計方針として選択できる。

　リース部分と非リース（サービス）部分とに区分する方法は次のとおりである。

１　借手

① 　まず、契約全体に係る支払の対価をリース部分と非リース部分に配分し、契約の対価を単独価格の比率に基づきリース部分とサービス部分に配分する。

② 　リース部分と非リース部分の比率の設定等に当たり、借手が各要素の価格に関するマーケット情報にアクセスすることが困難であり、観察可能な価格が容易に入手できない場合は、適切な見積もりによることを要する。

この際、貸手または類似する供給者が各構成要素（類似する構成要素）に課す（請求する）であろう価格を推計したうえで、当該価格を基礎として見積もる必要がある。
③　観察可能な単独価格が容易に利用可能でない場合、観察可能な情報を最大限に活用し単独価格を見積もる。

② 貸手

IFRS第15号「顧客との契約から生じる収益」を適用し、契約の取引価格は、各履行義務の独立販売価格の比率に基づき配分する。

なお、複数のリース契約が、同一の相手（相手の関連当事者を含む）と同時（またはほぼ同時）に締結され、かつ、一定の条件（複数契約がひとつのパッケージとして条件交渉されていること、ある契約のリース料が他の契約の価格や履行の状況の影響を受けること、契約で移転される個別または複数の資産の使用権が単一のリース要素を構成していること）のいずれかを満たす場合、当該複数契約はひとつの契約とみなして会計処理する。

IAS17においても、リース部分と非リース（サービス）部分とは区別し、それらの公正価値の比で対価を按分して会計処理するとされていた（IFRIC4.12）が、リース部分をどこまで細分化するか、契約の結合をどう取り扱うかなどについての言及はなかった。IFRS16では、会計単位の識別や、これに伴う対価の配分について詳細なガイダンスを設けており、従来、IAS17号に準拠して設定した会計単位を変更せざるを得ない可能性がある。

Ⅳ　リース期間

リース期間とは、解約不能期間に、借手が延長オプションを行使する（しない）ことが合理的に確実である場合の延長（解約）オプションの対象期間を加えた期間をいう。

つまり、IFRS16におけるリース期間は、リース契約上の契約期間でもなく、

また、解約不能期間でもない。

IFRS16では、関連する経済的要因を考慮したうえで、リースを延長するオプションを行使する（解約するオプションを行使しない）経済的インセンティブがあるかを評価し、その評価を踏まえて、借手がオプションを行使すること（解約するオプションを行使しないこと）が「合理的に確実」である場合にのみ、そのようなオプションをリース期間に含めるべきとしている。ここで、例えば、オプション対象期間におけるリース料が現在の市場の料率に比べ極めて有利な場合や、借手が営業するうえで対象資産が重要な場合、あるいはリース契約を解約し新たなリース契約を締結する際、多額の追加コストが生じる場合などは、経済的インセンティブが存在する可能性がある。

また、リース解約不能期間が短いほど、代替資産の入手に関連するコストの比率が高くなることから、借手がリースを延長するオプションを行使する可能性は高くなる。

リース期間を設定する際、以下の考え方が参考になる。

・リース期間を決める際、契約を強制することが可能か否かを考慮する必要がある。例えば、借手貸手とも相手の許可なしにリースの継続を停止することができ、かつ、停止に当たっての解約料等が不要または僅少なケースでは、借手貸手とも相手にリースの継続を強制することが可能とはいえない。このため、そのような権利が借手貸手双方に付与されている期間は、リース期間には含めない。

・経済的な強制が存在する期間はリース期間に含まれるため、IFRS16の適用に当たり、契約ごとに実態に即した判断をする必要がある。

・リース契約によっては、中途解約は可能であるが事前通知を要する場合がある。その場合の事前通知期間は、解約不能期間に該当する。

・リース期間はリース料の支払が発生するか否かに関わらず、リース開始日から起算する。

図表10-5にIFRS16と日本基準とにおけるリース期間の考え方の異同を示した。

図表 10-5　IFRS16 と日本基準とにおけるリース期間の考え方の異同

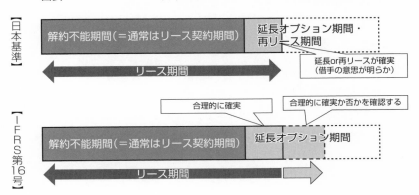

　リース期間はリース開始日に見積もるが、その後借手が統制できる範囲の重要な事象または状況の変化が生じたときにのみ見直しが必要になる。また、借手がオプションを行使する重大な経済的インセンティブを有するか否かに直接影響を及ぼす重要なトリガーになる事象の発生に基づいてのみリース期間を見直す。

　我が国の実務では、こうしたリース期間の見直しを行う必要性を見出すプロセス、延長（解約）オプション行使に係る経済的インセンティブを評価するプロセスはこれまでなかったので、今後の実務課題となる。

　なお、我が国の不動産賃貸借における普通借地権の扱いが問題となる。普通借地においては、更新を拒否する正当な事由が貸手側にない限り、契約満了時に借手の希望により契約が更新される。このため、当該事象が IFRS16 における延長オプションに含まれるか否かが、実務上課題となる可能性がある。

V　借手の会計処理

(1) 会計処理のイメージ

　リースと定義された取引は「短期リース（リース期間が１年以内のリース」「少額リース」に該当しない限り、オペレーティング・リースに分類された取引（不動産やレンタル等もを包含した取引）も含めたすべてのリースについて、現行のファイナンス・リースと同じ会計処理、すなわち売買処理を行う。この結果、すべてのリースについて「使用権資産」および「リース負債」を貸借対照表に計上し、「使用権資産」からは減価償却により費用配分を行い、「リース負債」は元本返済と利息の支払として処理する。

　この際、リース負債は利息法（実効金利法）に基づき各期に期間配分することから、費用が前倒し計上される。

　使用権資産とリース負債は**図表 10-6** に示したステップにより測定する。

図表 10-6　使用権資産（およびリース負債）測定のステップ

```
┌─────────────────────────────────────────────┐
│ リース要素と非リース要素（サービス等）を区分する │
└─────────────────────────────────────────────┘
                     ↓
┌─────────────────────────────────────────────┐
│           リース期間を決定する                 │
└─────────────────────────────────────────────┘
                     ↓
┌─────────────────────────────────────────────┐
│     リース期間に基づきリース料総額を算定する     │
└─────────────────────────────────────────────┘
                     ↓
┌─────────────────────────────────────────────┐
│            割引率を決定する                    │
└─────────────────────────────────────────────┘
                     ↓
┌─────────────────────────────────────────────┐
│  リース料総額を現在価値に割り引きリース負債を算定する │
└─────────────────────────────────────────────┘
                     ↓
┌─────────────────────────────────────────────┐
│ リース負債の額に当初直接コスト等を加減算し使用権資産を算定する │
└─────────────────────────────────────────────┘
```

損益計算書における現行基準と IFRS16 の比較を**図表 10-7** に示した。トップヘビーな費用配分となる態様を**図表 10-8** にイメージ図を記載した。

図表 10-7　現行基準と IFRS16 の損益計算書の比較

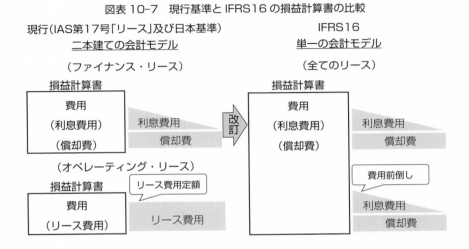

図表 10-8　IFRS16 におけるトップヘビーな費用配分

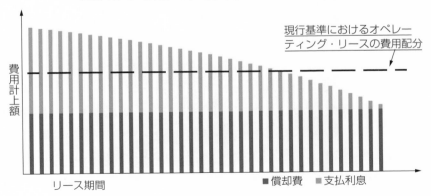

　契約がリースの定義に当てはまり、IFRS16 の適用範囲に含まれれば、借手は、リース開始日に使用権資産とリース負債を貸借対照表に計上する。ただし、**図表 10-9** に示すように、短期リースと少額リースに該当する場合は、

リース期間にわたりリース料を計上する処理、つまり、従来のオペレーティング・リースと同様の処理ができる。

図表10-9　オンバランス処理へのフローと2つの免除規定

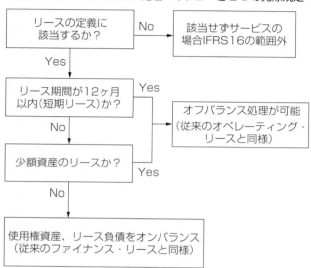

（2）使用権資産とリース負債の当初計上額（当初認識）

❶　使用権資産の当初計上額

　借手はリース開始日において使用権資産およびリース負債を認識する。リース開始日とは、借手によるリース物件の使用が可能となる日をいいます

　使用権資産の当初計上額は、リース負債の額（リース料総額の現在価値で測定）を基礎として、前払リース料、初期直接コスト、物件の解体・撤去・原状回復のために借手に生じる支出見積額等から構成される（**図表10-10参照**）。[※1]

（※1）初期直接コスト

　リース契約をしなかったとしたら発生しなかったであろう増分コストをいう。ただし、ファイナンス・リースの貸手である製造業者またはディーラーに生じたものを除く。内部コストの配分額や交渉コストは初期直接コストには含めない。借手は、初期直接コストを使用権資産の償却を通じて費用化するが、ファイナンス・リースの貸手は初期直接コストをリースの計算利子率を計算する際に考慮する。

図表10-10　使用権資産の当初計上額の構成要素イメージ図

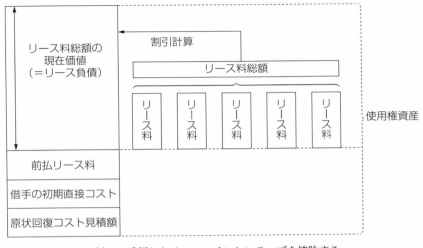

（注）前払リース料から受領したリース・インセンティブを控除する。

❷　リース負債の当初計上額

　リース負債は、リース開始日におけるリース料総額の現在価値によって測定
する。割引計算にはリースの計算利子率を用いるが、これを容易に見積もれな
い場合は借手の追加借入利子率を用いる。

（※2）リースの計算利子率

　リース開始日において、リース料および無保証残存価値の現在価値を、リース物件
の公正価値と貸手の初期直接コストとの合計額と等しくする利子率をいう。

（※3）借手の追加借入利子率

　借手が同様の期間にわたり同様の保証を付けて、使用権資産と同様の価値を持つ資
産を、同様の経済環境において取得するのに必要な資金を借り入れるために支払わな
ければならないであろう利子率をいう。

　IASBは、見積もりに当たり考慮する要因の類似性、すなわち借手の信用度、
リース期間、提供された担保の性質および品質、取引が行われる経済環境等か
ら、リースの計算利子率は借手の追加借入利子率に近似するケースも多いとし
ている。

実際は、借手は知り得ないことも多いと思われるため、割引率として借手の追加借入利子率を見積もるケースが多い。また、実務上、オペレーティング・リース取引には、類似する資金調達取引がほとんどない。

　リース開始日において、リース負債の測定に当たり、固定支払額、変動リース料、残価保証額等を考慮して未払リース料を測定する。

　IAS17では、借手はリース開始日に、リース物件の公正価値か最低リース料総額の現在価値か、いずれか低い額でリース負債を計上してきた。

　IFRS16では、リース料総額には一定の変動リース料や解約オプションに関わる期間のリース料が含まれる。

❸ 当初計上（認識）に当たってのその他の論点

① 割引率

　借手がリース負債の計算で用いる割引率は、リース開始日における貸手の計算利子率だが、これが容易に入手できない場合は、リース開始日における借手の追加借入利子率を用いる。借手は、以下のような容易に観察可能なレートを基礎として、IFRS16の適用に当たっての要求事項を満たすために必要な修正を行うことで借手の追加借入利子率を適正に算定すべきとしている。

　　・リース対象と同種の資産を購入するための資金調達に必要な金利コスト
　　・不動産リースに適用する割引率を算定する際の不動産利回り

　借手に追加借入利子率の適用を許容しているのは、例えば以下の理由による。

　　・借手には貸手の同等の精度で残価の見積もりを行うだけの情報や能力がない。
　　・税金や貸手の当初直接コストなど情報を入手し得ない事項の影響を受ける。

② 残価保証

　借手と貸手との間で、リース料総額の算定に含める残価保証の範囲と金額が異なる。借手は自らが支払うと想定する見積額であるのに対し、貸手は借手以外からも含めて保証を受けている金額そのものである。

　IFRS16では、リース契約に免除規定を適用した場合（短期リースおよび少額資産のリースに該当）を除き、使用権資産およびリース負債を必ず計上す

る。このため、日本の基準においてオペレーティング・リースに該当する場合でも、残価保証に関する処理を検討する必要がある。オペレーティング・リースに係る残価保証の会計処理について、日本の基準では取扱いが明記されていない。このため、実務上の取扱いにはばらつきがあるものと考えられるが、借手貸手ともに、保証の履行が求められた時点ではじめて認識する処理も行われており、今後の検討を要する。

　IAS17では、借手の場合でも保証額そのものがリース料総額に含まれており、IFRS16とは取扱いが異なる。

　なお、IAS17では、借手のリース料総額に含める残価保証には借手の関連者による支払も含まれていたが、IFRS16では、借手の関連者は規定から除かれている。

③　規定損害金（解約損害金）

　リース契約において、契約期間の満了を待たずに解約する場合に要する解約損害金をリース料総額に含めるか否かは、リース期間の考え方と整合させる。解約オプションを行使しないことが合理的に確実とまではいえず、解約不能期間だけがリース期間に含まれる場合は、解約オプションが行使されることを前提とした処理を行う。

　このため、当該解約オプションの行使に伴う解約損害金は、リース関連の資産および負債の測定に用いるリース料総額に含める。

　日本では、契約上、解約損害金に該当するものして規定損害金について定めがある。法的には借手は中途解約可能であっても、規定損害金の定めがあるため、事実上リース契約は中途解約不能とみなしている。この規定損害金は、IFRS16においては、「解約オプションを行使しないことが合理的で確実なケース」に該当する。この場合、日本の基準では、リース資産およびリース負債を計上するが、解約オプションは行使しない前提なので、規定損害金がリース料総額に含められることはない。この取扱いは、IFRS16でも同じである。一方、日本の基準では、「解約オプションを行使しないとは必ずしもいえないケース」において規定損害金をどう取り扱うかについては明確になっていない。

規定損害金に関する条項が契約に含まれているが、解約不能な実態があるとまでは認められず、解約時点で規定損害金を費用計上する実務が多いと思われる。

④　原状回復コスト

借手は、リース契約に関連する原状回復コストに係る債務を、IAS37 に準拠して現在価値に割引いた額を使用権資産の測定に含める。例として、賃貸オフィスの返還時に求められる原状回復に係る費用などが考えられる。この取扱いは有形固定資産の取得原価に除去債務の金額を含めるのと同じである。

実務上は例えば以下の点に留意を要する。

・原状回復コストは、IAS37 に準拠して賃借の終了時点に関する最善の見込みに基づく。このため、その発生時点はリース期間の終了時とは異なる可能性がある。

・リース物件改良費に関する原状回復コストに係る債務は、使用権資産を調整するのではなく、リース物件改良費の取得原価を調整する。

⑤　リース開始日

リース関連の資産および負債は、リース開始日に、その日の割引率を用いて測定する。リース開始日とは、貸手が借手に対しリース資産を利用できるようにする日である。

IFRS16 上の「リース開始日」の定義は、IAS17 上の「リース期間の起算日」に近似しており、日本の基準でいう「リース取引開始日」とも実質的に近い。

（3）使用権資産とリース負債の事後測定

IAS17 におけるファイナンス・リースでは、借手がリース資産の減価償却を行い、リース負債残高に対して一定の利率を乗じてリース期間にわたり利息費用を配分する。

IFRS16 でも、リース開始後、使用権資産は原則として定額法で減価償却を行い、リース負債は利息法により元利分解して会計処理を行う。

①　使用権資産の事後測定

借手における使用権資産は、取得原価から減価償却累計額および減損損失累計額を控除し、リース負債の再測定に伴う修正を行う。

使用権資産の減価償却は、リース開始日から、使用権資産の残存耐用年数とリース期間のいずれか短いほうまでの期間にわたり行う。使用権資産には減損処理を行う。

②　リース負債の事後測定

リース負債を当初計した後、事後測定として、帳簿価額にリース負債に係る金利を加算し、支払リース料を減額したうえで、リース負債を再測定した影響を反映する。

支払ったリース料のうち、当初期間はリース負債残高が大きいため多くの額が支払利息に充当される。リース負債の返済が進むにつれてリース負債から生じる利息費用は逓減し、リース負債の返済充当額は逓増する。

使用権資産の減価償却費が原則として毎期定額で発生し、支払利息が逓減していくため、総費用は逓減型の費用構造になる。

リース負債に係る金利およびリース負債の測定に含められない変動リース料は、原則として純損益に計上する。

図表 10-11 に、使用権資産およびリース負債の事後測定イメージ図を示した。

図表 10-11　使用権資産およびリース負債の事後測定イメージ

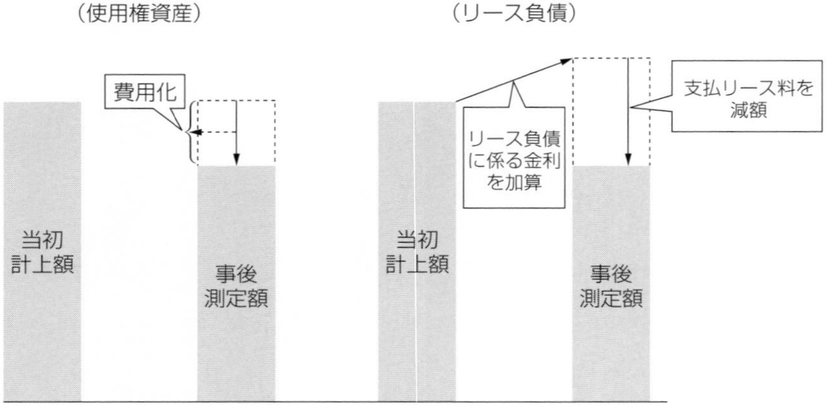

（使用権資産）　　　　　　　　　　　　（リース負債）

（4）リース負債の見直しと条件変更

１ リース負債の見直し

　リース料の見積もりが変動すれば負債の見積額が変動するが、当該変動を反映するためリース負債の見直しを行う。

① **リース負債の見直しをすべき状況**

　リース開始日後に、延長オプションや解約オプション、あるいは購入オプションを行使する可能性に変化が生じた場合や、指数またはレートの変動に連動する将来のリース料や、残価保証の見積支払額に変動が生じた場合、リース負債を見直し、再測定を行う。

② **リース負債の見直しの方法**

（ⅰ）再測定による差額の処理方法

　リース負債を見直し負債額を再測定するともに、再測定による差額を使用権資産の修正として計上する。使用権資産の帳簿価額がゼロまで減額された後にさらにリース負債額の減額がある場合、再測定の残額を純損益に計上する。

（借）	使 用 権 資 産	×××	（貸）	リ ー ス 負 債	×××

（借）	リ ー ス 負 債	×××	（貸）	使 用 権 資 産	×××
				純　　損　　益	×××

（ⅱ）再測定に当たり適用する割引率

　延長オプションや解約オプション、あるいは購入オプションを行使する可能性に変化が生じた場合、改訂後のリース料を改訂後の割引率を用いて再測定する。割引計算は、残リース期間に係る計算利子率か、それが容易に算定できない場合は、再測定日における借手の追加借入利子率を適用して行う。

　指数またはレートの変動に連動する将来のリース料や、残価保証の見積支払額に変動が生じた場合、改訂後のリース料を改訂前の割引率を用いて再測定する。ただし、リース料の変動が変動金利の変動から生じている場合は、金利の変動を反映した改訂後割引率を用いる。

２ リースの条件変更

　リースの条件変更とは、リースの当初の条件の一部ではないリースの範囲や、リースの対価の変更をいう。IAS17 では、リースの条件変更に伴い分類が変わる場合、変更後の契約を新たな契約とみなしていた。

　リースの条件変更には、以下のとおり、①別個のリースとして認識し会計処理するケースと、②条件変更後の契約を単一のリースとして会計処理するケースがある。

①　別個のリースとして認識し会計処理するケース

　リース物件を使用する権利を追加することでリースの範囲を増大させ、かつリースの対価が範囲の増大のための単独価格、および特定の契約の状況を反映するための価格の適切な修正に対応した金額により増大する場合、リースの条件変更を別個のリースとして会計処理する。　この場合、条件変更に伴う契約分は新たな会計処理を行うが、当初の契約分は会計処理の修正を行わない。

② 条件変更後の契約を単一のリースとして会計処理するケース

①以外の条件変更として条件変更後の契約を単一のリースとして会計処理する。

例えば、リース物件を使用する権利を追加することでリースの範囲を減少させる場合（ⅰ）、または、条件変更がリースの範囲を増大させるものの、リースの対価が範囲の増大のための単独価格、および特定の契約の状況を反映するための価格の適切な修正に対応した金額により増大するものではない場合（ⅱ）のいずれかの場合は、単一のリースとして会計処理する。単一のリースとして会計処理するケースでは、リース条件変更の発効日において、条件変更後の契約における対価の配分やリース期間の決定、リース負債の再測定を行う。

リース負債の再測定に当たり、条件変更を反映した改訂後のリース料を、改訂後の割引率により割引計算する。これらの処理は単一のリースとして会計処理するケースすべてに該当するが、リース負債の再測定に伴い生じた修正額は上記（ⅰ）（ⅱ）とで処理が異なる。

(a)【（ⅰ）リースの範囲を減少させるケース】

条件変更前の使用権資産の帳簿価額のうち、リース範囲の減少に相当する分の帳簿価額を減額するとともに、これに伴う差額を純損益に計上する。

（借）リ ー ス 負 債　×××	（貸）使 用 権 資 産　×××	
	純 損 益　×××	

(b)【（ⅰ）以外のすべてのリースの条件変更（（ⅱ）を含む）のケース】

使用権資産の帳簿価額を修正する。

（借）使 用 権 資 産　×××	（貸）リ ー ス 負 債　×××

以上、①のケース、②-(a) のケース、②-(b) のケースをフローで図示したのが、**図表10-12**である。

図表10-12　リースの条件変更（借手）のフロー図

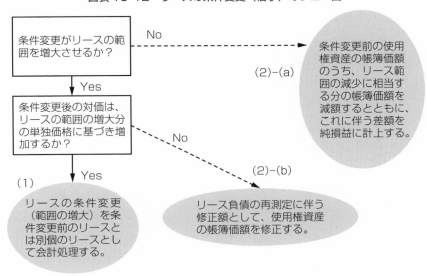

VI　貸手の会計処理

（1）会計処理のイメージ

　IFRS16は、現行IAS17における貸手の会計処理を実質的に引き継いでいる。貸手は、現行IAS17と同様に、リースをファイナンス・リースまたはオペレーティング・リースに分類し、各々異なる方法で会計処理する。

　ファイナンス・リースまたはオペレーティング・リースへの分類に際し、貸手は、リースが原資産の所有に伴うリスクと経済価値をどの程度移転するのかを基準として判断する。また、リースの分類は、契約の形式ではなく取引の実質に応じて決まる。

　ファイナンス・リースに分類される状況の例、あるいはその可能性がある状況の例として次が考えられる。

- リース期間の終了までに資産の所有権が移転するケース
- 行使価額が公正価値に対して相当低いので購入オプションを行使することが確実なケース
- リース期間が原資産の経済的耐用年数の大部分を占めるケース
- 原資産が特殊な性質のもので、借手だけが大きな改変なく使用できるケース
- 借手は解約できるが、解約に関連する貸手の損失は借手の負担となるケース
- 残存資産の公正価値変動に伴う利得・損失が借手に発生するケース
- 借手が、市場の賃借料相場よりも著しく低い賃借料で次期のリース契約を継続できるケース

一方、オペレーティング・リースに分類される可能性のある状況の例として次が考えられる。

- 資産の所有権がリースの終了時に当該時点での公正価値と同額の変動支払との交換で移転するケース
- 変動リース料があって、その結果、貸手がこのようなリスクと経済価値のほとんどすべてを移転しないケース

(2) ファイナンス・リースの会計処理

貸手はリース開始日でリース債権を計上し、リース債権の利息としてリース期間中の収益を計上する。リース料の支払に伴いリース債権残高は減少する。このため、リース期間の前半で収益はより多く計上され、逓減型の収益構造となる。

【リース開始時】

| (借) リ ー ス 債 権 | ××× | (貸) 固 定 資 産 | ××× |
| | | 損 益 | ××× |

【リース期間】

```
（借）現　金　預　金　×××　（貸）リ ー ス 債 権　×××
　　　　　　　　　　　　　　　　　　金　融　収　益　×××
```

①　当初測定

　リース開始日に保有資産を財政状態計算書上に計上し、それらを正味リース投資未回収額で債権として表示する。つまり財政状態計算書上、リース債権と_{（※4）}無保証残存価値（リース終了時の原資産の回収価値）の合計額を未収金として計上する。

> （※4）正味リース投資未回収額
> 　リース料総額の未収分および貸手に帰属するリース対象資産の無保証残存価値の合計を、リースの計算利子率で割り引いた現在価値である。リースの計算利子率とは、リース料総額と無保証残存価値の現在価値の合計が、原資産の公正価値と貸手の初期直接コストの合計額に合致する割引率をいう。

　リース債権の当初測定額は、リース料と無保証残存価値の合計額を割引計算した価額に、初期直接コストを加算して計算する。無保証残存価値（リース終了時の原資産の回収価値）のうち、借手または第三者による保証が付された額は、リース料総額に含まれる。借手における残価保証は借手が支払うと見込まれる金額であるが、貸手における残価保証は借手または第三者により提供される保証額となる。

　貸手の当初認識測定のイメージを**図表10-13**に示した。

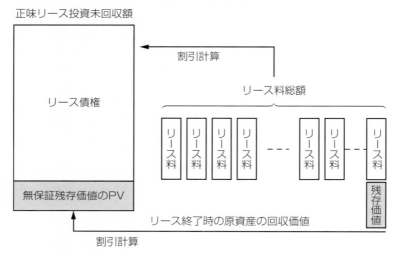

図表 10-13　貸手の当初認識測定のイメージ

正味リース投資未回収額

リース債権

無保証残存価値のPV

割引計算

リース料総額

リース料　リース料　リース料　リース料　- - -　リース料　リース料　リース料

残存価値

リース終了時の原資産の回収価値

割引計算

② **事後測定**

　貸手は、当初認識測定後、正味リース投資未回収額にリースの計算利子率を乗じて利息額を算定し、リース期間にわたり金融収益を認識する。正味リース投資未回収額は時の経過とともに割り戻すが、リース料総額はリースの回収に伴い減るため、無保証残存価値が最終的に残存する。当期のリース料はリース投資未回収額に充当し、リース元本と未稼得金融収益の双方を減額する。無保証残存価値の見積りは定期的に見直し、減額があった場合には、リース期間にわたる収益の配分を改訂し、発生した金額を直ちに減額する。

③ **リースの条件変更**

　貸手のファイナンス・リースの条件変更の取扱いを**図表 10-14** に示した。

図表 10-14　ファイナンス・リースの条件変更の取扱い（貸手）

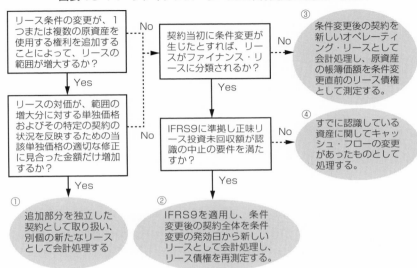

【図表 10-14 の①】

　原資産の使用権増加によりリースの範囲が増大し、かつ、対価の増加が範囲の増分の単独価格に相応していれば、追加部分を別個の新たなリースとして会計処理する。

【図表 10-14 の③】

　条件変更が契約日に有効なら、リースがオペレーティング・リースに分類される場合は、IFRS 第 9 号「金融商品」を適用せず、条件変更の発効日から新たなリースとして会計処理し、原資産の帳簿価額をリースの条件変更の発効日直前の正味リース投資未回収額として計上する。

　図表 10-14 の①以外の場合は、当該条件変更に IFRS9 の要求事項を適用する。ファイナンス・リースの条件変更のうち、別個のリースとして会計処理するものは、IFRS15 の要求事項と整合している。

（3）オペレーティング・リースの会計処理

　貸手は原資産を資産計上し、減価償却を行う。収益はリース期間にわたり規則的な方法により計上する。

【リース開始時】

仕訳なし

【リース期間】

（借）	現　金　預　金	×××	（貸）	リ　ー　ス　収　益	×××
	減　価　償　却　費	×××		固　定　資　産	×××

①　リース資産の取扱い

　リース対象の原資産を引き続き財政状態計算書上に計上し、リース期間にわたりリース料を収益として計上する。当該収益は定額法等の規則的な方法により計上する。

　一方、リース収益を獲得することに貢献するコスト（減価償却費等）を費用計上する。リース資産が償却資産であれば、類似する資産に係る減価償却の方法と整合させ、IAS 第 16 号「有形固定資産」や IAS 第 38 号「無形資産」に準拠して減価償却を行う。リース資産の減損の要否、減損損失の処理等は IAS 第 36 号「資産の減損」を適用して判断する。取得時に生じた初期直接コストは、原資産の帳簿価額に加算し、リース収益と同様の方法でリース期間にわたり認識する。

②　リース収益の取扱い

　リース料を定額法か他の規則的な基礎のいずれかに基づき収益として計上する。原資産の使用に伴い便益が減少するパターンについて、他の規則的な基礎のほうがより適切に表現する場合は、当該基礎を適用する。

③　リースの条件変更

　すべて条件変更後の契約全体を新しいリースとして取り扱う。条件変更の発効日から新たなリースとして会計処理し、当初のリースに係る前払（未払）リース料は、新たなリースに係るリース料の一部とみなす。

VII　原則的な処理の免除

IFRS16 では、リースのオンバランス化が原則だが、借手の事務負担等を考慮して、短期リースおよび少額資産のリースについては、例外的な免除規定が設けられた。IFRS16 において、借手がオフバランスできるのは、原則として、リースの定義に該当しないか、「短期リース」及び「少額リース」の 2 つの免除規定のいずれかに該当するケースに限られる（**図表 10-15** 参照）。

図表 10-15　オンバランス処理へのフローと 2 つの免除規定

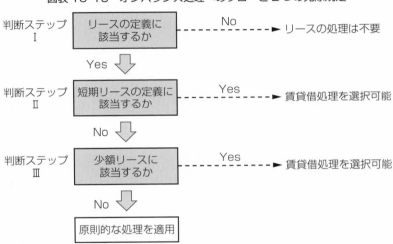

免除規定を適用した場合、資産および負債を認識せず、リース期間にわたりリース料総額を定額法等により期間配分し、各期の配分額をリース費用として計上する。免除規定を適用する借手は、免除規定を適用している旨、および短期リース、少額資産のリースにつき当期に認識されたリース費用を開示する。

なお、FASB（米国財務会計基準審議会）では、「短期リース」の免除は認めるが、「少額リース」の免除規定は設けていない。

（1）短期リース

短期リースとは、リース期間が 12 ヶ月以内のリース（購入オプションを除

く）である。短期リースには賃貸借処理が認められ、使用権資産およびリース負債を計上せず、リース料を定額で費用計上する処理ができる。免除規定を適用する場合、当該短期リースの費用を開示する。

　短期リースに IFRS16 が要請する事項をすべて強制することで得られる便益は、関連コストを上回らない。また、リース資産およびリース負債を割り引かないアプローチは、大量に廉価なリースに係る調査を強いる可能性があるため、借手のコスト低減にならない。これらのことから、短期リースの免除規定を認めた。

　短期リースに係る免除規定を適用するか否かは、リースの対象となる原資産の種類ごとに選択できる。また、免除規定を適用する短期リースについて、契約変更やリース期間の見直しがあった場合は、新たなリースとして取り扱う。

　現行の日本の会計基準でもリース期間が 1 年以内のファイナンス・リースは、オペレーティング・リースと同様に賃貸借処理が認められている。

　リース期間の定義が両者の間で異なるため、日本の会計基準上で賃貸借処理が認められる短期リースのすべてが、IFRS16 においてもオンバランスが免除されるわけではない。**図表 10-16** に IFRS16 および日本基準における短期リースのイメージを示した。

図表 10-16　短期リースのイメージ

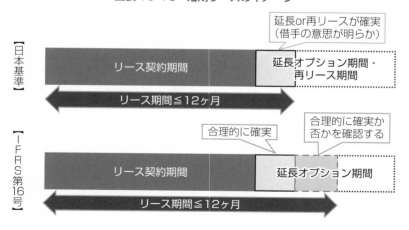

（2）少額リース

　少額資産のリースに関し認識の特例を設けた。借手は、対象資産の価額が低いリースに対し賃貸借処理ができる。これは、多くの借手にとって、数量は多いものの価額が低いリースに関し、IFRS16を適用することに伴い著しい労力が必要となる一方、報告される情報で得られる効果が少ない点を考慮した取扱いである。

① 何が少額資産に該当するか

　少額の程度が問題となる。IASBは、この免除規定の適用に当たり、対象資産が新品である時点での価値として絶対額ベースで少額リースの判定を行うとしている。具体的に何が少額資産に該当するかについては以下が参考になる。

- ・自動車リースについて新車は通常少額ではないので少額リースには該当しない。
- ・借手が資産を転貸しているか、または資産を転貸することを見込んでいる場合には、本体リースは少額リースに該当しない。
- ・少額リースに該当する原資産の例として、タブレット、パーソナルコンピューター、小型の事務所備品、小規模なオフィス家具、電話のリース等が考えられる。

② 少額リースの判断に当たっての留意事項

　少額リースに該当するかの判断に当たり以下が参考になる。

　（ⅰ）少額リースか否かは構成要素として識別した会計単位により決まる。単独の構成要素として識別したリース要素をさらに分解して本例外を適用することはできない。

　（ⅱ）他のリース資産に著しく依存する又は他のリース資産と相互関連性の高いリース資産、容易に利用可能な他の資源との組み合わせによらないと便益を受けることができないリース資産は、少額資産として適格でないことを明示した。

　（ⅲ）対象資産が少額か否かの評価の結果は、借手の規模、性質、または状況から影響を受けるべきではないとした。資産をリースする企業の規模

や性質ではなく、リースされる資産の価額が基準となるとした。

（ⅳ）対象資産が他の対象資産に著しく依存しているか、または他の対象資産と密接な関係がある場合、当概個々の資産のリースには免除規定を適用すべきではないとした。

（ⅴ）借手が単独の対象資産から、または容易に利用可能な他の資源との組み合わせによらないと便益を受けることができない場合、当概資産の価額に関係なく当該資産のリースには免除規定を適用すべきではないとした。例えば、数多くのリースから構成される特定の大規模な資産（個々には少額の構成部品からなる IT 機器等）が考えられる。

③ **少額リースの免除規定の適用方法**

当該免除を適用する際の方法等は以下のとおりである。

・少額資産のリースに係る免除規定は、リースごとに適用する。

・少額資産に該当する（短期リースも同じ）ことを理由に、原則的な会計処理の免除を選択した場合、当該リースに関連したリース料を、リース期間にわたる定額法または他の規則的な基礎のいずれか、借手の便益のパターンをより適切に表す方法により費用として計上する。

・少額リース（および短期リース）につき、免除規定を適用した場合はその旨開示する。

・リースの条件変更や、リース期間に変更があった場合は、当該リースを新たなリースとみなす。

Ⅷ　重要性の判断

　財務諸表の作成に当たり、通常「重要性」の判断が伴うが、IFRS においても一般的な重要性の考え方の記載がある。　しかし、日本基準のように具体的な適用例や数値基準を示して個別の基準として取り上げることはしていない。

　一方、IFRS16 では、IFRS16 に重要性に関するガイダンスを設けないとの IASB の決定があるなかで、BC（結論の根拠）に、以下の 2 つのケースにお

ける個別の考え方を明示して記載している。

（1）リース取引がその企業の財務諸表において重要性が乏しい場合の取扱い

　リースがその企業の財務諸表において重要性が乏しい場合、改訂後のリース基準を適用しても、財務諸表への影響が少なく、基準適用に要した時間と労力に見合わないことになる。こういった場合は、IFRS の重要性の原則にのっとり IFRS16 を適用せず、従来の処理を引き続き適用できると考えられる。

（2）使用権資産とリース負債の測定に関して割引計算の影響が小さい場合の取扱い

　リースがその企業の財務諸表において重要であっても、割引計算の有無による影響に重要性が乏しい場合は、コスト・ベネフィットの観点から、割引なしで使用権資産とリース負債の測定をすることができると考えられる。

　これに伴い、財務諸表におけるリースの重要性が乏しい場合は、IFRS16 を適用する必要がない可能性があると思われる。

　同様に、使用権資産とリース負債の測定に関して、割引計算の結果に重要性が乏しい場合は割引計算を行わなくてよい可能性があると思われる。

IX　セール・アンド・リースバックの会計処理

（1）資産の譲渡が売却かどうかの判定

　資産の譲渡が売却と認められるかについては、IFRS 第 15 号「顧客との契約から生じる収益」で要請される売却の認識要件を充足するか否かにより判断する。

　例えば、IFRS15 は、資産の買戻権がある場合、顧客は当該資産に対する支配を獲得していないとしている。このため、リースバックの売手が原資産に対

し実質的な買戻権を持つ場合、売却は生じていないと判断する。

　セール・アンド・リースバックにおいて、資産の譲渡が IFRS15 に定める売却の要件（支配の移転の要件）を満たさない場合、リース取引ではなく、借手および貸手は一連の取引を金融取引として処理する。

(2) 会計処理

　セール・アンド・リースバック取引が、IFRS15 に示す資産の売却処理の要件を充足するか否かで会計処理が異なる。

① 資産の譲渡が売却と認められる場合

　売却取引が IFRS15 に示す売却処理の要件を充足する場合、借手および貸手は、当該取引を資産の譲渡（売却）取引とリースバック取引の組み合わせとして処理する。

【売手（借手）】

　譲渡された資産の認識を中止し、リースバックからの使用権資産を、原資産の直前の帳簿価額のうち使用権に関連する比例部分として測定する。買手（貸手）へ譲渡された権利に関連する利得または損失のみを純損益に計上する。

【買手（貸手）】

　適用される基準に準拠して原資産の購入の会計処理を行い、IFRS16 の貸手の会計モデルに準拠しリース（貸手）を会計処理する。

② 資産の譲渡が売却と認められない場合

　売却取引が IFRS15 に示す売却処理の要件を充足しない場合、借手及び貸手は、当該売却を金融取引として処理する。

【売手（借手）】

　譲渡された資産の認識を継続し、受領した売却代金に関して譲渡対価と同額の金融負債を計上する。

【買手（貸手）】

　譲渡された資産を認識せず、支払額に関し譲渡対価と同額の金融資産を計上する。

　IFRS16 では、セール・アンド・リースバック取引を行う借手（売手）により認識される売却損益は、貸手（買手）に移転する権利に関する金額を反映する。これは、借手（売手）がリース物件全体を法的な観点からは買手（貸手）に売却しているものの、経済的観点からはリースバックの終了時における物件価値に対する持分だけを売却しているに過ぎず、リースバック期間に係る資産の使用権は留保していることによる。

　このため、買手（貸手）に移転した権利に係る損益を認識することは、取引の経済実態を適切に反映すると考えられる。

　なお、IAS17 におけるセール・アンド・リースバック取引においては、リースバック取引をオペレーティング・リースと判定される取引をすることで、売手は自社が保有する資産を売却処理し、バランスシートを圧縮することができた。

　IFRS16 では、すべてのリースに対して使用権資産とリース負債を計上するため、当該圧縮効果は縮小する。

X　転リースの会計処理

(1) 転リースとは

　転リースとは、リース会社がユーザーにリースした物件を、ユーザーがさらに次のユーザー、すなわちエンド・ユーザーに転貸リースする契約で、原資産が借手（「中間の貸手」）から第三者にさらにリースされ、当初の貸手と借手との間のリース（「ヘッド・リース」）が依然として有効である取引をいう。

　リース会社は、多くのリース契約をひとつに束ねた上でその特定ユーザーとの間でリース契約を結ぶことで、物件の一元的な管理とリース料の一括回収というメリットを享受できる。リース契約でも通常の賃貸借契約と同様、リース会社の承諾がなければ転リース契約を締結できない。リース契約書上も譲渡や担保差入などリース会社の所有権を侵害する行為を禁止することが一般的で、

リース会社の承諾を得ずに転リース契約を結ぶと、リース契約書に違反し契約を解除される可能性がある。

(2) 転リースの考え方

　転リースの分類につき、IFRS16 では、使用権資産についてのリスクと経済価値のほとんどすべてが移転したか否かという観点により判定する。これは、すべてのリースの借手が使用権資産を計上することによる。このため、転リースがファイナンス・リースと判定されるケースが増えると思われる。

　転リースがファイナンス・リースと判定されれば、使用権資産をオフバランスし、代わりに転リースの借手に対する金融資産を認識する。この場合、貸手はリース物件の使用権に対する支配を失っており、使用権の利用に伴う便益を享受できない。

　このような実態を、使用権資産を転リースの借手に対するリース料の請求に変えるこうした会計処理が適切に反映している。

(3) 転リースの会計処理

　IFRS16 は、転リースにおける使用権資産のリースにも適用され、他のリースと同様に会計処理する。転リースの貸手は、ヘッドリースにおける原資産の貸借処理と、転リースにおける使用権資産の賃貸処理とを特に整合させることはなく、それぞれ借手と貸手の会計基準を適用する 2 つの別個の契約として会計処理する。これは、転リースの相手とヘッドリースの相手は異なり、それぞれの契約が別個に交渉されることによる。このため、転貸者にとってヘッドリースから生じる義務は転リースにより消滅することはない。

① 　ヘッドリースの処理

　中間の貸手はヘッドリースの借手として通常の借手の会計処理を行い、使用権資産とリース負債を計上する。使用権資産は定額法等により費用化し、リース負債を基礎として利息法に基づく支払利息を計上する。

②　転リースの処理

中間の貸手は、転リースの貸手としての会計処理、つまり、転リースをファイナンス・リースかオペレーティング・リースのいずれかに分類したうえで貸手としての適切な会計処理を行う。転リースを分類するに当たり、使用権資産のリスクと経済価値のほとんどすべてが転リースの借手に移転するか否かの観点から分類を行う。つまり、転リースに供されている原資産でそのものではなく、ヘッドリースから生じる使用権資産を参照して分類する。

転リースの分類に当たり使用権資産を参照して分類する理由は次のとおりである。

- ・転貸者はリース物件を有しておらず、転リースがヘッドリースに対応する残存期間のほとんどすべてである場合、転貸者は使用権資産を有していないこと
- ・使用権資産に関する転貸者のリスクは、転リースにより信用リスクに変化している。使用権資産を参照して分類すれば、ファイナンス・リースとされた転リースはリース債権を計上することになり、当該リスクを反映できること。

こうしたことから、ヘッドリースから生じる使用権資産を参照して分類すると、リース物件を参照するケースと比較して、転貸者の会計処理に当たり、転リースの多くがファイナンス・リースに分類されることが考えられる。

なお、ヘッドリースを短期リースまたは少額リースとして使用権資産を認識しない会計処理として選択する場合、転リースはオペレーティング・リースに分類される。

③　転リースがオペレーティング・リースに該当するケース

転リースがオペレーティング・リースに該当する場合、ヘッドリースで認識した使用権資産は認識を継続し、通常、定額法によりリース料収入を計上する。

IFRS16 では、借手と貸手の会計モデルに整合を図らなかったため、当初期間では転貸鞘が圧縮され、時の経過とともに鞘が拡大していくという損益構造が想定される。

このため、ヘッドリースと転リースとで損益のミスマッチが生じる可能性がある。ミスマッチが生じる理由は以下のとおりである。

- ・転リースから生じる受取リース料は、通常、転貸のリース期間にわたり毎期定額で収益に計上する。
- ・ヘッドリースでは使用権資産を計上し、定額法等により減価償却するため、リース負債から生じる逓減型費用構造を持つ支払利息と減価償却費とを合算した費用の合計はリース期間の前半に多く計上され、時の経過とともに逓減する。

④ 転リースがファイナンス・リースに該当するケース

- ・ヘッドリースのもとで認識していた使用権資産の認識を中止（オフバランス）し、転リース契約に基づきリース債権と無保証残存価値の現在価値を計上する。
- ・使用権資産の認識中止とリース債権計上に伴い生じる差額は損益に計上する。
- ・ヘッドリースに関するリース負債は引き続き計上する。

⑤ 転リースの表示、開示

IFRS16 では転リースの表示についての定めは特にない。表示は、IAS1 等の IFRS の定めに依拠する。

IFRS16 では、借手と貸手の会計モデルに整合性を図らなかった結果、契約上、転リース期間にわたり一定の転貸鞘を確保している場合でも、包括利益計算書上、安定的な収益の計上としては表現されない場合がある。転リース取引に伴い経営成績に重要な影響がある場合は、補足的な開示を検討することが考えられる。

XI　表示と開示

IFRS16 では、借手の会計処理は、資金調達を伴う使用権資産の取得として整理された。財務諸表上の借手の表示はこの観点から構成されている。

　貸手の会計処理は IAS17 を踏襲しているため、貸手の表示も重要な変更はない。

　一方、借手貸手とも、IAS17 のそれよりも踏み込んだ開示を要請している。具体的には、開示の目的を明示的に示すとともに、定性的開示につき、最低限開示すべき事項を一律に規定せず、開示の目的に沿って必要と認められる事項の開示を求めている。

（1）借手の表示

　借手は、財政状態計算書、純損益およびその他の包括利益計算書およびキャッシュ・フロー計算書において以下の表示をする。

①　使用権資産（他の資産と区分して表示）【財政状態計算書】

　使用権資産を区分表示しない場合は次のように取り扱う。

- ・対応する原資産が自己所有の場合に表示されると想定される表示項目に使用権資産を含める。
- ・財政状態計算書上、どの表示項目が使用権資産を含むかを開示する。ただし、IAS 第 40 号「投資不動産」における投資不動産の定義を満たす使用権資産は、投資不動産として表示する。

②　リース負債（他の負債と区分して表示）【財政状態計算書】

　リース負債を区分表示しない場合、財政状態計算書上、どの表示項目がリース負債を含むかを開示する。

③　金利費用と減価償却費の区分表示【純損益およびその他の包括利益計算書】

　リース負債に係る金利費用と使用権資産の減価償却費を区分して表示する。

- ・金利費用は、IAS 第 1 号「財務諸表の表示」82 項において区分表示が要求される財務費用を構成する。
- ・減価償却費は他の類似の費用（有形固定資産の減価償却費等）と一緒に表示する。

④　現金支払の分類【キャッシュ・フロー計算書】

- ・リース負債の元本部分の支払は、財務活動に分類する。

・リース負債に係る金利部分の支払は、営業活動または財務活動に分類する。この際、IAS 第 7 号「キャッシュ・フロー計算書」における支払利息に関する要求事項を適用する。

・リース負債の測定に含まれていない短期リース料、少額リース料、変動リース料は、営業活動に分類する。

こうした表示を行うことに伴い次の影響が生じる。

・IFRS16 の適用により、営業損益にプラスの影響が生じる。

・キャッシュ・フロー計算書では、IAS17 におけるオペレーティング・リースのリース料支払の一部が財務活動に区分されることにより、営業活動に区分されるキャッシュ・フローにプラスの影響が生じる。

（2）貸手の表示

　IFRS16 では、ファイナンス・リースの貸手の表示に関する具体的な定めがないが、当初測定において正味リース投資未回収額に等しい金額を債権として表示し、事後測定において金融収益を認識する。貸手は、オペレーティング・リースの対象となっている原資産を、原資産の性質に応じて財政状態計算書に表示する。

（3）借手の開示

■ 開示の目的

　リースが借手の財政状態、財務業績およびキャッシュ・フローに及ぼす影響を、財務諸表利用者が評価するための基礎を提供することが開示の目的である。

② 主たる定量的な開示

　定量的な開示は主として以下のとおりである。

【報告期間に関する以下の金額】

・原資産のクラス別の使用権資産に係る減価償却費と、リース負債の金利費用

・認識の免除を選択した短期リースおよび少額資産のリースの費用

・リース負債の測定に含まれない変動リース料に係る費用
・使用権資産の増加および、使用権資産の転リースからの収益
・リースのキャッシュアウトフローの合計額
・セールアンドリースバック取引からの利得または損失
・報告期間末日現在における原資産のクラス別の使用権資産帳簿価額

【リース負債の満期分析】

他の金融負債とは区別して開示する。

3　追加的な開示項目

1に記載した開示の目的を充足するために必要な追加の情報を開示する。この追加的情報には、「リース活動の性質」、「借手が潜在的に晒されている将来キャッシュ・フローのうちリース負債の測定に反映されていないもの」、「リースにより課されている制限または財務制限条項」「セール・アンド・リースバック取引」を評価するのに役立つ情報が含まれる場合がある。

(4) 貸手の開示

1　開示の目的

リースが貸手の財政状態、財務業績およびキャッシュ・フローに及ぼす影響を、財務諸表利用者が評価するための基礎を提供することが開示の目的である。

2　ファイナンス・リースに関する主たる開示項目

開示項目は主として以下のとおりである。

・報告期間に係る販売損益、正味リース投資未回収額に対する金融収益、および正味リース投資未回収額の測定に含めていない変動リース料に係る収益の金額
・正味リース投資未回収額の帳簿価額に生じた重大な変動に関する定性的説明および定量的説明
・リース料債権の満期分析
　※最低限、最初の5年間の各年度に係る割引前リース料総額および残りの年度に係る金額の合計。この金額は正味リース投資未回収額と調整す

る。

3 オペレーティング・リースに関する主たる開示項目

開示項目は主として以下のとおりである。

- ・リース収益（指数やレートに連動しない変動リース料に係る収益とは区分して開示）
- ・リースされている資産に関する IAS16、36、38、40、41 の開示
- ・リース料総額の満期分析

　※最低限、最初の 5 年間の各年度に係る割引前リース料総額および残りの年度に係る金額の合計

4 追加的な開示項目

1に記載した開示の目的を充足するために必要な追加の情報を開示する。この追加的情報には、「貸手のリース活動の性質」、「原資産に対して保持している権利についてのリスク戦略等」を評価するのに役立つ情報が含まれる場合がある。

XII　発効日と経過措置

IFRS16 では、IAS17 適用下でのオペレーティング・リースの借手に対して多くの免除規定を設けている。また、貸手および IAS17 適用下でのファイナンス・リースの借手については、会計処理変更に伴う影響が限定的なことから、適用開始日の直近報告年度末における IAS17 に基づくそれぞれの残高をそのまま IFRS16 のもとで計上される資産および負債として引き継ぐなど、簡便的な処理を認めている。

また、初度適用企業についても、借手にはその適用に係る費用負担を考慮し、概ね経過措置と同様な内容の免除規定を設けている。

（1）発効日

2019 年 1 月 1 日以降開始する事業年度より適用する。早期適用は容認され

るが、IFRS 第 15 号「顧客との契約から生じる収益」を同時またはそれ以前に早期適用している場合にのみ認められる。

（2）主な経過措置

　IFRS16 は原則として遡及適用されるが、以下の経過措置がある。経過措置の目的上、適用開始日は、IFRS を最初に適用する事業年度の期首となる。

- ・適用開始日（IFRS16 を最初に適用した年次報告期間の期首）現在で行われた契約にリースが含まれるか否かの評価を見直す必要はない。
- ・比較情報の修正再表示を行う必要はない。
- ・借手のオペレーティング・リースへの経過措置の適用には二通りの方法がある。この際、適用開始日の割引率により算定した残存リース料の現在価値であるリース負債と等しい金額で使用権資産を計上する方法を選択できる。
- ・借手のファイナンス・リースは、適用開始日まで IAS17 の取扱いを引き継ぐことができる。
- ・貸手のリースも適用開始日まで IAS17 の取扱いを引き継ぐことができる。

　借手は、IFRS16 の適用に当たり、完全遡及アプローチ、または修正遡及アプローチのいずれかを適用することができる。修正遡及アプローチを選択した場合、比較情報を修正再表示する必要はなく、IFRS16 の適用を開始したことに伴う累積的影響を利益剰余金（または適当な他の資本項目）の期首残高の調整として表示する。

索　　引

293

著者紹介

井上　雅彦
（いのうえ　まさひこ）

公認会計士　（公社）日本証券アナリスト協会検定会員
1962 年生まれ、1986 年一橋大学商学部卒業。保険会社を経て 1988 年中央監査法人（現みすず監査法人）入所、1999 年より中央青山監査法人パートナー、現在有限責任監査法人トーマツパートナー。
これまで、日本公認会計士協会公的年金専門部会専門委員、同協会業種別監査委員会委員、同協会厚生年金基金理事、同協会基金特別プロジェクト専門委員及び運営委員、非営利法人委員会農業協同組合専門部会専門委員等を歴任。

主な著書として、以下がある。

単著
『事業再編に伴う退職給付制度の設計と会計実務』（中央経済社　日本公認会計士協会第 35 回学術賞（会員特別賞）受賞）
『キーワードでわかる退職給付会計（三訂増補版）』（税務研究会出版局）
『キーワードでわかるリースの法律・会計・税務（第 5 版）』（税務研究会出版局）
『Q&A リースの会計・税務（第 3 版）』（日本経済新聞社）
『この 1 冊でわかるリースの税務・会計・法律』（中経出版）
『退職給付会計実務の手引き』（税務経理協会）
『リース会計実務の手引き（第 2 版）』（税務経理協会）
編著・監修
『会計用語辞典』（編著、日本経済新聞社）
『できる支店長になるための 7 つの方法（農協の支店長が果たすべき役割)』（編著、きんざい）
『金融機関のための農業ビジネスの基本と取引のポイント（第 2 版)』（監修、経済法令研究会）
『JA 職員のための融資・査定・経営相談に活かす決算書の読み方』（監修、経済法令研究会）
『相続相談ができる農協職員になるための 7 つのステップ』（監修、全国共同出版）
『実務に役立つ JA 会計ハンドブック』（監修、全国共同出版）
『できる副支店長になるための 7 つのステップ（強い支店には優秀な NO.2 がいる)』（監修、全国共同出版）

共著

『退職給付債務の算定方法の選択とインパクト』（2人共著：中央経済社）

『退職給付制度見直しの会計実務（第2版)』（2人共著：中央経済社）

『新しい退職給付制度の設計と会計実務』（2人共著：日本経済新聞社）

『Q&A リース・ノンバンクファイナンス取引の実務』（2人共著：日本経済新聞出版社）

『退職給付会計の実務 Q&A』（2人共著：税務研究会出版局）

分担執筆

『企業年金の会計と税務』（日本経済新聞社）

『詳解 退職給付会計の実務』（中央経済社）

『連結財務諸表の作成実務』（中央経済社）

『有価証券報告書の記載実務』（中央経済社）

『公会計・監査用語辞典』（ぎょうせい）

『Q&A 企業再構築の実務』（新日本法規出版）

改正リース会計の手引き
【公開草案対応版】

2023年10月1日　初版発行

著　者　井上雅彦

発行者　大坪克行

発行所　株式会社 税務経理協会
〒161-0033東京都新宿区下落合1丁目1番3号
http://www.zeikei.co.jp
03-6304-0505

印　刷　美研プリンティング株式会社

製　本　牧製本印刷株式会社

デザイン　株式会社グラフィックウェイヴ

編　集　吉冨智子

 本書についての
ご意見・ご感想はコチラ

http://www.zeikei.co.jp/contact/

JCOPY ＜出版者著作権管理機構 委託出版物＞
ISBN 978-4-419-06960-5　C3034